教育部人文社会科学重点研究基地四川大学南亚研究所
教育部区域和国别研究培育基地四川大学南亚研究中心
四川大学中国西部边疆安全与发展协同创新中心

印美核关系

分歧与协调

刘思伟◆著

Indo-U.S. Nuclear Relationship: Divergence and Coordination

时 事 出 版 社

学术委员会

（以姓氏笔画为序）

目　录
Contents

绪　　论

第一节　问题由来及选题意义

冷战结束之后，印美关系经历新的变化，这激起了学术界研究的兴趣。中国学术界对印美关系研究也日益增多，其中不乏佳作，但从印美两国在核问题上的互动角度来研究印美关系的专著几乎没有。诚然，2005 年印美开启民用核能合作谈判使印美核关系引起学者们高度关注，但国内研究成果也就集中在这一特定历史时期，对印美核关系缺乏系统研究。鉴于以上情况，笔者选择冷战后时期印美核关系作为研究课题，意在对印美核关系进行详细系统的论述，并试图利用国际关系理论对其发展演变做出解释。另外，印美核关系不仅仅牵涉印美各自国家利益，同时也牵涉到全球核秩序、国际核机制以及南亚地区安全，而且目前学术界在这些方面的研究还不够深入，这就为笔者的研究提供了机会。除此之外，笔者发现自印美民用核能合作协议获得双方国内批准后，国内学术界对印美核关系研究明显冷淡，尤其缺乏最新发展动态的追踪研究，一些学者认为核问题不再是印美关系中的重要议题，显然笔者不赞成这种观点。随着美国奥巴马政府核政策再调整，印度国内如何回应以及印美核关系究竟如何发展，印度与国际核机制如何进行新的互动，印度核态势新发展以及印美安全新互动又是如何与南亚的地区安全相互影响等一系列问题仍有待深入研究，这无论是对印美战略关系，还是对国际核机制，或是对南亚地区安全，甚至是对中国国家安全都有可能产生重大影响。因此，解析印美在核问题上的最新互动以及探究印美核关系中的不确定因素依然有重要意义，这也是笔者决定研究该课题的重要原因。

另外，值得一提的是，通过对学术前史的梳理，笔者发现当前学术界对于冷战后时期印美核关系的研究主要侧重于探讨印美两国核协调以及相关合作，但是对于印美之间的分歧，如两国分歧的性质、导致这种分歧的深层原因以及由此产生的影响等问题缺乏系统深入的研究。另外，当前关于印美双方核协调的研究，也更多注重其结果以及影响的研究，缺乏对双方协调过程的追踪研究，也鲜有作品探讨在何种条件下印美双方协调才会收到积极效果等问题。（印度学者布拉马·切拉尼曾出版了著作，从印度视角探讨了印美在不扩散问题上的分歧，但探讨范围只涉及冷战时期以及冷战结束后初期印美两国在核领域的交往，著作详情可见下文的研究综述部分。）2005 年印美签署民用核能合作协议后，学术界更是侧重于研究双方的合作动因以及影响。即便这些分析大多也提到了印美分歧，但其主要落脚点仍然在于合作。另外，鉴于新世纪以来两国领导人喜欢用“天然伙伴”甚至“最佳伙伴”来形容、定位印美双边关系，这也容易让人们关注印美核关系中双方进行合作与协调的一面。不过，通过对印美核互动进行长时段的史实考察，笔者发现印美在核问题互动过程中的分歧明显，这些分歧甚至超过了合作，还一度成为“印美关系中最大的挑战”，困扰着印美关系的发展与改善。这也激发笔者的研究兴趣，进而决定从分歧与协调视角来研究印美核关系。

选择冷战后时期印美核关系作为研究对象，其意义主要包括以下几个方面：

其一，帮助我们更深地理解复杂的印美关系。众所周知，核问题一直是影响印美关系的一个重要变量，印美两国在核问题上的互动情况在一定程度上可反映印美关系的整体性质状况，反映地区大国与超级大国不对称关系的复杂性和独特性。尽管印美在核问题上的互动所形成的作用力并不总是能够对两国的整体关系造成决定性影响，但印美在核问题上的互动情形与两国的整体互动基本一致，所以对冷战后时期两国在核问题的互动情势进行考察，就可以大致看出这段时期内印美关系的整体性质。本课题是印美关系研究的深化和具体化，对印美关系的研究有着重要的意义和价值。

其二，研究印美核关系不仅可以了解地区大国与全球大国在核领域的外交互动和博弈，与此同时，由于印美核关系与全球核秩序以及国际核机制有牵连，因此研究该课题也为我们了解国际核不扩散、国际核裁军问题提供了机会。众所周知，印美两国关于国际核不扩散问题历来存在分歧，冷战后初期印度拒绝接受国际核不扩散机制的权威性，并一改原来积极倡导的核裁军立场，强调拥有“最低限度可靠核威慑”。美国则试图维护现有核秩序的稳定，尽管自身有时出于利益的需要而破坏规则，但美国并不希望其他国家对其构成挑战。1998 年 5 月，印度公开进行核试验，并宣布自己成为核国家，对现有全球核秩序构成极大的挑战，也给印美核关系带来极大的冲击。不过，与此同时，这给印美两国核对话带来机会，2005 年 7 月印美核能合作协议的签署在一定程度上就是这种对话的结果。印美两国努力弥合在国际核不扩散问题上的矛盾与分歧，这说明印美核关系正在历经调整，那么这种调整究竟会对全球核秩序、国际核机制产生何种影响，印美两国国内以及国际社会又是如何解读这一变化调整的，这一系列问题在本书中都有重点探讨。

其三，探讨印美核关系自然离不开南亚地区安全这一场域，为此，本书的相关研究会为我们观察和理解冷战后时期南亚地区安全提供一个视角。正如一些学者所提到的，冷战结束后尽管印度试图努力创造一个以自己为中心的南亚安全复合体，进一步向大国的地位迈进，但目前为止，印度依然没有完全成功打破在南亚与巴基斯坦对抗的两级模式。[①] 印美核关系中的巴基斯坦因素，甚至中国因素是显而易见的。美国在发展同印度的核关系的同时也会考量巴基斯坦的利益，巴基斯坦作为反恐联盟国家，对于美国的重要性毋庸置疑。本书将解析印美核关系与南亚地区安全之间是如何相互影响的。

其四，研究该课题也有助于我们了解印美两国相关政策的发展演变，例如美国的核不扩散政策，美国的南亚政策，印度的核政策以及印度对国际核不扩散、地区核军控的态度等，印美核关系的演变事实上是伴随这些政策转向与调整而发生的。印美核关系不仅体现了两国在核领域的双边互

---

① ［英］巴里·布赞、［丹］奥利·维夫著，潘忠岐等译：《地区安全复合体与国际安全结构》，上海人民出版社 2010 年版，第 98—122 页。

动关系，还体现了美国总体核政策、南亚政策与印度在此方面的相互作用。同样，我们会发现印度核政策以及印度对国际核不扩散、地区核军控的态度与印美核关系之间的相互作用、相互影响。

第二节　研究现状与资料概述

一、国外研究与资料概述

国外此方面的研究作品非常多，无法一一列举，为此笔者挑选了对本书有重要参考价值的著作，并以印美两国专家学者的研究为主。另外，由于该选题属于印美关系研究、印美核政策、核外交研究、国际核不扩散问题研究和南亚地区安全研究的交叉，因此笔者将首先对以上几方面的研究状况进行简要的宏观描述，然后再对印美核关系具体内容，即冷战时期印美核关系、印度公开核试验前后印美互动关系以及印美民用核能合作等方面的相关研究，进行较为详细的文献综述。

1. 印美关系的著述

美国学者 D. 库克斯的《印度与美国：相互疏远的民主》（Dennis Kux, *India and the United States: Estranged Democracies, 1941—1991*, 1993）是研究冷战时期印美关系的较全面的著作。该书大量运用美国官方档案，探讨历届美国政府对印政策，认为美国应对冷战时代印美之间疏远关系承担主要责任，并认为即使到冷战后时期两国相互间仍存在许多偏见，这将对印美关系的未来产生负面影响。尽管该书没有专门章节探讨核问题，但涉及相关内容，比如美国如何看待 1974 年印度的核试爆。L. E. 罗斯等人主编的《迈向新的世界秩序：调整中的印美关系》（Leo E. Rose & Eric Gonsalves, *Toward a New World Order: Adjusting India-U. S. Relations*, 1992）对冷战结束后初期印美关系的各个方面进行了探讨。另外，美国南亚问题专家萨米特·甘古力参与主编的《21 世纪美印战略合作》（Sumit Ganguly, *US-Indian Strategic Cooperation into the 21st Century: More than*

Words，2006）对理解冷战后时期印美关系有重要的参考价值，遗憾的是该书没有核问题的专题研究。

印度学者对印美关系的研究成果也不少，利马耶的《美印关系：寻求和解》（Satu P. Limaye，*United States- India Relations*：*The Pursuit of Accommodation*，1993）一书探讨了20世纪80年代印美两国寻求和解的历程与问题，分析了两国追求和解的动机，书中对80年代印美在核问题上的合作与分歧有深入论述。K. 巴杰帕伊、A. 马图主编的《相互走近的民主国家：21世纪的印美关系》（Kanti Bajpai & Amitabh Mattoo，*Engaged Democracies*：*India-U. S. Relations in the 21st Century*，2000）一书探讨印美两国在政治、经济、外交等多层面的交往。那罗塔姆·加恩编写的《印度与美国：从彼此疏远到相互走近》（Narottam Gaan，*India and the United States* ：*from Estrangement to Engagement*，2007）一书探析印美关系发展演变过程，强调印美关系的不对称性。此书对印美核关系有深入研究，作者不仅对冷战时期的印美核关系提出自己的见解，而且从印度的视角对印美核能合作进行了深入解读。作者指出，尽管印美双方都不认为对方会对自己构成直接的核威胁，而且彼此不否认两国作为世界上最大的民主国家存在着共同利益，但两国在核事务上有其各自的立场，而且彼此怀疑对方的意图，正是这些怀疑限制了两国在核领域的合作。①

2. 核政策、核外交

美国学者乔治·佩尔科维奇的《印度核弹：全球扩散的影响》（George Perkovich，*India's Nuclear Bomb*：*The Impact on Global Proliferation*，1999）是目前学术界公认的研究印度核问题的权威作品，作者详细论述了印度核试验的背景、国内政策的辩论、技术准备、核外交等问题，同时也阐述了美国核政策与印度核政策之间的相互影响，对本书有重要的参考意义。S. 科亨的《印度——崛起的大国》（Stephen P. Cohen，*India*：*Emerging Power*，2002）对印美关系做了适当的分析，作者相信美国必须强化与印度的关系。S. 科亨还对印度的核选择动因、印度核原则进行深入分析，

① Narottam Gaan，*India and the United States*：*From Estrangement to Engagement*，New Delhi：Kalpaz Publications，2007，p. 220.

其观点经常被中国学者引用（此书有中译本）。印裔美籍学者 A. J. 特利斯的《发展中的印度核态势：隐性威慑与发展中的核武库》（Ashley J. Tellis, *India's Emerging Nuclear Posture: Between Recessed Deterrent and Ready Arsenal*, 2001）全面地分析了印度核问题的政治、战略、技术等层面，作者不仅探讨了印度核武器计划的可能前景，还探讨了普遍意义上的核不扩散问题。印度学者 A. 马图主编的《印度的核威慑：博克兰核试及其将来》（Amitabh Mattoo, *Inida's Nuclear Deterrent: Pokhran* Ⅱ *and Beyond*, 1999）则考察了印度核计划的发展进程，书中对印度与国际核机制的关系、印度核威慑的构成进行了深入的分析，有助于读者理解印度对该问题的多重战略考虑。托马斯主编的《印度的核安全》（Raju G. C. Thomas & Amit Gupta, *India's Nuclear Security*, 2000）一书收集了印、美两国知名战略学者的论文，对印度的核战略和导弹计划有比较详细的介绍与分析。巴拉特·卡南德的《印度的核政策》（Bharat Karnad, *India's Nuclear Policy*, 2008）一书介绍了印度核力量以及导弹技术的发展历程，解析了印度最低可信威慑核原则，还探讨了南亚潜在核危机以及印美民用核能合作，对本书有重要的参考价值。

美国对印度核政策方面的研究包括史瑞坎特·帕兰杰佩的《运行中的美国核不扩散政策：南亚》（Shrikant Paranjpe, *US Nonproliferation Policy in Action: South Asia*, 1987），该书论述了印巴核政策及核能力的发展，并探讨了 1978 年美国《核不扩散法案》（Nuclear Non-Proliferation Act）的形成，以及美国关于印度塔拉普尔（Tarapur）核反应堆问题的反应。作者认为，美国通过《核不扩散法案》强化核出口机制以控制印度核扩散。作者特别指出，1974 印度和平核试爆从根本上改变了印美核关系，而美国通过印美塔拉普尔反应堆问题的谈判则改变了印美合作的模式。乔伊斯·巴特编写的《印度和巴基斯坦——核门槛边缘》（Joyce Battle, *India and Pakistan—On the Nuclear Threshold*）则专门将美国国家安全档案美国南亚政策部分关于印巴核发展项目的文件进行汇编（1961—1983），是本书解读冷战时期印美核关系的重要资料来源。莱姆·R. 苏巴马廉的《南亚核竞赛与美国政策》（Ram R. Subramanian, *Nuclear Competition in South Asia and U. S. Policy*, *Institute of International Studies*, 1987）探讨了 1974 年后美国核政策的制定，作者特别指出在南亚核问题上美国未能对其全球战略与南亚地区战略进行妥善的协调，国家安全政策与武器控制进程相悖。①

印度核外交方面的研究专著值得关注的有：阿肖克·卡普尔的《印度的核选择：原子外交与决策制定》（Ashok Kapur, *India's Nuclear Option: Atomic Diplomacy and Decision Making*, 1976）一书对1974年印度核试验以及五六十年代印度核外交进行论述，对理解冷战时期的印美核关系有重要的参考价值；阿吉·K. 莱依的《博克兰核试验之后的印度核外交》（Ajay K. Rai, *India's Nuclear Diplomacy After Pokhran II*, 2009）是一本研究印度核外交的最近力作，研究深入细致。作者认为博克兰II后印度核外交经历了范式转变，印度希望给世人呈现一个自信和负责任的核国家形象。作者通过回顾印度的核外交史发现印美民用核能协议谈判是瓦杰帕伊（Atal Bihari Vajpayee）时期印美核谈判的延续，核协议也是印美多年来核谈判的最终成果。作者特别提到假如没有瓦杰帕伊时期的先期铺路，曼莫汉·辛格（Manmohan Singh）总理不可能完成与美国之间的核协议。此外，J. N. 迪克希特的《印度的外交政策：1947—2003》（J. N. Dixit, *India' Foreign Policy: 1947—2003* , 2003）是一部研究印度外交的重要著作。该书阐释了自尼赫鲁直到瓦杰帕伊时期印度外交政策的基本脉络，其中不乏对若干重大外交决策的反思，而且书中有重点章节探讨印度与国际机制的互动。印度著名战略分析家C. R. 莫汉的《断然决策：印度新外交政策的形成》（C. Raja Mohan, *Crossing the Rubicon: the Shaping of India's New Foreign Policy*, 2003）以1998年印度核试作为起点，检讨印度新时期外交与安全政策的主要层面，其中对印美核关系的分析颇有见地。

3. 国际核不扩散、核裁军问题

约翰·辛普森主编的《核不扩散：20世纪90年代一项议程》（John Simpson, *Nuclear Non-Proliferation: an Agenda for the 1990s*, 2009）介绍了各国，尤其是无核国家在20世纪90年代对待国际核不扩散机制的态度以及自身安全考虑，并探析了1995年NPT无限制延长会议召开以及影响。该书有

① 苏菲：《美国的南亚核政策1964—1979》，郑州大学2010年硕士学位论文，第2页。

重点章节介绍印度的安全考虑以及对待 NPT 的态度。普里娅加利·玛丽卡的《印度核辩论：例外论与炸弹》（Priyanjali Malik, *India's Nuclear Debate: Exceptionalism and the Bomb*, 2010）重点解析了 20 世纪 90 年代印度国内关于 CTBT 的讨论，对理解印度公开核试验原因有启示意义。印度学者帕尔夫·彼得万等人主编的《新核武：印度、巴基斯坦与全球核裁军》（Praful Bidwai & Achin Vanaik, *New Nukes: India, Pakistan, and Global Nuclear Disarmament*, 2000）对理解印度的国际核不扩散（核裁军）立场有帮助。另外，由麦瑞里等人主编的《核不扩散与国际安全》（Morten Bremer Mærli, *Sverre Lodgaard*, *Nuclear Proliferation and International Security*, 2007）中关于核不扩散机制的探讨对本书有参考价值，特别是该书涉及的印度与核不扩散机制关系研究内容。K. D. 卡普尔《核不扩散外交 ：第三世界的核计划》（K. D. Kapur, *Nuclear Non-Proliferation Diplomacy: Nuclear Programmes in the Third World*, 1993）分析了海湾危机后全球核不扩散发展趋势，探析了国际社会加强核出口控制机制以及国际原子能机构功能的努力。作者建议南亚地区建立类似拉美地区或朝鲜半岛的核不扩散机制。正如该书简介中所写的印度与《不扩散核武器条约》的关系已成为安全研究领域的一个有趣的话题，印度公开核武化以及印度的崛起迫使世界重新界定印度与《核不扩散武器条约》的关系。不过，作者强调国际社会对此反应相当混杂，旧的思维定势仍然认为印度可能会作为一个无核国家加入条约。

马里奥·埃斯特万·卡兰萨的《南亚安全与国际核秩序》（Mario Esteban Carranza, *South Asian Security and International Nuclear Order*, 2009）深入研究印巴核关系和国际核秩序之间的联系。该书不赞成传统的观点认为核武器在次大陆扮演维持印巴稳定的角色，作者提醒核武库给印巴关系带来的风险远远超过稳定的因素，尤其是在该地区缺乏相应的军备控制与裁军机制的情况下。该书呼吁创立一种有效的南亚地区核军控机制，还特别强调地区军控机制与全球军控机制之间具有联动性。值得一提的是，此书还用专门章节研究了美国的南亚核不扩散政策，并提出“后扩散时代”的概念。正如军控委员会执行主任金博尔（Darl G. Kimball）所评价：“该书对印巴核关系研究极富洞见，卡兰萨批判地分析了美国对印度和巴基斯坦作为事实上核武器国家的承认，并探讨了这种承认对国际核秩序，尤其是对《不扩散核武器条约》的影响。"[①] 米什拉·吉塔的《NPT 与发展中国家》（Mishra Jita，*the NPT and the Developing Countries*，2008）一书探讨 NPT 条约的形成，并重点解读了一些重要发展中国家与 NPT 的关系，其中包括印度和巴基斯坦。此外，该书对印美在核不扩散问题上的分歧进行了分析，对本书有重要参考价值。

4. 冷战后时期南亚地区安全

南亚地区安全方面的作品有很多，笔者重点介绍几本与本书相关的专著。巴里·布赞等的《地区安全复合体与国际安全结构》一书从哥本哈根学派安全研究的传统出发，运用可操作性的地区安全理论对整个国际体系进行了经验分析，书中有重点章节对南亚地区安全复合体的起源和发展历史进行了追溯。印度的军控专家，也是印度和平与冲突研究所核项目主任 P. R. 查瑞的《印巴核僵局：美国的作用》（P. R. Chair，*Indo—Pakistan Nuclear Standoff*：*the Role of the United States*，1995）一书分析了印巴核动机、核能力，重点分析了美国在解决印巴敌对和南亚核扩散问题上的作用。印度军控专家 K. 巴杰帕伊和美国南亚问题专家 S. 科恩一起主编的《后冷战时期的南亚：全球视角》（Kanti P. Bajpai，*South Asia after the Cold War*：*International Perspectives*，1993）一书收录了包括来自印度、巴基斯坦、斯里兰卡，美国等多国学者对冷战后初期南亚地区安全环境的评估，并有重点章节探析冷战后初期南亚核扩散形势。罗伯特·威尔生的《战争阴影中的克什米尔》（Robert G. Wirsing，*Kashmir in the Shadow of War*：*Regional Rivalries in a Nuclear Age*，2003）从地区层面和全球层面探讨南亚地区安全，尤其强调其中的核因素。书中重点解析美国在印巴冲突中所扮演的角色，因此有重要的启示意义。彼特·拉维主编的《南亚不对称战争：卡吉尔冲突的起因和结果》（Peter R. Lavoy，*Asymmetric Warfare in South Asia*：*the Causes and Consequences of the Kargil Conflict*，2009）是综合印巴美三方视角研究卡吉尔冲突的最新著作，撰写作者大都是参与决策与行动的当事人，有很高的参考价值。

---

① "South Asian Security and International Nuclear Order", http://www.ashgate.com/isbn/9780754675419.

此外，S. 甘古利参与主编的《恐怖平衡：核阴影下的印巴危机》（Sumit Ganguly，*Devin T. Hagerty*，*Fearful Symmetry*：*India-Pakistan Crises in the Shadow of Nuclear Weapons*，2006）全面解释了核武器如何防止印巴危机升级为全面战争。S. 甘古力和 S. 卡普尔合作主编的《南亚核扩散：危机行为与核试爆》（Sumit Ganguly & S. Paul Kapur，*Nuclear Proliferation in South Asia*：*Crisis Behaviour and the Bomb*，2008）从多方视角探讨了核武器扩散对南亚安全环境的影响。同为 S. 甘古力和 S. 卡普尔合作主编的《印度、巴基斯坦与核试爆：南亚核稳定评估》（Sumit Ganguly & S. Paul Kapur，*India*，*Pakistan and the Bomb*：*Debating Nuclear Stability in South Asia*，2010）一书中，S. 甘古力对南亚核稳定进行了乐观评估，而 S. 卡普尔则提供了较为悲观的评价以及理由。印度专家 P. R. 查瑞与美国专家 S. 科恩共同撰写的《四次危机与一次和平进程》（P. R. Chari & Pervaiz Iqbal Cheema & Stephen P. Cohen，*Four Crises and a Peace Process*：*American Engagement in South Asia*，2007）则是一本由印美专家共同探讨南亚地区安全的合力著作。

5. 印美核关系的著作

弗朗森·弗兰克主编的《美印跨越不扩散问题分歧》（Francine R Frankel，*Bridging the Nonproliferation Divide*：*the United States & India*，1995）收集了来自各方的政策分析家和核科学专家的论文，探析美印在核扩散问题上和解的可能性，有助于读者理解 20 世纪 90 年代的印美核关系。印度政策研究中心研究员布拉马·切拉尼的《印美在核扩散问题上的分歧》（Brahma Chellaney，*Nuclear Proliferation*：*The U. S. -India Conflict*，1993）一书回顾了美国核出口管制政策的历史以及演变，并从印度视角探讨了印美在不扩散问题上的分歧。此著作是研究印美核关系的重要参考书目，但出版时间早，探讨范围只涉及冷战时期以及冷战结束后初期印美两国在核领域的交往。S. 塔尔波特的《与印度接触：外交、民主、核弹》（Strobe Talbott，*Engaging India*，*Diplomacy Democracy and Bomb*，2004）是另一本理解印美核关系不可或缺的著作。作者曾担任克林顿政府的副国务卿，直接参与过美国南亚政策的制定，并在 1998 年印度核试后任印美核对话的美方首席代表，书中对印美之间核对话有许多细节论述。该书 2006 修订版还增加了美印民用核谈判等相关新内容，作者认为美印的核问题交锋是美国的未竟事业。C. R. 莫汉《不可能的盟友》（C. Raja Mohan, *Impossible Allies _ Nuclear India, United States and Nuclear Order*, 2006）也是一本从印度视角了解印美核关系的重要著作，此书重点探讨了印美民用核能合作谈判期间两国的交往。

印美民用核能合作的专著包括：P. R. 查瑞编写的《印美核协议：双方寻求协作》（P. R . Chari, *Indo-US Nuclear Deal: Seeking Synergy in Bilateralism*, 2009）是一本全面研究印美核能合作的著作，探讨了核协议的各个方面，而且书中观点除印度视角外，也有美国的观点。由娜丽妮·康德·贾编写的《核协同：印美战略合作及其他》（Nalini Kant Jha, *Nuclear Synergy: Indo – US Strategic Cooperation and Beyond*, 2009）是2008年海德拉邦大学拉吉夫·甘地当代研究院召开"印美核能合作评估研讨会"后出版的论文集，此书有助于了解印度国内学者的观点；由《世界聚焦》编写的《印度核辩论：印美核能合作协议》（World Focus, *India's Nuclear Debate: Indo-US Civil Nuclear Cooperation Agreement*, 2008）并非学术研究成果，但是一本很好的资料汇编。

总之，国外学术界对印美关系以及相关主题的研究十分重视，关于著名高校国际关系学院和专职研究机构，印度方面主要包括：尼赫鲁大学国际关系学院；印度国防战略分析所［Institute for Defence Studies and Analyses，简称IDSA，该机构具有印度官方背景，其出版刊物《战略研究》（Strategic Analysis）对本书有重要的参考价值］、印度国家政策研究中心（Centre for Policy Research，简称CPR）；印度和平与冲突研究所（Institute of Peace and Conflict Studies，简称IPCS）等。它们出版了大量著作，频繁举办相关主题的国际研讨会，不少研究成果直接服务于该国的战略决策。美国研究机构数量更多，研究成果也更加丰富，主要包括：美国卡内基国际和平基金会（Carnegie Endowment for International Peace，该机构有南亚核问题专家乔治·佩尔科维奇、印裔学者阿什利·特利斯）；核控制研究所（Nuclear Control Institute）；美国企业研究所（the American Enterprise Institute）；美国传统基金会（Heritage Foundation）；兰德公司（RAND Corporation）；美国战略与国际研究中心（Center for Strategic and International

Studies)；布鲁金斯学会（the Brookings Institution，该机构南亚项目主任斯蒂芬·科恩是克林顿政府的南亚事务顾问）；史汀生中心（the Stimson Center，该中心南亚项目主任迈克尔·克瑞朋（Michael Krepon）主要从事南亚地区防止冲突升级的研究）；威尔逊国际学者中心（Wilson Center，该中心高级研究员丹尼斯·库克斯是印美关系研究专家）。值得一提的是，美国国会研究部关于印美关系、印美民用核合作等议题的报告也是本书重要的资料来源，且报告具有较强的专业性，并在一定程度上影响美国国会议员的态度。例如科尔的《国会关于美印核合作的问题》（Paul K. Kerr, *U. S. Nuclear Cooperation with India: Issues for Congress*, 2011）是该机构关于印美核能合作最新的一份报告，对美印核协议执行情况做了总结。当然，除了印美研究机构之外，其他国家一些知名机构，如斯德哥尔摩国际和平研究中心（Stockholm International Peace Research Institute）、巴基斯坦政策研究所（Institute of Policy Studies, Islamabad）出版的研究报告也是本书重要的资料来源。另外，值得一提的是，国外学术期刊如《亚洲观察》(Asian Survey)、《外交事物》(Foreign Affairs)、《外交政策》(Foreign Policy）以及印美两国重要报刊《前线》（Front Line)、《经济与政治周刊》(Economic and Political Weekly)、《印度教徒报》（the Hindu)、《印度时报》(the Times of India)、《印度快报》(the Indian Express)、《印度斯坦时报》(Hindustan Times)、《纽约时报》（the New York Times)、《华盛顿邮报》(the Washington Post)、《国际先驱导报》(International Herald Tribune）等发表的大量文章也是本书不可或缺的重要资料、信息和观点来源。

二、国内相关研究

近年来国内学术界对印美关系研究兴趣有所提升，但专著并不多。赵蔚文的《印美关系爱恨录——半个多世纪的回顾与展望》是国内专门研究印美关系的最早著作。[1] 该著作中有提到核问题，但没有专题研究，相关

---

① 值得说明的是，国内目前有不少关于印度外交、南亚国际关系以及安全等方面的著作，而且这些著作也涉及印美关系，甚至是印美核关系的内容。但考虑到它们涉及内容较少，所以在此不一一详细介绍。本书只在参考文献中列出了相关研究成果。

内容只是散落在各章节，而且笔墨不多。不过值得一提的是，国内一些著作虽不专门研究印美关系，但对美国的南亚战略、核不扩散政策及国际核不扩散机制进行了探索，对本书的写作有重要的参考价值。吴兆礼的《印美全球伙伴关系研究》则是国内学术界研究印美关系的最新成果。作者认为冷战后时期印美关系经历了从“一种新的伙伴关系”到“战略伙伴关系”，再到“全球伙伴关系”三个发展阶段，实现了“三级跳”式的跨越发展，印美全球伙伴关系的战略契合大于战略分歧。虽然作者这种对印美整体关系的总结并不一定能够用来形容本书研究的印美核互动，但是对于笔者理解印美核互动有所帮助。

另外，张贵洪的《超越均势：冷战后的美国南亚安全战略》一书重点探讨冷战后的美国南亚安全战略，分析了1998年南亚核武化对美国核不扩散政策的挑战。姜振飞的《美国约翰逊政府与国际核不扩散体制》以美国的核不扩散政策的演变为线索，从国际和国内两个层面对美国约翰逊政府推动核不扩散机制形成的复杂动机做了详细介绍和分析。该作者的另一本著作《冷战后的美国核战略与中国国家安全》则分析了冷战后美国核战略调整的动因及影响，对本书也有一定参考价值。朱明权的《核扩散：危险与防止》一书回顾了东西方冷战时期核扩散的历史轨迹，介绍了冷战时期核不扩散机制的形成，并分析了核扩散在冷战时期未能得到有效防止的深层原因，也探讨了冷战后核扩散的危险以及防止核扩散事业的前景。作者就美国对印度核不扩散政策和行为也进行了详细研究。赵恒的《核不扩散机制：历史与理论》是国内专门研究核不扩散机制的为数不多的著作之一，作者对当前不扩散机制面临的各种挑战进行了分类，而印巴核武化被作者归类为明晰的机制外挑战。

相比之下，对印美战略关系以及印美核合作的研究更多地体现在一些国内学者的博士论文中。张力的《冷战后时期印度外交与战略安全》（2006年）对印美关系发展演变以及印度核战略有深入研究，而且作者探讨印美民用核能合作对国际核不扩散机制的影响，对本书有启示意义。孙晋忠的《冷战后印度与美国关系的新变化》（2000年）对冷战后决定印美关系的动力进行了探讨，认为印度与美国的双边关系将是一种既竞争又合作的国家关系，两国关系的变化升温到两国结盟的程度还有一定的距离，其中论文第三章就核问题进行了探讨，尤其侧重20世纪90年代的印美核关系。唐玉华的《权力、安全、经济利益与冷战后的美印关系研究》（2007年）的第三章研究印美关系中的核问题，但是研究的深度不够。陶莹的《冷战时期印美关系研究》（2008年）同样涉及印美核问题互动，但是笔墨不多。慕永鹏的《中美印三边关系：形成中的动态平衡体系》（2006年）是目前国内为数不多的系统研究中印美三边关系的论著之一，作者对20世纪90年代印美围绕核不扩散问题的分歧矛盾进行深入分析，对本书有参考价值。此外，国内有三篇专门研究印度核问题的博士学位论文，即章节根的《印度的核战略》（2007年）、赵恒的《印度核政策研究》（2004年）以及程晓勇的《国际核危机及其管理研究》（2009年）对本书有参考价值，这些论文在不同程度涉及印美在核问题上的互动，但并非将其作为重点。

此外，值得一提的是，国内目前有几篇直接以印美核关系为题的硕士论文，如四川大学郭倪的《印美关系中的核因素》、四川大学杜燕的《印美核关系：回顾与前瞻》、苏州大学崔萍的《印度核政策的演变与美国态度的变化》、暨南大学任刚的《印度核武化进程与印美核关系的演变》。这些文章对冷战后时期印美核关系发展演变做了梳理回顾，并对印美核关系调整做出了解释。但笔者发现这四篇论文都基本上侧重印美双边互动，虽然提到印美互动对国际核机制以及南亚地区安全的影响，但都缺乏地区层面、全球层面的专题探讨。此外，华中师范大学赵之中的《冷战后美国对印度核政策的调整评析》以及郑州大学苏菲的《美国的南亚核政策1964—1979》则主要探讨美国南亚核政策，虽然有印美核关系内容，但是基本可归属于美国视角的研究。山东大学吕学志的《论美印核协议》是专门探讨印美民用核能合作的学位论文，作者解析了双方推动核协议的各种原因，并就核协议对国际核不扩散机制以及南亚地区安全的影响进行了探讨。不过，该论文是典型的具体事件研究，对整个印美核关系发展演变没有做过多论述分析。

国内相关期刊论文主要集中在《国际问题研究》、《现代国际关系》、《南亚研究季刊》、《南亚研究》等刊物。这些文章对本书有重要的参考价值，也是人们从中国视角理解印美核关系的主要文献。

从笔者搜索的期刊文献来看，国内学者对印美核关系的探讨主要集中在印美民用核能合作方面，[①] 包括解读核协议签订过程中印美的共同利益与矛盾，协议对国际核机制、地区安全、印美双边关系的影响等方面。一些学者指出，印美核协议的签订表明了印美双边战略关系的提升，然而两国在这一过程中既存在利益关联也具有诸多矛盾。张力的《印度、美国围绕民用核合作的利益关联》一文指出印美核合作协议可视为印美两国在战略层面推进合作的重要里程碑，并将对印美双边关系，乃至地区和全球格局的发展产生深远影响。与此同时，该文指出印美充满讨价还价与妥协的谈判过程表明两国国家利益并非完全一致。[②] 一些学者则强调印美核协议的达成对国际核不扩散机制的冲击。田景梅的《美印核能合作的现状、影响及前景》认为美印核能合作协议相关条款并没有触及印度的核武器计划，也没有采取有效措施对印度核力量的发展进行限制，为此美国同意修改相关法律允许印美展开核能合作的做法将影响国际核不扩散机制的严肃性。[③] 郑汕的《美国“海德法案”与美印核合作》也指出美印核合作将削弱国际核机制的功能和相关机构的运转能力，使国际防止核不扩散努力陷入困局。另外，中国学者还十分关注核协议对南亚地区安全的影响，尽管目前没有专门论文探讨这一主题，但大部分学者或多或少都提到这一点。刘学成的《美印民用核合作的战略含义》认为如果美印核协议得到实施有可能引发地区核军备竞赛，还认为核协议并没有限制印度发展核武器和开

---

① 笔者通过关键词“印美关系”、“核问题”搜索中国期刊网发现，2005 年是一个明显的转折点。2005 年之前中国学者直接研究印美核关系的论文几乎没有，相关内容大多只见于印美关系论文中，但 2005 年开始国内掀起研究印美核关系热，无论是期刊论文还是硕士论文都开始增多，其主要关注点就是印美民用核能合作。这些论文包括：张力：《从“核协议”解读印美战略关系》，《南亚研究季刊》2005 年第 3 期；张力：《印度、美国围绕民用核合作的利益关联》，《南亚研究季刊》2006 年第 2 期；张力：《影响印度未来核身份的不确定因素——对印美民用核协议的追踪》，《南亚研究季刊》2006 年第 3 期；张力：《印美民用核合作受挫及其对印美关系的影响》，《四川大学学报（哲学社会科学版）》2008 年第 4 期；赵干城：《美印民用核能协议与印度核武器国家地位问题》，《南亚研究》2007 年第 2 期；赵可金：《试论印度围绕〈美印核协议〉的对美游说外交》，《南亚研究季刊》2007 年第 4 期；赵品宇：《浅析美国核不扩散政策的深层悖论——以美印核关系为案例》，《国际论坛》2008 年第 1 期；赵青海：《美印核合作及其影响》，《国际问题研究》2006 年第 4 期；刘学成：《美印民用核合作的战略含义》，《亚非纵横》2006 年第 6 期；田景梅：《美印核能合作的现状、影响及前景》，《现代国际关系》2006 年第 8 期。

② 张力：《印度、美国围绕民用核合作的利益关联》，《南亚研究季刊》2006 年第 2 期。

③ 田景梅：《美印核能合作的现状、影响及前景》，《现代国际关系》2006 年第 8 期。

发新的核武器研究项目，这样印度可将本来用于民用反应堆的核材料转而用于军用项目，增加核材料的储备。[①] 除此之外，中国学者也十分关注印美核能合作与中国的利益关联。沈丁立的《美印核协议及其反思》一文中指出美印核协议的签订有针对中国的战略目的。[②] 当然也有学者指出尽管印美核能合作中存在中国因素，但印美不太可能结成针对中国的战略联盟，在此问题上两国有不同的利益考量。赵青海的《印美核合作以及影响》认为，印度积极发展与美国的关系的确存在借机提升自己影响力和地位的战略考虑，但印度一贯的不结盟传统和独立自主的大国意识，决定了印美之间不可能结成战略同盟。[③]

诚然，国内学者在其他一些专题研究中也有不少涉及印美核关系的内容，尤其是那些关于印度核政策、美国核不扩散政策、印巴核关系以及南亚地区安全方面的研究。比如国内学者对印度公开核试验的原因进行了深入探讨，有学者指出美国推动《不扩散核武器条约》无限期延长以及《全面禁止核试验条约》（Comprehensive Nuclear Test Ban Treaty）的签署是促使印度公开核试验的重要因素。张力的《印度走向核军备化：战略动因的再认识》指出印度实施核选择、走向核军备化的动因是多重的，既是出于对自身战略安全的极度关切，也是对现行国际核机制的公开挑战。文章认为后者的推动是结构性的，因而更具实质性意义。[④] 另外，一些学者在探讨南亚地区核态势时也试图探析其中的美国因素，并分析南亚地区安全与印美核关系之间的相互影响。荣鹰的《南亚核态势新发展初析》一文表示南亚核态势发展变化的主要动因是南亚地缘政治因素，但同美国的南亚政策密切相关。[⑤] 此外，一些学者探讨核不扩散问题时也涉及印美核关系内容。张贵洪的《国际核不扩体系面临的挑战与发展趋势》一文探讨了核扩散的南亚模式，指出核不扩散体系在南亚地区面临的困境，即印巴两国一直拒绝加入核不扩散体系，反过来现有核不扩散体系也无法包容这两个拥

---

① 刘学成：《美印民用核合作的战略含义》，《亚非纵横》2006 年 6 期。

② 沈丁立：《美印核协议及其反思》，卢晓昆主编：《2006—2007 南亚报告》，云南大学出版社 2007 年版，第 168 页。

③ 赵青海：《美印核合作及其影响》，《国际问题研究》2006 年第 4 期。

④ 张力：《印度走向核军备化：战略动因的再认识》，《南亚研究季刊》2006 年第 4 期。

⑤ 荣鹰：《南亚核态势新发展初析》，《和平与发展》2010 年第 4 期。

有核武器的国家。该文还特别指出美印核能合作协议已突破现有的核不扩散规则。[①] 赵伯乐的《防止核扩散的两大难题——以印美核关系为例》一文认为，印美核关系戏剧性演变是世界核不扩散领域的一个典型个案，它揭示出世界防止核扩散存在着两大难解之题，即核不扩散目标的不确定性和机制的低效性。[②]

综上所述，国外研究相对丰富，针对本研究所涉及的几大问题都有大量专著，但系统研究冷战后时期印美核关系的学术作品不多，从分歧和协调视角研究印美核关系的成果更是不多见，而且相关研究呈现出阶段性间断的特征，分别集中在冷战后初期、1998 年印度核试验时期以及印美民用核能谈判时期三个时期，但未就印美核关系互动进行长时段和多维度的考察，对印美核关系发展演变的理论分析也主要集中在现实主义视角。诚然，国内研究更为薄弱，虽然有不少期刊论文，但系统研究专著少。国内研究者对印美在核问题互动过程的描述略显粗略，对印美核关系的演变缺乏理论解释，视角也显得单一，主要侧重印美双边互动，就地区层面和全面层面的专题探讨较少。

第三节　本书研究视角与方法

本书以分歧与协调的视角来研究印美核关系，将对两国围绕核问题的互动情况做深入的史实梳理，总结两国互动的特点与规律，解析双方分歧与协调的深层原因，并探讨由此产生的影响。

鉴于印美关系的复杂性和独特性，本书的研究方法注重多学科综合，在分析中融入国际关系研究和区域国别研究的基本分析方法。本书除了从环境、学习过程和互动力度三个方面考察印美在核问题上的双边互动之外，还试图将印美核关系放置在一个更广阔的视域进行考察，即探讨它与全球核秩序、国际核不扩散机制、南亚地区安全的关联。因此，从分析层

---

① 张贵洪：《国际核不扩散体系面临的挑战及发展趋势》，《国际观察》2009 年第 6 期。

② 赵伯乐：《防止核扩散的两大难题——以印美核关系为例》，《东南亚南亚研究》2009 年第 1 期。

次上看，本书研究过程中涉及到个体、国家、体系多个维度。本书尝试运用某些国际关系理论对印美核关系的发展变化做出解释。本书在一定程度上认同结构现实主义对印美关系所做的解释，即印美交往过程中充满矛盾分歧在很大程度是由双方在国际体系中所处的不同地位决定的。与此同时，本书也注重建构主义强调的观念因素、学习因素在印美核问题互动过程中发挥的作用。此外，本书十分注重对国际关系理论中中层理论的运用，例如本书借用双层博弈理论解析印美双方核谈判，解读谈判过程中双方同时面临的国内层面与国际层面的两场博弈，并分析谈判过程中双方领导人的谈判策略。本书还试图借用沃马克的结构性错误知觉理论（不对称理论）的基本论点对印美在国际核不扩散问题上的矛盾分歧进行解释。当然，除了利用相关国际关系理论之外，本书还借用了其他学科的相关理论分析工具，例如社会认知学理论、话语分析理论等。

第四节　特色、创新之处及难点

一、特色与创新之处

其一，本书的写作具有基础研究与应用研究、历史研究与现状研究结合的特点。本书既对印美核交往过程中的重大事件进行具体研究，也试图勾勒出印美核关系的基本演进路线。

其二，多维视角也是本书的一大特色。为了呈现更加完整的印美核关系，除了采用上文提到的个人、国家、体系层次分析方法之外，本书还试图对两国在核问题上的二轨道交流进行考察，这样在一定程度上弥补了当前学术界只重视印美官方交流互动研究的不足。

其三，本书在充分掌握资料的同时，对相关历史事件做了更加客观的解读。比如本书认为国际政治中系统效应所造成的安全困境是印美核关系较为明显的特征。正如有的专家曾指出，国家处在无政府状态下和国家自助的性质，决定了国家对自身生存的一种天然而无法抗拒的不安全感，它反映在国家心理上就是一种天然恐惧，这种恐惧并不是对某种具体危险或对某个国家的惧怕，而是对整个国际关系不确定性的不安以及对自身存在的忧虑。[①] 冷战结束后初期，印度就弥漫着这样一种不安全感，而面对美国主导的国际核不扩散机制的压力，印度这种不安全更加强烈，这在一定程度上诱发了印度通过公开核试验来谋求安全感。另外，本书认为印美民用核能合作协议的签署只是印美核对话过程中的一个转折点，它并没有彻底解决印美核关系中的所有矛盾分歧，而且未来两国核关系发展过程中不可避免地还将面临一些来自国内或国际社会的挑战。

其四，在研究方法上，注重对国际关系理论中的中层理论的运用。例如本书借用了罗伯特·D. 帕特南双层博弈理论解析印美双方核谈判，借用了沃马克的结构性错误知觉理论（不对称理论）对印美在国际核不扩散问题上的矛盾分歧进行解释。除此之外，本书注意反映通过学术对话和其他交流平台获得的启发，例如在关于印度对国际核机制的态度的分析中，采用文献分析法的同时，也融入了作者利用学术交流机会与印度战略学者在对话过程中酝酿形成的观点。

其五，本书试图在资料收集与使用方面做到平衡。事实上，目前国内学术界对印美核关系的研究存在不平衡现象，本书希望在资料收集与使用方面尽可能做到平衡，甚至参考其他国家，例如巴基斯坦或是一些欧洲国家学者的观点。

二、难点

其一，本研究属于当代国际关系史研究，虽然作者身处这一时代，能够对其中一些事件有直接把握，也能够搜集大量最新的研究报告和资料，但这种研究也存在不足，加之情况不断发生变化，所以没有经过历史沉淀的材料往往带有迷惑性。

其二，印美两国在核问题上存在着一种独特的、复杂的互动性，所以分析并把握这种互动性有相当的难度。另外，印美核关系的独特性决定了本研究在选择理论分析工具时有一定的难度，因为学术界现成的理论模型

① 何伟鹏：《恐惧：国家安全的心理分析》，《世界经济与政治》2001 年第 2 期，第 26 页。

尤其是西方经典国际关系理论并不能够完全套用，这样笔者有时候就不得不对已有的理论模型进行适当的修正。

第五节　研究主要内容以及章节安排

绪论部分界定了研究对象，阐述了研究意义，评估了国内外研究现状，并交待了理论工具和研究方法，同时介绍了本书的主要创新点和重难点。

第一章对冷战时期印美核关系做简短的历史概述，回顾这段时期印美关于核问题进行的分歧与协调，即一系列相互反应、相互作用的互动过程。其中包括印美在核领域初步交往时的合作与分歧；印度对中国核试验的反应与美国的关切；印美对 NPT 条约的不同看法；印度对 1971 美国“企业号”航母进驻孟加拉湾的解读；1974 印度“和平核爆炸”对印美核关系的冲击；印美关于《塔拉普尔协议》的分歧与协调；1986—1987 印巴“黄铜钉”危机对印美核关系的影响以及 1988 拉吉夫·甘地“行动计划”出台的背景、意义与美国的态度。

第二章意在论述 20 世纪 90 年代印美核关系。首先试图勾勒冷战结束后初期印美关于核问题的互动情形，包括解读冷战结束后印美交往新环境；论述了冷战后初期印美围绕核问题的分歧，美国对南亚核形势的评估与政策选择以及印度对美国南亚核政策的态度；考察了冷战后初期印度国内核辩论；随后本章将重点考察 1998 年印度公开核试验如何让印美分歧升级。此外，本章还将考察印度公开核武化后印度对美国展开的一系列外交行动，并对印度核外交话语进行分析，探析印度核外交话语背后深层的社会文化意义，以便更好地理解印美交往过程中印度的行为和政策选择。

第三章将考察印度公开核武化后印美之间的核对话，包括官方对话，也包括第二轨道交流，并在此基础上解析印美核关系调整的原因，尤其是侧重分析其中的社会学习因素和外部环境因素。另外，本章试图解读印美核关系调整的中国因素，旨在提供一个观察印美核关系的中国视角。

第四章意在考察印美双方围绕民用核能合作展开的博弈，详细解读印、美两国围绕这一问题的利益平衡点和潜在矛盾。本章试图以双层博弈理论为分析工具，对历时4年的印美民用核合作谈判进行分析，力争从国内政治与国际政治互动层面详细剖析印美谈判过程，从而理解印美谈判背后隐藏的决策意义，并在此基础上解析两国核关系。除了考量印美双方第一层次谈判以及双方各自国内的获胜集合外，本章还将分析两国首席谈判代表，尤其是布什总统、辛格总理在谈判中所运用的谈判策略。本章还将解析印美再次开启核能合作对印美关系的影响。除此之外，本章还将考察印度多元化国际核能外交以及对印美核关系的影响。

第五章将印美核关系放置在国际核秩序场域中考察，探析印美两国与国际核机制互动关系，分析两国围绕国际核不扩散问题的分歧与协调。本章试图借用不对称理论的基本论点对印美在国际核不扩散问题上的矛盾分歧进行解释。除此之外，本章还将探析印美民用核能合作与国际核机制的关联，解读印度公开核试验后美国国内安全、军控专家对印度核身份的认知调整与固化，以及印度与国际核机制互动新态势，展望印度成为NSG成员国的前景，并解读印度对奥巴马“无核世界”构想以及裁军倡议的回应。

第六章意在探讨印美核关系与南亚地区安全的互动，解读印巴危机中的核因素与美国外交，查考专家学者关于印巴核威慑稳定性的评估，解读印美对地区核军控的不同理解，并重点分析巴基斯坦对印美核合作的反应与应对，进而在此基础上试图揭示印美核关系与南亚地区安全之间是如何相互作用的。本章最后还将试析印美核关系中的不确定因素，包括两国对中巴能源合作的不同解读。

第一章
冷战时期的印美核关系

表面看印度与美国有许多相同点，两国都是民主国家，但冷战时期的印美关系并非十分亲密，人们更倾向用“相互疏远的民主国家”来形容两国的交往。[①] 美国著名的外交家基辛格曾写道，“印度的统治阶级讲一口标准的英语，几乎所有的领导人都曾到西方留学过，两国之间的交往不应该存在沟通的困难，然而美国人在国际事务上与印度的领导人打交道始终不得要领”。[②] 印美在核领域的交往也体现出这种特征，印度领导人对核武器的二元认知以及政策选择在美国决策者眼中并非容易理解。当然，美国相关政策行为在印度的解读中也并非总是友好之举。诚然，印美彼此也不否认，两国作为世界上最大的民主国家之间存在着共同利益。事实上，两国在20世纪50年代就开启了民用核能合作，但与此同时，印美在核事务上有其各自的立场，而且彼此怀疑对方的意图，这些怀疑在一定程度上限制了两国在核领域的合作。因此，印美核关系一开始就呈现出一种既有合作又充满矛盾分歧的状态。

第一节　印美在核领域的初步交往：合作与分歧

1945年7月16日，第一颗原子弹在美国新墨西哥州的沙漠地区爆炸

① 参见 Dennis Kux, *Estranged Democracies: India and the United States*, 1941 - 1991, New Delhi: Sage, 1993。

② ［美］亨利·基辛格著，胡利平、凌建平译：《基辛格美国全球大战略》，海南出版社2009年版，第132页。

成功，世界迎来了核武器时代。核武器是一种具有特殊能力的武器，它不仅拥有军事上的巨大毁灭力量，而且还有着极大的政治影响力。正如有学者评价到，核武器的出现不仅改变了人们对战争与和平等重大问题的传统观念，也深刻影响了有关国家的国家安全战略以及它们的相互关系。[①] 必须承认，核武器以及与核武器相关的观念、政策也成了影响印美关系的一个重要因素。冷战时期印美两国围绕核问题进行了一系列互动，在这种互动过程中印美之间既存在合作的一面，也存在矛盾与分歧的一面。

1953 年 12 月，美国总统艾森豪威尔在联合国发表了题为“原子能为和平服务”（Atoms for Peace）的演讲，并推出了“和平原子能计划”，表示美国不反对和平利用原子能。艾森豪威尔在演讲中表示，美国深知原子能所产生的和平力量并非未来的梦想。[②] 他还表示，“面对原子弹的黑暗背景，美国无意仅仅表现力量，也要表现其对和平的渴求与希望。要动员专家们把原子能应用到农业、医疗以及其他和平活动的需要上，特别是要为世界上缺乏动力的地区提供大量电能”。[③] 必须承认，此计划的出台为印美在核领域的相关合作提供了机会。众所周知，尽管在核能开发初期，印度政府坚持了一条较独立自主的道路，但印度还是期待能够获得美国或其他发达国家的相关援助。[④]

1953—1954 年间，印美两国就核能合作问题展开了对话。1956 年，印度在美国和加拿大的帮助下开始建立核反应堆，印美两国还缔结了关于出售重水的协议。1963 年印美两国签署民用核能合作协议，又称《塔拉普尔协议》（Tarapur Agreement），美国同意为印度塔拉普尔核电站提供核燃料，还同意与印度分享关于 TAPS 的发展、设计、建造、投入使用等方面的非保密性信息。[⑤] 当然，美国除了对印进行技术、核材料援助外，还帮助印

---

① 朱明权、吴莼思、苏长和：《威慑与稳定——中美核关系》，时事出版社 2005 年版，第 1 页。

② “Atoms for Peace”, Address Delivered by the President of the United States before the General Assembly of the United Nations in New York City, Dec. 8, 1953.

③ Ibid.

④ Shyam Bhatia, *India's Nuclear Bomb*, Ghaziabad: Vikas, 1979, p. 88.

⑤ “GOVERNMENT OF INDIA AND THE GOVERNMENT OF THE UNITED STATES OF AMERICA ON THE CIVIL USES OF ATOMIC ENERGY”, Washington, 8 August 1963, http://www.commonlii.org/in/other/treaties/INTSer/1963/11.html.

度培养了不少核科学家。据报道，1955 年至 1974 年期间，超过 1100 名印度核科学家被送到美国的各种科研机构参加培训，并被允许在美国的实验室里同美国科学家共同开展试验活动。[①]

不过，值得注意的是，早期印美核关系也有竞争，甚至是矛盾冲突的一面。

根据专家记载，印度希望保持核决策的独立性，这样很快就与美国的利益发生冲突。1953 年 7 月，印度国有公司企图将 2 吨硝酸钍在孟买装上波兰船只运往中国。美国驻印大使艾伦（George V. Allen）告诉尼赫鲁，印度此举将迫使美国削减对印度的所有援助计划。在美国看来，印度的行动违反美国 1951 年《共同防卫援助统制法（1951）》的规定。对此，尼赫鲁的反应十分强烈，并公开表示印度不会让美国干涉自由贸易。[②] 尽管后来印美双方达成折中方案，但这体现出了两国在核领域的利益分歧。

此外，尽管美国推出了“和平原子能计划”相关建议，但该计划强调非核国家和平开发核能的前提是不发展核武器，并将接受国际原子能机构的监督。无疑，这也为印美两国矛盾分歧埋下了伏笔。事实上，两国围绕该问题的矛盾分歧由来已久。1946 年，美国在联合国大会上提出“巴鲁克计划”，[③] 该计划提议设立国际原子能开发署来监管原子能的发展和利用。不过，印度并不认同美国的该项提议，在印度看来，“巴鲁克计划”就是美国新的殖民战略。美国驻联合国的代表尼赫鲁的胞妹潘迪特夫人（Vijaya Lakshmi Pandit）坚持认为，美国提议的国际机构监管将会是对一国经济财富的剥夺。[④] 值得一提的是，1958 年国际原子能机构成立后，尽管印度是创始国家之一，但印度对该机构保持警惕，尤其是当该机构试图对印

---

① “Nuclear History in India，Pakistan”，*New York Times*，May 28，1998.

② George Perkovich，*India's Nuclear Bomb*：*The Impact on Global Proliferation*，Berkeley：University of California Press，1999，p. 22.

③ “巴鲁克计划”也称为原子能管制计划，是指由联合国原子能委员会美国代表伯纳德·巴鲁克于 1946 年 6 月 14 日提出的一项计划。其主要内容是：设立原子能发展总署作为国际原子能监督机构，管制原子能的发展和利用，甚至包括原料生产，任何利用裂变材料来发展原子弹的违反管制的行为都将受到严厉制裁；该机构可以派遣代表到各国“观察”，以确保有效的管制；该机构不受大国一致原则的约束，联合国常任理事会无否决权；在机构确立有效管制后，停止核武器生产，并销毁一切现存核武器。

④ Shyam Bhatia，*India's Nuclear Bomb*，Ghaziabad：Vikas，1979，p. 43.

度核设施进行检查时。印度认为这是强制性地对印度主权的侵犯。曾担任巴巴原子能研究中心主任的拉贾·拉曼纳（Raja Ramanna）在自己的著作中写道：

> 针对我们的建议不仅没有说服力，也没有顾及核不扩散国家的普遍利益，并遵循平等交换的原则；它是强加给我们的，仿佛这些超级大国俨然注定是世界和平的维护者。尽管我们在发展高科技历程中缺乏经验和信心，尽管我们受到来自西方的尖刻批评，但正是从这一刻我们开始真正的自力更生。①

另外，在1961—1962年印美关于《塔拉普尔协议》谈判期间，印美双方也是争论不断，尤其是关于印美核设施的安全保障问题。印方代表霍米·巴巴（Homi K. Bhabha）坚持认为那些需要接受国际原子能机构监督的安全保障是对印度主权的侵犯。双方展开了艰难博弈后，印度才同意其塔拉普尔反应堆、拉贾斯坦核反应堆接受国际原子能机构监督，但印度本国建立的核设施排除在外。

总之，印美双方在核事务上有其各自的立场，印美两国利益也存在较大差异，再加上印度当时对外政策倾向于不结盟，反对新殖民主义、种族主义，坚持和平共处，坚持弱小国家有权决定自己的未来，这也决定了两国核关系不可能往更密切的方向发展。

第二节　1961年乔治·麦吉备忘录

早期印美核关系无疑是受到各自国家利益驱动的，但与此同时，它在很大程度上也受到外界环境因素的影响，尽管这种影响并不一定能够完全改变印美双方原有的互动模式。美国国家安全档案馆公布的一份1961年的美国国务院备忘录就充分证明了这点。

---

① Raja Ramanna, *Years of Pilgrimage: An Autobiography*, New Delhi: Viking, 1991, p. 94.

这份文件日期为 1961 年 9 月 13 日，文件是美国务院官员乔治·麦吉（George. McGhee）给国务卿迪安·腊斯克（David Dean Rusk）的绝密备忘录。① 备忘录主要内容是就美国如何应对中国首次核试爆提出建议。文件显示出美国官员对中国即将进行核试爆的担心，在他们看来，中国的核试爆将不可避免地对美国和自由世界安全利益构成冲击。为此，美国国务院一些官员建议将美国的核秘密提供给印度，让印度先于中国进行核试验，以此来抵消中国核试验可能带来的冲击。尽管备忘录最终没能获得美国领导人的认同，但它还是在一定程度上反映了当时美国对待印美核关系背后的复杂的利益考量。

根据美国当时的相关情报显示，中国可能会在 1962 年进行首次核试爆。② 对此，美国官员表示出极大的担心，备忘录指出，“一旦中国彰显其核能力可能会给世界人民这样一种感觉，即共产主义是未来发展潮流，而共产主义中国也会成为难以对抗的强国”。③ 备忘录还指出，中国核试爆后，很多亚洲国家会将中国与他们自己和美国在当地的能力进行对比，从而提高对中国综合军事实力的评估。对此，美国国务院的一些官员建议，在亚洲鼓励“核扩散”，并“试探”印度抢在中国之前进行核试验的可能性。备忘录提到“尽管我们希望限制核武国家数量，但只要我们仍然缺乏这样做的能力，我们就应该倾向于让印度而非中国成为亚洲第一个核国家”。④ 麦吉向政府建议“如果有一个友好的亚洲大国能抢在共产党中国之前（进行核试验），那么这将是值得去做的”。⑤ 麦吉建议美国同印度原子

---

① “US Wanted India to Pip China to N-Test：Report”，<http：//articles. timesofindia. indiatimes. com/2007-09-01/india/27981710_ 1_ nuclear-tests-nuclear-device-nuclear-explosion>.

② McGhee to Rusk，“Anticipatory Action Pending Chinese Community Demonstration of a nuclear Capability”，FOIA files，India，National Security Archieves，Washington，D. C.，September 13，1961，p. 1.

③ “US Wanted India to Pip China to N-Test：Report”，<http：//articles. timesofindia. indiatimes. com/2007-09-01/india/27981710_ 1_ nuclear-tests-nuclear-device-nuclear-explosion>.

④ McGhee to Rusk，“Anticipatory Action Pending Chinese Community Demonstration of a nuclear Capability”，FOIA files，India，National Security Archieves，Washington，D. C.，September 13，1961，p. 2；p. 3.

⑤ McGhee to Rusk，“Anticipatory Action Pending Chinese Community Demonstration of a nuclear Capability”，FOIA files，India，National Security Archieves，Washington，D. C.，September 13，1961，p. 1.

能委员会主席进行磋商。麦吉认为，尼赫鲁可能会被说服，并认同这一建议符合印度的利益。①

尽管最终备忘录建议没有被美国领导人采用，但它反映了美国对待核问题背后复杂的利益考量，尤其是当时美国在防核扩散方面模棱两可的态度。值得一提的是，美国对防核扩散的这种态度也在一定程度给印美核关系发展带来机会。事实上，正由于防核扩散关切在当时美国决策中并非处于首要地位，印美两国在核领域的相关合作才成为可能。② 1964 年中国成功核试爆后，美国一些官员再次表达对于向印度提供核装置、核技术甚至核弹的兴趣。美国原子能委员会还就印美两国在核计划方面合作的可能进行讨论。据称，美国五角大楼负责国际安全事务的部长助理麦克诺顿也准备了一份训练和装备印度军队使用核武器的计划。除此之外，美国还考虑通过 Plow share 项目为印度发展和平利用核爆炸提供帮助，让印度能够迅速建造堤坝、运河、隧道等。③ 美国甚至考虑允许印度拥有低当量的战术核武器，以便威慑中国。不过，最终美国出于各方考虑，部分地放弃了这方面的努力。在美国看来，这些行动可能引起巴基斯坦的强烈反应，也可能造成不利的国际影响，并妨碍国际防扩散方面的努力。

第三节　印美关于 NPT 条约的认知分歧

1962 年古巴导弹危机让人们意识到核战争并不遥远，美苏两国也改变原本对防核扩散事务犹豫不决的态度，开始其核限制的进程，进而扩大演化到核不扩散进程，1964 年中国核试验更是加大了这一进程。正是在此背景下，1965 年各国开始了《不扩散核武器条约》（Treaty on the Non-Prolif-

---

① McGhee to Rusk, "Anticipatory Action Pending Chinese Community Demonstration of a nuclear Capability", FOIA files, India, National Security Archieves, Washington, D. C., September 13, 1961, p. 3.

② Secretary of States Dean Rusk to US Embassies, Airgram, Circular CG-769, March3, 1961, in Foran, US Nuclear Non proliferation Policy, 1945-1991, no. 00755.

③ "India's Nuclear Weapons Program On to Weapons Development: 1960 – 1967", <http://nuclearweaponarchive.org/India/IndiaOrigin.html>. 亦可参见 George Perkovich, *India's Nuclear Bomb: The Impact on Global proliferation*, Berkeley: University of California Press, 1999, p. 91。

eration of Nuclear Weapons，简称 NPT）的谈判。谈判期间印度与美国对何谓有效的《不扩散核武器条约》存在不同看法，两国分歧很快凸显。1968年印度拒绝签署《不扩散核武器条约》对印美核关系产生了一定的负面影响。

条约谈判伊始，印度和一些不结盟国家对推动条约签署表示出很大的兴趣。不过，值得一提的是，印度对于条约的具体内容有着自己的看法和利益考量。印度特别强调，一是希望条约在措辞上可以冻结其他国家进一步获得核武器，即核武器国家同意放弃核武库，与此同时其他国家不发展和获取核武器；二是希望核国家可以给无核国家安全保证来帮助其对抗核讹诈或核攻击，并提供安全保护来公平地平衡核节制的义务。1965 年 5 月 4 日在联合国裁军委员会会议上，印度代表查克拉瓦（B. N. Chakravart）还具体地指出，一个有效的不扩散核武器条约必须满足印度的五个条件：①

第一，核国家必须承诺不转让核武器或核技术给其他国家；

第二，核国家必须同意不对无核武器国家使用核武器；

第三，联合国必须保障受到核国家或者接近拥有核武器的国家威胁的国家的安全；

第四，印度坚决主张加强核裁军，并采取切实步骤，包括签署全面禁止核试验条约、全面冻结核武器和运载工具的生产以及实质性减少现有的库存；

第五，印度需要一个约束无核国家不获得和制造核武器的条约。

显然，美国出于自身利益考量，并不认同印度的各种倡议。对美国来说，它不赞成全面禁止核试验条约，也不愿意接受那些明确了核裁军具体措施的条约。此外，美国也无意向无核国家提供有意义的安全保证。

1967 年 4 月，印度总理秘书 L. K. 贾（L. K. Jha）出访苏联、法国、美国与英国，试图就条约相关问题与上述国家交流看法。印度希望寻求上述国家对于核国家如何保护无核国家的安全，以及核国家如何保护无核国家以和平为目的的原子能发展等两个问题的解释，但收效甚微。② 4 月 18

---

① A. G. Noorani，"India s Quest for a Nuclear Guarantee"，*Asian Survey*，Vol. 7，No. 7，1967，p. 494.

② 苏菲：《美国的南亚核政策 1964—1979》，郑州大学 2010 年硕士学位论文，第 14 页。

日，L. K. 贾会见了美国国防部长罗伯特·麦克纳马拉（Robert McNamara），并向美方表述了印度签署《不扩散核武器条约》的两个障碍，一是“印度相对于中国的安全问题”，二是“印度已经发展了核技术并给印度带来了自信与声望”。[①] 尽管美国希望印度签署条约，但很显然，它没有因此而同意印度的各种要求。

1967 年，美国和苏联向十八国裁军委员会提交了联合起草的《不扩散核武器条约》草案，这份草案没有包含安全保证的内容，也没有对全球核裁军做出明确保证。显然，印度对这个草案不满，印度政府也最终做出拒绝加入《不扩散核武器条约》的决定。1967 年 10 月 6 日，印度国防部长斯瓦兰·辛格（Swaran Singh）在联合国大会上公开表示印度将不会签署《不扩散核武器条约》。[②] 1968 年 4 月 5 日，印度总理英迪拉·甘地（Indira Gandhi）在印度下院就《不扩散核武器条约》发表演讲时，强调了条约的诸多不足之处。[③]

的确，印美在《不扩散核武器条约》上的不同立场，在一定程度上凸显了印美关于核问题的分歧。这种分歧不仅体现出地区大国与全球大国安全利益的不对称，还体现出两国观念上的差距。在印度看来，《不扩散核武器条约》是一个不平等条约，条约对有核国家与无核国家做了明确的区分，按照印度的表述，现行条约推行的是“核种族隔离”（Nuclear apartheid）政策。诚然，印美两国围绕《不扩散核武器条约》所产生的分歧矛盾对印美核关系也产生了一定的负面影响。对此，印度外交家贾斯万特·辛格指出：“美国与苏联都采取同样措施致力于敦促印度签署《不扩散核武器条约》，两国都致力于劝说印度放弃核试验的努力。虽然不稳定的紧张关系不是美苏政策所追求的目标，但它们的政策无意间却导致了这种局

① U. S Defense Department, Memorandum of Conversation, “Meeting Between the Secretary of Defence and Mr L. K. Jha, Tuesday, 18 April at 10 a. m. ”, in FOLA files, India, National Security Archive, Washington, D. C. , p. 2.

② 值得一提的是，印度政府拒绝加入的决定也获得了印度国内大多数民众的支持。根据 1972 年的民意调查，有 68. 9% 民众反对加入该条约。参见 Ashis Nandy, “The Bomb, the NPT and the Indian Elites”, *Economic and Political Weekly*, Vol. 7, No. 31 - 33, August 1972, p. 1539。

③ “On Thermonuclear Weapon Capability and Its Implications for Credible Minimum Deterrence”, December26, 2009, <http://www. nuclearfiles. org/menu/key-issues/nuclear-weapons/issues/policy/indian-nuclear-policy/thermonuclear-weapon-capability. html>.

面的形成。"①

第四节 1971 年美国航母"企业号"驶入孟加拉湾

冷战时期，印美核关系受到各种因素的共同影响，比如国际安全环境、印巴关系以及超级大国各自在南亚的战略等。但值得注意的是，并非每一种因素都以直接的形式作用于它。事实上，有些因素是通过复杂的系统效应对印美核关系施以影响的，1971 年美国航母"企业号"驶入孟加拉湾事件就是很好的实例。

1971 年，东巴基斯坦出现强大的独立运动和动乱，这在印度看来是一次借机打击和分裂宿敌巴基斯坦的好机会（时任印度总理英迪拉·甘地被认为是个民族主义者，并且是个具有军国主义倾向的铁腕政治家，更愿意将军事力量和政治权力结合一起②）。随着争取独立的孟加拉起义武装活动的加强，印度开始了各项准备工作。除了积极军事备战外，1971 年 8 月印度还同苏联签订为期 20 年的和平友好条约（此举主要是考虑到印度没有能力面对西巴、东巴和中国三条战线同时作战，同时也是为了满足苏联 1969 年提出的要求）。除此之外，英迪拉·甘地对西方国家积极开展游说外交，接连出访美国、法国、西德、英国、比利时和澳大利亚，敦促各国向巴基斯坦施压。11 月 21 日印度不宣而战，同时向东巴的杰索尔等八个地区进攻，开启第三次印巴战争。印度的强势进攻，打败了在东巴基斯坦的数量占优的巴基斯坦军队。

值得一提的是，在印度向东巴进攻期间，美国为了防止战火扩大到西巴基斯坦，要求印度停火并派出"企业号"航空母舰和一支武装了核武器的海军部队进入孟加拉湾巡弋。据记载：

---

① 贾格特·梅赫塔与贾斯万特·辛格对话，［印］贾斯万特·辛格，胡仕胜译：《印度的防务》（内部版），麦克米兰印度有限公司出版社 1999 年版，第 47 页。

② ［美］斯蒂芬·科亨著，刘满贵等译：《大象和孔雀——解读印度大战略》，新华出版社 2002 年版，第 141 页。

> 12 月 10 号，“企业号”和四艘护航舰接到命令，从驻地北部湾驶向新加坡。12 月 12 号，他们与离开新加坡海岸的另外一支海军特舰部队会合。经过 2 天无缘由的拖延后，12 月 14 号，它们经过马六甲海峡驶向孟加拉湾的最北端。12 月 16 号，达卡投降，于是第 74 特遣部队调头向南，经过印度洋驶向斯里兰卡东南部。第二天西部战线也告停火。①

诚然，美国在印度洋地区展示其海军力量在某种程度上是希望能给予巴基斯坦外交支持。不过，在美国看来，印巴战争牵涉的利害关系远超出巴基斯坦的前途。事实上，美国更多的是担心苏联在南亚起支配作用，另外美国正在发展与中国的关系，需借重巴基斯坦。

印度对美国的行动反应十分强烈，尽管苏联也立即从海参崴派一航空母舰到孟加拉，美国舰队几乎没有什么动作，但印美关系还是受到极大影响。虽然印美关系很快就有所回升，但正如一位学者所说，美国与巴基斯坦之间的联系，特别是美国对巴基斯坦的武器供应，以及 1971 年印巴战争期间美国在孟加拉湾的海军调动，使印度对美国进行了持久的安全化。②对于印度来说，美国对巴基斯坦提供军事援助就是对印度施压。值得强调的是，印度在很大程度上还将此次航母行动解读成该国独立以来唯一受到的一次核威胁。有学者甚至认为这一事件也成了印度在 1974 年 5 月实施和平核爆炸的导火索。③ 印度战略家 K. 苏布拉曼尼亚姆回忆道：

> 现在我们知道，美国对“企业号”的这次行动并没有具体指令。当时，印度将其视为核恐吓行动，并不得不做出最坏的打算。这场核恐吓的经历可能影响了英迪拉·甘地夫人的决策。她在 1972 年决定批

---

① Richard Sisson & Leo E. Rose, *War and Secession*: *Pakistan*, *India and the Creation of Bangladesh*, New Delhi: Vistaar Publications, 1990, p. 262.

② ［英］巴里·布赞、［丹］奥利·维夫，潘忠岐译：《地区安全复合体与国际安全结构》，上海人民出版社 2010 年版，第 101 页。

③ Baldev Raj Nayar & T. V. Paul, *India in the World Order*, *Searching for Major-Power Status*, Cambridge University Press, 2003, p. 181.

准原子能署继续进行核试验的准备工作可能与此有关。[1]

当然，印度的行为同样给美国留下不好的印象。尼克松曾在日记中写道：

> 我看了甘地的被刺，听了他关于暴力问题的讲话，感到今天印度的一些领导人是何等的虚伪。例如当夏斯特里去塔什干时，英迪拉·甘地说什么印度的胜利之羽翼被剪掉了；她在华盛顿和我会见时实际上已经决定要进攻巴基斯坦，却向我保证说她绝不这样做。这完全是两面的态度。不用借口就付诸武力的人是坏透了——诉诸武力而同时还劝诫别人不使用武力的人不配得到任何人的同情。[2]

的确，从印美两国关于此次事件做出的反应，可以看出两国核关系深受系统效应和地区安全困境的影响。对此，美国学者也无不遗憾地写道：

> 这本来是理查德·尼克松和亨利·基辛格想对败局已定的巴基斯坦以及美国的新伙伴中国所做的一个政治姿态，但印度人却将其作为充满敌意的象征性示威载入史册。[3]

第五节　印度“和平核爆炸”对印美核关系的冲击

1974年5月，印度在西部拉贾斯坦邦的博克兰地区爆炸了一颗核装置（约1.5万吨当量），从此成为横跨“核门槛”的国家。印度宣称此次核试验为“和平核爆炸”，否认其发展核武器的意图。英迪拉·甘地向媒体表

---

① Jasjit Singh (ed.), *Nuclear India*, New Delhi: Knowledge World in Association with the Institute for Defence Studies and Analyses, 1998, pp. 16 – 35.

② ［美］理查德·米尔豪斯·尼克松著，伍任译：《尼克松回忆录》（中册），商务印书馆1978年版，第630页。

③ ［美］斯蒂芬·科亨著，刘满贵等译：《大象和孔雀——解读印度大战略》，新华出版社2002年版，第142页。

示，“关于这次核试爆没有好值得兴奋的，这只是我们科学家日常研究成果展现，我们坚持致力于和平核能利用”。[①] 印度驻美大使 T. N. 考尔（T. N. Kaul）写信给时任美国国务卿基辛格，澄清印度和平核试爆所用材料以及技术人员都来自印度本土。[②] 印度还试图向美国解释，即印度没有利用来自塔拉普尔的核物质，印度的行为也没有违反印度签署的任何双边或国际协议。[③] 诚然，在美国看来，印度的解释并没有说服力，和平核爆炸和真正的原子武器在技术上没有很大的差别，而更为重要的是美国认定印度核试验是对当时全球核秩序的挑战。这次核试爆给印美核关系带来了较大冲击，甚至有学者认为 1974 年印度博克兰试验标志着印美双边核关系的分水岭。[④] 它导致了印美两国核政策的严重分歧，成为印美冲突的象征，印美核关系开始朝着不和谐的方向发展。[⑤]

学术界关于这次取名为“微笑的佛”的核试验的动因存在多种解读，综合来看包括以下几个方面。其一，印度出于安全方面的考虑，1964 年中国核试验加大印度对核威胁的感知，与此同时，印度在 20 世纪 60 年代向国际寻求核安全保障的努力经受挫折。此外，美国在 1971 年印巴战争中的军事举动在一定程度上加深印度的不安全感。[⑥] 其二，印度政府希望通过这次“和平”核试爆向外界证明印度在外交和防务政策上的独立性。有学者指出印度总理英迪拉·甘地担心印苏友好协定可能使印度在外交上依附苏联，希望借此向苏联表明印度并不需要通过印苏条约获取安全保障。[⑦] 其三，印度证明自身有进行核试爆的能力，并表达对《不扩散核武器条

---

① Lewis M. Simons, “India Explodes A- Device: Cites ‘Peaceful Use’”, *Washington Post*, May 19, 1974.

② A. G. Noorani, “Indo—US Nuclear Relations”, *Asian Survey*, Vol. 21. No. 4, April 1981, p. 404.

③ Ibid.

④ Dilip H. Mohite, *Indo -U. S Relations, Issuesin Conflict and Cooperation*, South Asian Publishers PV. TLtd, 1995, p. 82.

⑤ Satu P. Limaye, *U. S-Indian Relations, the Pursuit of Accommodation*, Westview Press, 1993, p. 96.

⑥ P. R. Chari, “India’s Nuclear Choices: Some Perspectives”, in M. S. Rajan & Shivaji Ganguly (eds), *Great Power Relations, World Order and the Third World*, New Delhi: Vikas Publishing House, 1981, p. 361.

⑦ 可参见 Raju G. C. Thomas, “Whither Nuclear India?”, in D. R. Sardesai & Raju G. C. Thomas, *Nuclear India in the Twenty-First Century*, Palgrave-Macmillan Publisher, 2002, p. 6。

约》的不满，试图让国际社会关注印度的裁军立场。① 其四，印度此次核试验在一定程度上受到国内因素影响，例如受到国内科学家、技术官僚的推动。② 其五，时任总理英迪拉·甘地希望通过此次核试验为1975年的大选捞取政治资本。③ 除此之外，有学者指出印度希望通过核试验谋求地区大国甚至是全球大国地位。印度学者古普特（Bhabbani Sen Gupta）分析时提到，“印度认为如果没有核武器，印度就不能进入世界权力走廊，也不能成为地区大国”。④ 当然，也有学者指出1974年印度核试验的动因并非一个，事实上安全考虑、国内压力、荣誉等因素都可能在不同的阶段以不同的方式影响过印度领导人的决策。⑤

实践来看，美国对印度公开核试爆的反应较为强烈。根据解密的美国文件，当时美国国务院低估了日本、英国、加拿大等国外交官的相关警告，美国情报机构也只是用“低优先级”预测印度首次核试验的可能性。⑥ 1972年美国秘密情报备忘录显示，印度“距离形成可观核威慑还需多年”。⑦ 因此，印度核试爆后，美国国内也是喧嚣一时。美国国内媒体大都用谴责字眼对印度这次核试爆进行报道。美国国会反应也十分强烈，众议院外委会把政府原定于1974—1975年对印度援助的7500万美元削减掉2500万美元。国会还通过一项议案，要求世界银行不给印度低息贷款。

美国对印度核试验做出较强烈反应的主要原因包括，一是美国担心印

① R. H. Donaldson, “India: Uncertainty over Nuclear Policy”, Confidential Intelligence Note Bureau of Intelligence and Research, June 13, 1974.

② George Perkovich, *India's Nuclear Bomb: the Impact on Global Proliferation*, Berkeley: University of California Press, 1999, p. 187. 同样可参见 FrankT. J. Bray & MichaelL. Moodie, “Nuclear Politics in India”, *Survival*, Vol. XIX, No. 3, May-June, 1977, pp. 11 - 16。

③ 参见 R. H. Donaldson, “India: Uncertainty over nuclear policy”, Confidential Intelligence Note Bureau of Intelligence and Research, June 13, 1974; Raju G. C. Thomas, “Whither Nuclear India?”, in D. R. Sardesai & Raju G. C. Thomas, Nuclear India in the Twenty-First Century, Palgrave-Macmillan Publisher, 2002, p. 6。

④ Bhabani Sen Gupta, *Nuclear Weapons? Policy Options for India*, Sage Publications, 1983, p. 4.

⑤ P. R. Chari, “India's Nuclear Choices: Some Perspectives”, in M. S. Rajan and Shivaji Ganguly (eds.), *Great Power Relations, World Order and the Third World*, New Delhi: Vikas Publishing House, 1981, p. 361.

⑥ “US put ‘low priority’ on first India nuclear test”, <http://tribune.com.pk/story/302957/us-put-low-priority-on-first-india-nuclear-test/>.

⑦ Ibid.

度的行为可能会促使更多国家试图跨过核门槛。1975 年，美国军备控制与裁军主任埃克尔（Fred Charles Ikle）就指出，印度核试爆对核不扩散事业的影响是深远的，它不仅仅表明印度成为国际核俱乐部的第六位成员，更为重要的是它预示着其他国家可能效仿印度。[①] 二是美国担心南亚进行核军备竞赛，因为巴基斯坦总理阿里·布托（Zulfikar Ali Bhutto）曾说："如果印度拥有原子弹，我们就算是吃树皮、草根甚至挨饿也要拥有我们自己的原子弹，我们别无选择。"[②]

无疑，1974 年印度核试验给印美核关系带来一些负面影响。1974 年 10 月，美国国务卿基辛格访问印度期间，核问题位居美方提出议题的首位。美国要求印度就其核意图做出某种保证，并要求印度不进行核扩散。美国还试图劝说印度接受建立一个监督印度核计划的观测系统，参加美国发起的严格控制输出核技术组织。然而，对于美国的要求与提议，印度反应十分冷淡，并强调其核计划的和平目的。[③] 印美核问题上的分歧没有得到解决，甚至成为印美关系发展过程中的障碍因素。

此外，值得注意的是，印度核试验后美国针对印度核爆炸所做的法律上出口管制的调整更是对印美核关系产生深远影响。1975 年美国敦促"桑戈委员会"（the Zangger Committee）成员国与法国一道成立了"核供应国集团"（Nuclear Supply Group，NSG），即"伦敦俱乐部"。该集团通过了新的"核转让规则"和"触发清单"，规定了更为严格的出口控制制度。[④] 1978 年美国还颁布了《核不扩散法案》（Nuclear Nonproliferation Act），根据此法案规定：核出口许可证只有在符合严格的安全标准的条件下才予以发放；与美国进行核合作的无核国家必须同意接受国际原子能机构对其所有核设施的监督条款；不得生产或获取任何核爆炸装置；如现有双边协定

① Charles Heimsath, "The American Quandary over Nuclear Proliferation in the Indian Subcontinent", *USA Today*, Washington D. C, January, 1980.

② D. K. Palit & P. K. S. Namboodiri, *Pakistan's Islamic Bomb*, Asia Book Cooperation of America, New York, p. 15.

③ 赵蔚文：《印美关系爱恨录：半个多世纪的回顾与展望》，时事出版社 2000 年版，第 49 页。

④ 吴彤、张利华：《美国与印度进行核合作的动因》，《国际政治科学》2009 年第 4 期，第 15 页。

和供应合同不符合这些要求，必须据此进行谈判或中止协定和合同。[①] 除此之外，不少专家认为美国其他一些法律与印度此次的核试验也有密切关联。比如 1976 年美国发布的《军备出口管制法案》（Arms Export Control Act），此法案意在控制有利于军事项目的装备和技术；[②] 1979 年发布的《出口管理法案》（Export Administration Act），该法案授权给美国总统管理军民两用性装备、设备、软件、技术等的权力。[③] 无疑，美国以上出口管制制度方面的调整给印美核关系带来考验，它最直接的效应是对印美核能合作的限制。尽管印美之间军民两用合作并没有完全停止，比如 20 世纪 80 年代美国依然通过法国向印度提供反应堆核燃料，但这些出口管制方面的调整，在印度看来就是美国针对印度的强权政策，两国核领域的矛盾也因此而长久化。

第六节　印美关于《塔拉普尔协议》的分歧与协调

1974 年印度核试验直接影响到印美在塔拉普尔（Tarapur）核项目上的合作，尤其是核工厂原料供应问题。为此，双方围绕 1963 年签订的核协议执行展开了艰难的博弈。尽管两国基于各自利益权衡，最后达成折中协议，但在此过程中印美合作模式所发生的改变值得关注。

1974 年，美国福特政府由于不满意印度和平核试爆，将部分提供给塔拉普尔运作的燃料延迟运送。不仅如此，福特政府还重新修订了 1954 年的《原子能法案》。根据新法案，核管理委员会（NRC）被授权管理和发放核出口执照，所有核燃料出口以及核技术转移事务都移交 NRC。由于 NRC 认定印度适应 XSNM－805 条款，两国原有核能合作受阻。印美两国政府

---

① “Nuclear Non-Proliferation Act of 1978”，http：//www. nti. org/db/china/engdocs/nnpa1978. htm，转引自孙晋忠：《冷战后印美关系中的核问题》，《南亚研究季刊》1999 年第 3 期，第 53 页。

② 司乐如：《中印安全认知变化的比较研究——以美欧出口管制调整为中心》，清华大学 2010 年博士学位论文，第 55 页。

③ 同上。

不得不与 NRC 进行了长达 49 周的交涉才达成一致。[①] 1974 年 8 月 2 号，印美签订意向协定，美国同意继续为印度提供燃料，印度则承诺美国所供应的燃料将不会另做他用，但印美矛盾没有根本解决，两国关于核协议的争议与分歧不断，成为两国关系中的一个难点。

1977 年，卡特访问印度，在核问题上向印度施加压力，希望印度接受美国监督核设施的要求并签署《不扩散核武器条约》，遭到印度拒绝。1978 年美国《核不扩散法案》出台让印美之间矛盾更加凸显。美国要求印度将《塔拉普尔协议》的监督范围从塔拉普尔核电厂扩大到对印度国内一切核设施，否则不继续向印度提供浓缩铀。印度对美方提出的要求表示反对，并认定美国试图单方面修改双边协议。在印度看来，一旦美国拒绝提供核燃料，印度就没有义务接受国际原子能机构的安全保障。1978 年 6 月，印度德赛总理访问美国期间，塔拉普尔问题成为双方关注的焦点。[②]

20 世纪 80 年代，印美就核协议相关问题进行谈判、包括 1981 年 4 月的华盛顿谈判、1981 年 7 月的新德里谈判、1981 年 11 月的华盛顿谈判。尽管谈判中双方矛盾分歧依旧，但这些对话对于两国理解彼此的立场还是有所帮助的。印美两国也试图就此问题寻求妥协。英迪拉·甘地公开表示关于塔拉普尔问题的决定将权衡印度的国家利益与整个印美关系。[③] 1982 年 7 月，英迪拉·甘地访问美国，双方达成新的协定，根据新协定法国替代美国按照 1963 年的相关规定向印度提供燃料。[④] 对此，印美关于《塔拉普尔协议》的争议也告一段落。

印美最后在塔拉普尔问题上做出妥协的主要原因是双方有其各自的现实利益考量。对印度而言，印度担心塔拉普尔可用核燃料库存不足，如果没有其他补充燃料，核反应堆可能被迫关闭，其后果不仅会影响孟买地区供电需求，而且将会使英迪拉·甘地政府陷入尴尬境地。美国方面也有所

---

① Christoper S. Raj, "Tarapur: A Test Case for the U. S. Nuclear Non-Proliferation Act of 1978", *Foreign Affairs*, New Delhi, December 1981, p. 255.

② 赵蔚文：《印美关系爱恨录：半个多世纪的回顾与展望》，时事出版社 2003 年版，第 63 页。

③ K. Balasundaram, "By Passing the Nuclear Divide", <http://shodhganga.inflibnet.ac.in/bitstream/10603/1312/11/11_ chapter%205.pdf>.

④ 《法国与印度签订供应核燃料协定》，《国外核新闻》1983 年第 2 期，第 26 页。

考虑，美国认识到阻止苏联继续南下，除了支持巴基斯坦成为前线国家外，也需拉拢印度，以图南亚稳定。另外，美国也担心印度选择替代方案，如果印度对现有乏燃料进行再处理的话可能带来严重后果。印度原子能权威委员会主席沙哈（J. C. Shah）曾经暗示，如果美国不能按照印美1963年的《塔拉普尔协议》维持浓缩铀正常供应的话，那么印度就必须考虑替代方案。[①]

印美围绕塔拉普尔问题的博弈反映了印美核互动过程中的利益共同点与矛盾分歧。印美双方最终出于各自利益考量达成了折中协议，不过印美两国合作模式发生了改变，这种改变也再次体现了1974年印度核试验对印美核关系的影响。

第七节　1986—1987年印巴“黄铜钉”危机

1974年印度核试验深刻改变了南亚地区的安全战略格局。印度核爆炸后，面对印度发展核武器带来的安全威胁，巴基斯坦加快了核计划发展步伐。1986年，美国情报评估得出结论是，巴基斯坦已经能够生产武器级裂变材料，已具备事实上的核威慑能力。[②] 诚然，20世纪80年代印度也加快了核计划步伐，并一度推出“综合制导导弹计划”（Integrated Guided Missile Development Program，简称IGMDP）。总之，20世纪80年代南亚地区安全形势以及该地区潜伏的核问题引起了美国高度关注，尤其是1986—1987年印巴“黄铜钉”危机（Brasstacks Crisis）。

20世纪80年代以来，在印巴两国共同努力下，印巴关系取得了一定程度的改善，但仍然不稳定，两国仍存有对立情绪和疑虑。1984年初，印巴双方关系紧张，甚至出现了“年内必有一战”的战争气氛。[③] 外界更是传出关于印巴两国核竞赛的消息，印度和巴基斯坦也相互指责对方加紧搞

① “India：The Tarapur Dispute”，<http：//www. foia. cia. gov/docs/DOC_ 0000375001/DOC_ 0000375001. pdf>.

② Leonard S. Spector，*The Undeclared Bomb*，Mass.：Ballinger，Cambridge，1988，pp. 129 - 130.

③ 郑瑞祥：《当前南亚和平与安全问题》，《国际问题研究》1987年第4期，第11页。

核军备。1985 年底，印巴双方达成的互不攻击对方核设施的口头谅解没有落实，南亚潜伏的核问题也没有得到解决，并在 20 世纪 80 年代后期日益突出。1986—1987 年印巴“黄铜钉”危机更是加速了两国核武器化的进程。

1986 年印度发动一次代号“黄铜钉”的装甲演习，[①] 规模较大。据披露，此次演习可能是印度在巴基斯坦核项目成熟之前，蓄意挑起与巴基斯坦战争策划出来的借口。[②] 印度在拉贾斯坦（Rajasthan）地区针对印巴边境方向集结了大量的地面和空中力量，而且在演习过程中实行实弹射击。印度的行动引起巴基斯坦的极度不安，巴担心印度很可能沿南部边界线袭击巴基斯坦。巴基斯坦专家也认为印度可能展开对巴行动，缓解来自东旁遮普（East Punjab）的压力。[③] 为此，巴基斯坦将大量军队调往旁遮普邦方向，与此同时在南部保持积极防御。印巴局势十分紧张，最后印度迫于国际压力，才结束了这次在中途曾经转化为军事行动的训练演习。

这次危机引起国际社会的高度关注，不少军控专家对这次危机中的核因素予以重视。的确，有部分专家指出这场危机存在核武器因素，但普遍认为核因素在这场危机中的作用微乎其微。尽管如此，它对美国南亚核政策以及印美核关系还是产生了一些影响。

首先，这次危机在一定程度上影响了美国对南亚核安全形势的判断，随之也对美国的南亚核政策产生影响。此后，美国在南亚推行限制、减少和消除核军备能力的政策正是基于该地区已实际拥有核军备能力的现实。[④] 例如，美国开始将许多可用在导弹，也可用在空间发射及卫星方面的技术种类添加到美国的出口控制清单上。美国认为印度开发核运载工具——导弹的发展会引起南亚次大陆的军备竞赛，增强不稳定性，于是开始加大相关技术出口控制，并强化国际核不扩散机制。此外，随着危机的发生，美

---

① 可参见 Kanti P. Bajpai, *Brasstacks and Beyond: Perception and Management of Crisis in South Asia*, IDSA Report, 1995。

② ［美］斯蒂芬·科亨著，刘满贵等译：《大象和孔雀——解读印度大战略》，新华出版社 2002 年版，第 184 页。

③ Zafar Iqbal Cheema, *Report of the Study Tour of India and Pakistan*, King's College, London, June 25 - July 24, 1988, pp. 23 – 24.

④ 张力：《冷战后时期印度的外交与战略安全》，四川大学 2006 年博士学位论文，第 65 页。

国也开始敦促印巴在安全领域加强信任建设。1987 年拉吉夫·甘地访问美国，印巴潜在的核竞赛成为双方会谈的主要话题。里根总统要求印巴之间加紧进行对话以建立相互信任，解决悬而未决的问题和对付这个地区核扩散的危险。

另外，值得一提的是，尽管没有证据表明美国在这场危机中扮演了积极的角色，但美国还是发挥了一定作用，即确保印巴相信彼此都是愿意有所克制的，不希望冲突由于信息不对称、误解、互不信任而螺旋升级。[①]众所周知，印度决策者历来对于美国关于巴基斯坦的评估都持有怀疑的态度，但这次印度决策者则相信了美国关于巴基斯坦意图的评估。

第八节 1988 年拉吉夫·甘地“行动计划”

20 世纪 50 年代和 60 年代印度曾提出一系列核裁军建议，试图通过自身的崛起，在遏止全球核军备竞赛中充分显示自己的全球领袖作用，但后来的事实证明印度以积极推动核裁军的方式反对核大国强权的努力没有成功。印度的呼吁和努力也没有得到美国的积极回应。美国拒绝认同印度的裁军倡议，也不认同印度的观点，即所谓核裁军不仅仅是地区事务的观点。[②]

也许是深受印度独特的文化价值观的影响，独立后的印度国家安全战略以及外交战略中都带有强烈的道义色彩。正如一位西方学者写道：

> 1947 年，印度将自己视为道德超级大国，它先于其他第三世界国家获得独立而且几乎可算是唯一一个通过和平方式获得解放的殖民地国家，印度自豪它是用说服力而不是枪杆子取得胜利的。因此，它的精英阶层认为，印度可以用同样的方式在全世界彰显实力，事实证

---

① Sumit Ganguly & DevinT. Hagerty, *Fearful Symmetry*: *India-Pakistan Crises in the Shadow of Nuclear Weapons*, University of Washington, 2006, p. 78.

② 印度确信只有在超级大国的核库存减少的情况下才能避免南亚地区核武器化。

明，这种想法过于乐观。①

在很大程度上，印度对待核裁军的态度也彰显出这种道义色彩。的确，正如有学者指出的，印度试图通过倡导全球核裁军而不是建立强大军队来实现世界和平，试图通过消除国家间不信任来确保安全，这种充满道德主义甚至理想主义色彩的立场或许也是一种现实的考虑，但它使人们对印度的行为产生一种不切实际的期待，即使是尼赫鲁也难以实现这种期待。②

不过，尽管印度领导人意识到这种方法很难奏效，但他们依然高举这面道德旗帜。1978 年具有强烈反核倾向的莫拉尔吉·德赛（Morarji Ranchhodji Desai）总理在联合国大会特别裁军会议上提出了一份核裁军倡议，该倡议内容包括：宣布军用核技术为非法、从数量上和质量上两个方面限制核武器、规定时间（十年）的核武器削减计划、签订一项全面禁止核试验的条约。③ 众所周知，20 世纪 70 年代末美苏关系趋于紧张，两国很难认真考虑德赛的裁军计划。

20 世纪 80 年代，印度依然积极参与裁军进程。1982 年印度发起一个禁止核试验的会议，包括禁止生产核裂变物质；1984 年在英迪拉·甘地的倡议下，印度、坦桑尼亚、墨西哥、阿根廷、希腊以及瑞典领导人相见纽约，寻求超级大国在核裁军方面采取行动。1984 年拉吉夫·甘地继任总理后，也致力于推动国际核裁军的进程，极力支持不结盟国家抗议美苏在 20 世纪 80 年代的军备竞赛，并拟订了 CTBT 的草案和禁止在外太空发展武器。1988 年拉吉夫·甘地在第三届联合国特别裁军会议上提出了建立一个无核世界的"拉吉夫行动计划"（Rajiv Gandhi's Action Plan）。

这份裁军计划主张在 2010 年前分三个阶段销毁核武器，该计划还倡

---

① ［英］爱德华·卢斯著，张淑芳译：《不顾诸神：现代印度的奇怪崛起》，中信出版社 2007 年版，第 199 页。

② Sumit Ganguly, "The Prime Minister and Foreign And Defence Policies", in James Manor, (ed.), *Nehru to the Nineties: The Changing office of the prime Minister of India*, London: Hurst, 1994, pp. 140 – 141；转引自：Priyanjali Malik, *India's Nuclear Debate: Exceptionalism and the Bomb*, Routledge India, 2010, p. 46。

③ Manish, "India's Policy towards the CTBT and the FMCT", in Amitabh Mattoo ed, *Inida's Nuclear Deterrent: Pokhran II and Beyond*, New Delhi: Har_ Anand, 1999, p. 337.

议：禁止生产核武器以及武器级裂变材料；签订一项全面禁止核试验条约和使用或威胁使用核武器非法化公约；在有核国家采取以上措施情况下，无核国家不跨过核门槛以谋求发展核武器。① 值得一提的是，在这份计划中印度提出地区性核裁军的步伐应与全球性核裁军的步伐保持一致，而此前印度坚持在讨论解决地区性核裁军之前必须先行讨论全球性核裁军问题。② 不过，印度的这份裁军计划并没有得到美国等西方国家的积极回应。美国没有认真对待这份计划，美国的官员和战略家也许认为印高举裁军大旗的目的主要是掩饰该国的核武器计划。③ 不仅如此，美国还试图提议各种方案试图说服印巴两国放弃核武器计划，如印巴两国联合宣布放弃获取核武器，接受 IAEA 全面安全保障，遵守 NPT 条约，加强印巴核设施信任建设。显然，印度难以接受美国这一系列要求。④ 核裁军努力失败后，印度领导人做出了加快推进印度核武器化进程的决策。对此，美国学者表示：

> 美国犯了一个大错，那就是没有认真对待印度 1988 年及 1992 年提出的关于地区性及全球性裁军的“拉吉夫·甘地提议”。这表明华盛顿想当然地以为，在关于印度的核裁军问题上它比新德里了解得更多。假如美国抓住这次机会，就能让印度部分接受《不扩散核武器条约》（以及后来的《全面禁止核试验条约》）。可惜在 20 世纪 90 年代中期，美国的核战略专家对妥协不感兴趣，因而对印度的提议根本未予考虑。⑤

---

① “Action Plan for Ushering in a Nuclear-Weapon-Free and Non-Violent World Order”, UN, 1988. 转引自章节根：《全球核权利体系与印度战略选择》，《南亚研究》2009 年第 2 期，第 5 页。

② ［美］斯蒂芬·科亨著，刘满贵等译：《大象和孔雀——解读印度大战略》，新华出版社 2002 年版，第 184 页。

③ George Perkovich, *India's Nuclear Bomb: The Impact on Global Proliferation*, Berkeley: University of California Press, 1999, p. 8.

④ K. Balasundaram, “By Passing the Nuclear Divide”, <http://shodhganga.inflibnet.ac.in/bitstream/10603/1312/11/11_chapter%205.pdf>.

⑤ ［美］斯蒂芬·科亨著，刘满贵等译：《大象和孔雀——解读印度大战略》，新华出版社 2002 年版，第 307—308 页。

总之，整个冷战时期印美关系在友好与漠视之间徘徊，印美核关系也基本体现出这种特征。一方面，两国开启了核能领域相关合作；另一方面，两国在核领域互动中充满矛盾与分歧，尤其是两国在对待一些具体问题，比如《不扩散核武器条约》、地区安全问题上有不同的认知与政策选择。1974 年印度核试验更是给印美核关系蒙上了不和谐因素，尽管之后双方的一些合作并没有完全停止，但双方的矛盾开始增多，彼此之间互不信任。尽管整个冷战时期印美核关系没有经历大的波折，但它呈现出一种独特、复杂的互动，并受到国际核形势、地区安全、印美双边关系以及印美各自核战略、核政策等多种因素的影响。从根本上讲，这是一种典型的地区大国与全球大国之间的互动模式，其最大特征是不对称性。印美彼此不否认两国作为世界上最大的民主国家之间存在着共同利益，但在核事务上又有其各自的立场，印美关于核事务上的一些矛盾似乎难以调和，双方不得不带着这些分歧和矛盾进入新的历史篇章。

第二章
印度公开核武化与印美核关系

冷战后的世界出乎许多印度战略家之前的所料，印度期待中的多极世界没有及时到来，美国成为全球独一无二的超级大国。身处冷战结束后的新环境，尽管印美对双边关系都充满期待，但冷战后初期整个国际关系的不确定性以及双方彼此认知中的一些消极情绪让印美关系发展呈现出一种不稳定特征。印美核关系也呈现出这种不稳定特征。印美两国围绕南亚核问题产生了一系列分歧，美国对印度导弹相关技术的禁运以及印度拒绝签署《不扩散核武器条约》、《全面禁止核试验条约》更是让两国的矛盾升级，印美核关系经历波折与考验。值得一提的是，这种不稳定的印美核关系在某种程度上对印度核选择产生影响。1998 年印度公开进行核试验，并对印美核关系构成极大的挑战。

第一节　印美彼此新认知与印美关系新发展

冷战结束后，印美关系进入一个新的阶段，印美关系的基础以及印美对于彼此的认知出现新的变化。必须承认，在双方的共同努力下，印美呈现出积极改善的一面，但另一方面也应该看到，印美关系的发展并非一帆风顺。两国在核不扩散、克什米尔、人权和知识产权等问题上的分歧都使得这一时期的双边关系经历了一系列考验。

一、印度对美认知与政策选择

冷战的结束意味着美国最终赢得了胜利，在此背景下，印度国内对美国的认知发生了一定改变，在印度眼中印美关系的重要性有所提高。1991年6月，印度拉奥总理在上台后发表的第一个外交政策声明中，就明确表示印度“非常重视”美国。[①] 的确，印度国内不少人已经意识到了美国在冷战后新的国际秩序中的独特作用，因此建议加强印美关系，这一点在经济领域表现得尤其明显。众所周知，冷战结束后初期印度的经济困境促使它加快经济改革步伐，印度国内逐渐意识到改善印美关系对增强两国经济合作、促进印度经济发展具有重要性。

不过，印度国内对印美关系也有不同看法。左翼人士就认为印美关系走近是对印度独立自主外交政策的违背。印度一著名战略分析家指出：

> 自冷战结束后，印度外交在内部和外部的冲击下有了相当的改变。但在如何执行外交政策的问题上，新原则和旧思想之间的对立依旧，而且很难马上消除。对新原则的担心和对旧思想的钟爱继续反映在印度外交的方方面面，从改善与美国关系到改善与最小邻国关系都是如此。[②]

事实证明，印度在改善对美关系的同时，也继续坚持其独立自主的战略立场与外交政策，海湾危机和战争期间印度对美行为的认知与应对政策的选择就很好地反映了这种特征。一方面，印度不顾与伊拉克的长期友好关系，投票赞同美国首倡的制裁伊拉克的联合国决议，并允许美国战斗机在印度领土上加油。另一方面，印度对美国保持着一种防范警惕，印度担心外部势力可能卷入诸如阿富汗和克什米尔等主要的地区冲突，或者以令

---

① 马嫪：《冷战后美国与印度关系的发展》，《国际观察》2003年第2期，第39页。

② C. Raja Mohan, *Crossing the Rubicon: The Shaping of India's New Foreign Policy*, New Delhi: Penguin/Viking, 2003, p. 33.

人不安的方式支持较小国家。[①] 此外，印度较为担心一些国际组织，诸如联合国、世界银行和国际货币基金组织可能在美国的领导下对印度的外交政策施加压力。例如，联合国可能重新恢复其在克什米尔问题上的作用。

二、美国眼中的印度形象

1991 年的海湾战争在某种程度上凸显了世界格局单极化的现实，美国成为举世公认的唯一超级大国，美国人的自信心也是溢于言表。在美国看来，冷战的结束再次赋予美国承担世界领袖角色的战略机遇。美国的学者布热津斯基（Zbigniew Kazimierz Brzezinski）写道：

> 到 20 世纪 90 年代，许多国外评论家能够承认，虽然有时愤愤不平地承认，美国不但是全球的霸主，而且是人类独一无二的（往往又是令人不安的）社会实验室。[②]
>
> 美国身为超级大国除了捍卫自身的国际安全需求之外，还必须承担其他重要的使命：在全球地缘政治领域，美国须管理指导和塑造全球中心力量之间的关系，以便形成一个更加合作的全球体系；在国际安全领域，美国须遏制和终止地区冲突，预防恐怖主义和大规模杀伤性武器扩散，以便促使被内部冲突撕裂的地区的集体维和行动，以使得全球暴力下降。在全球发展和治理方面，美国须更加有效处理人类不公平的现状，适应全球良知的现实。[③]

的确，冷战结束后美国处于一个前所未有的权力地位，它试图用自己的权力塑造一个能和美国利益和价值观相融合的世界。[④] 值得一提的是，

---

① 张力：《冷战后时期印度的外交与战略安全》，四川大学 2006 年博士学位论文，第 46 页。

② ［美］兹比格纽·布热津斯基著，王振西译：《大抉择：美国站在十字路口》，新华出版社 2005 年版，第 10 页。

③ ［美］兹比格纽·布热津斯基著，陈东晓等译：《第二次机遇：三位总统与大国美国的危机》，上海人民出版社 2008 年版，第 3 页。

④ ［美］斯蒂芬·M. 沃尔特著，郭盛译：《驯服美国权力：对美国首要地位的全球回应》，上海世纪出版社 2008 年版，第 8 页。

美国并没有像维持现状的国家一样行事，而是利用首要地位来增加其影响力，提高其面对潜在竞争对手时的地位，并处理特定的安全威胁。[①] 正是在这种背景下，美国对印度的战略地位进行了新的评估。

冷战结束后，美国对印度的认知有积极的一面，不少美国战略家对印度的潜力给予积极评估。一些美国学者对印度经济发展前景看好，在他们看来，尽管印度多元化的政治体制使得它不可能像中国那样集中精力搞经济建设，经济变革的步伐势必因此而减缓，但印度的发展将是稳健的、长期的。[②] 美国学者评论道：

> 与中国相比，印度有许多优势使它能成为该地区另一个经济成功的特例。它有一个受高水平学术机构支持的充满活力的高技术产业区；拥有有效的法律体系来保护正当权利；在未来20年里，它不会面临人口老龄化问题，在更远的将来也不会面临性别失衡的问题。最重要的是，其政治体制不会受到对外开放的威胁。尽管印度面临将大量国有产业私有化的繁重任务，但它拥有完备的法律体制作后盾。更应指出的是，与小国不同，印度无须担心与外界联系的增多和社会的繁荣会给其政治体制带来潜在的致命影响，要说影响，那只会加强印度的民主制度。[③]

的确，随着印度经济改革的进展，美国商务部1993年将印度列为10个正在出现的巨大市场之一，美国各大公司对此倍感兴趣。印美双边贸易总额从20世纪80年代中期的50亿美元增长到90年代末的150亿美元，增加了两倍。[④] 印度在信息技术领域的进展为印美经贸合作开辟了全新领域。另外，一些学者也开始强调印度在全球地缘政治中的重要作用。布热

---

① ［美］斯蒂芬·M. 沃尔特著，郭盛译：《驯服美国权力：对美国首要地位的全球回应》，上海世纪出版社2008年版，第8页。

② 自1980年到2002年，印度的经济增长率保持在6%，到2002年至2006年，其增长率稳步上升到7.5%。

③ ［美］扎勒米·哈利勒扎德等著，滕建群等译：《美国与亚洲——美国新战略和兵力态势》，新华出版社2001年版，第19页。

④ C. Raja Mohan, *Crossing the Rubicon: The Shaping of India's New Foreign Policy*, New Delhi: Penguin/Viking, 2003, p. 85.

津斯基将印度与法国、德国、俄罗斯、中国并列为世界上主要的地缘战略棋手。[①]

此外，美国不断增加的印度侨民也开始积极改善美国对印度的认识，并为两国关系改善发挥积极作用。据统计，到2000年印裔美国人接近170万，[②] 他们同在美国的犹太人一样相对富有而且受过良好的教育，而且印度裔美国人拥有不少政治游说组织，其中包括美印政治行动委员会（US-INPAC）、印度裔美国政治教育论坛（IAFPE）、印度—美国人政治意识中心（IACPC）、印度—国会连线（the Congressional Indian Caucus），这些游说组织在影响美国对印政策上显示出日益强大的影响力。[③]

不过，美国对印度的认知也有消极的一面。事实上，在美国眼中印度也并非真正的全球大国或者是有分量的地区大国，美国驻印度大使一职从1992年起空缺两年之久就是很好的证明。此外，美国对印度还有强烈的不信任感，如《纽约时报》1992年3月8日刊登文章五角大楼计划摘要——阻止新对手的再现，介绍了国防部1994—1999财政年度防务指导计划，其中提到：

> "我们将力图阻止印度次大陆和军备竞赛的未来发展。对此，我们应该致力于使印度和巴基斯坦都加入非核扩散条约并把它们的核能设施置于国际核能署的保证之下。我们还应该打消印度对南亚和印度洋其他国家的霸权主义的愿望。一个建设性的美巴军事关系是美国维持南亚和中亚地区安全形势稳定的重要因素。因此我们要竭力重建我们的军事联盟，以代替解决核忧虑的解决办法。"[④]

由此可见美国对于印度的担心和疑虑。此外，美国兰德公司的报告对

---

① ［美］兹比格纽·布热津斯基著，中国国际问题研究所译：《大棋局——美国的首要地位及其地缘战略》，上海人民出版社1998年版，第54—55页。

② Sandhya Shukla, *India Abroad: Diasporic Cultures of Postwar America and England*, Princeton, NJ: Princeton University Press, 2003, p. 269.

③ Amit Gupta, "The Indian Diaspora's Political Effortsin the United States", *ORF Occasional Paper*, September, 2004.

④ 吕殿祥：《（美国国防部1994—1999财政年度防务指导计划）摘要》，《国外社会科学信息》1993年第1期，第12页。

印美关系定义也表明了两国之间的信任缺失，报告中提到，“仍然处于冷战后解冻的早期阶段，尚未克服过去遗留下来的分歧疑虑”。[①]

总之，身处冷战结束后的新环境，印美对双边关系都有所期待，苏联的解体给双边关系发展摆脱冷战时期的羁绊创造了机会，双方也试图开始发展全方位的合作改善关系，但印美相互之间仍存在一些不可忽视的矛盾，印美关系发展呈现出不稳定特征。

第二节　冷战后初期印美围绕核问题的分歧升级

虽然冷战后印美关系的基本性质和总的趋势依然有积极的一面，但印美关系发展呈现出不稳定特征。受其影响，印美双方在核问题上的互动也呈现出不稳定特征。美国对南亚核形势的担心以及所采取的一系列防范措施在某种程度上给印美核关系发展带来了冲击。印美两国在核领域的矛盾，与冷战时期相比更加突出，甚至成为制约双边关系的一大障碍。

一、美国对国际核形势的评估

冷战结束后，国际核形势有一些新的变化。美国对国际核形势进行了重新评估。美国认为，虽然整个国际格局以及美苏关系发生了对己有利的根本性变化，但核扩散威胁依然存在，可谓是美国的安全隐患。因此，制止核扩散，防止其他国家获取核武器，尤其是防止具有大规模杀伤能力的武器及其运转系统向第三世界国家扩散仍是美安全利益之所在。美国为了防止核武器的扩散采取了下述几个方面的措施：

其一，加强已有的国际核不扩散机制的作用。积极寻求《不扩散核武器条约》的“无条件的和无限期的延长”；积极谋求普遍签订《全面禁止核试验条约》。

---

① 马加力：《印美关系与中国视角》，《亚非纵横》2004 年第 1 期，第 39 页。

其二，利用各种手段说服苏联加盟共和国哈萨克斯坦、白俄罗斯和乌克兰放弃从苏联继承下来的核武库。与此同时，美国也积极尝试防止利比亚、朝鲜等国家对核武器的追求。①

其三，谋求加强“导弹及其技术控制制度”，拒绝给予潜在的扩散者获得弹道导弹技术的途径。

二、美国对南亚核形势的担心与防范

冷战结束后的南亚安全形势并不乐观，20 世纪 90 年代初印度和巴基斯坦在核和导弹项目上都有重大的突破，印巴之间激烈的核军备竞赛极大地增加了双方的对峙气氛和不信任感。在此背景下，美国对该地区的核形势表现出很大的担心。美国中央情报局甚至确信南亚地区最有可能在未来使用大规模杀伤性武器，包括核武器。1993 年，美国同朝鲜谈判代表加卢奇也曾预言“假如未来五年左右的时间里有核战争危险的话，那最有可能发生在南亚地区”。② 此外，亚洲协会 1994—1995 年度调研报告也提到南亚核扩散风险，并主张在核武器问题上采取区域性和不扩散性防御措施。③的确，在美国眼中，印巴克什米尔争端与两国的军备竞赛交织在一起，“这有可能酿成一场核战争”。此外，美国对印巴可能向伊朗和其他海湾及西南亚国家出口其核和导弹能力表示极大担心。④ 除此之外，美国在某种程度上还对印度核能力过强可能危及美国本土表示担心。⑤

无疑，这种对于南亚核形势的担心在某种程度上强化了美国关于加大防扩散的政策与措施力度的决策思维。实践证明，冷战后初期美国不仅强调国际核不扩散机制，扩大 IAEA 的监督与核查职能，还提出针对南亚地区的地区军控措施，并加强相关技术出口控制。诚然，这些做法难以得到

---

① ［美］斯蒂芬·M. 沃尔特，郭盛译：《驯服美国权力：对美国首要地位的全球回应》，上海世纪出版社 2008 年版，第 25 页。

② The Statesman (Calcutta), February 22, 1994, p. 9.

③ Devin T. Hagerty, *Preventing Nuclear Proliferation in South Asia*, New York: Asia Society, 1995.

④ Stephen P. Cohen, “Nuclear Neighbours” in Stephen P. Cohen, ed., *New Proliferation in South Asia*, New Delhi: Lancer International, 1991. p. 312.

⑤ Ibid.

印度的认同，甚至激化了两国的矛盾与分歧，在某种程度上给印美核关系带来了冲击。

从 1991 年起，两国关于“五国磋商”计划就产生过矛盾分歧。“五国磋商”最初是出于巴基斯坦提议，该提议的主要内容为：主张邀请苏联、中国和美国参加防止印巴两国核武竞赛会议，建议讨论常规武器控制和建立信任措施以及促使核克制以防止可能在南亚发生核升级，并建议将在南亚建立非核区；主张冻结印巴双方现有的核武器计划，开放核设施，接受国际原子能机构的监督与全面核查，由美、中、英、法、俄五个核大国参加印巴的核裁军谈判并向印巴提供核安全保障。① 美国对“五国磋商”表示出极大兴趣，美国官员多次出访印度，劝说印度接受。美国认为将印巴聚集一堂，讨论和平和军备管制，即使只能收获初步协议，对最终问题的解决也会有所帮助，美国的目的是阻止南亚核武扩散。②

此外，1991 年 6 月，美国将对付巴基斯坦的《普雷斯勒修正案》（Pressler Amendment）也适用于印度。1992 年 5 月，美国国务院宣布禁止向印度航天机构出售火箭技术。除此之外，美国利用印美双边会谈或者多边会谈机会多次表示印度不应部署“大地”（Prithvi）系列导弹，不应研发中程弹道导弹（IRBM）以及“烈火”（Agni）弹道导弹。③ 为了限制印度的导弹能力，美国禁止俄罗斯向印度出售低温火箭引擎，并对两国的空间组织实施制裁。1993 年，印美《塔拉普尔协议》到期后，美国也劝说法国不再继续向印度塔拉普尔核电站提供燃料。④

除此之外，克林顿政府为了迫使印度冻结核发展而提出召开的讨论南亚核裁军问题的“九国会议”同样引发了两国的分歧矛盾。美国方面的利益考量是希望通过邀请联合国五大常任理事国参与，增加对印度的政治压力，与此同时，通过邀请经济大国德国和日本的参与，向印度施加经济压力。⑤

---

① 汤广辉：《印巴核竞赛与南亚地区的安全》，《南亚研究》1996 年第 2 期，第 27 页。

② 周煦：《冷战后时期美国的南亚政策》，生智文化公司 2003 年版，第 77 页。

③ Dixit，J. N.，*India's Foreign Policy*：1947－2003，New Delhi：Picus，2003，p. 293.

④ Priyanjali Malik，*India's Nuclear Debate*：*Exceptionalism and the Bomb*，Routledge India，2010，p. 142.

⑤ 孙士海：《南亚的政治、国际关系及安全》，中国社会科学出版社 1998 年版，第 134 页。

三、印度的回应

美国对南亚核形势的担心以及它一系列削弱印美核关系稳定的做法，自然引起了印度的反应。虽然印度国内不少人主张改善印美关系，并认识到积极的印美关系对增强两国经济合作、促进印度经济发展具有重要性，但印度对美国在核领域所采取的针对性措施表示明显不满，对美国相关要求表示拒绝。

印度拒绝参加“五国磋商”。1991 年 11 月，美国副国务卿塞罗谬访问印度，要求印度参加五国会议，遭到印度婉拒。印度表示只愿意讨论核武方面的信任建设措施，拒绝讨论限制核武或飞弹的发展。① 印度拒绝的理由是鉴于国内的政治困难，印度希望在参加多边会谈前先与美国就细节举行双边谈判。此外，印度还发明了各种各样的议题来试图掩盖自己的拒绝意图，如扩展多边谈判的架构，涵盖的国家从以色列到日本。② 的确，印度拒绝“五国磋商”背后有自身利益考量：一是印度不满意“五国磋商”只是讨论印巴两国的核计划，并要求印巴在核问题上采取行动，而与此同时美、俄、中等国家却高高在上地作为监督者。印度认为南亚地区任何核裁军的措施都必须考虑到中国因素。二是印度担心巴基斯坦会利用“五国磋商”的机会重建因美国制裁而中断的密切的美巴军事和政治关系。③

同样，印度拒绝参加美国提议召开的“九国会议”。印度表示只有当核大国的国际核裁军解决后才予以考虑。在印度看来，核军控和裁军问题不能仅仅限制于南亚，不能只是为了阻止巴基斯坦，也不应该只是阻止印度，因为印度面对的不仅仅是巴基斯坦，还有拥有大量核武的中国。④此

---

① A. G. Noorani, “An India -U. S. Détente: Potentialities and Limits”, *Global Affairs*, VII, Fall 1993, p. 128.

② C. Raja Mohan, *Crossing the Rubicon: The Shaping of India's New Foreign Policy*, New Delhi: Penguin/Viking, 2003, p. 5.

③ Steve Coll, “U. S. Nuclear Diplomacy in South Asia Faces Obstacles”, *The Washington Post*, Feb. 8, 1992.

④ 周煦：《冷战后时期美国的南亚政策》，生智文化公司 2003 年版，第 78 页。

外，印度明确表示反对建立南亚无核区，拒绝参加意在实现这一目标的会议。印度拉奥（P. V. Narasimha Rao）总理明确向美国总统布什以及英国首相约翰·梅杰（John Major）表示印度不赞成在次大陆建立无核区的安排。拉奥表示："只要所有的核国家能够对其他无核国家构成威胁，印度就不赞成在次大陆建立无核区，因为这种威胁不会顾及对象国来自哪一地区，或者是否为核武器国家。"[①] 印度表示只愿意参加讨论在亚洲范围内建立无核区的会议，并表示参加这些会议的前提是确保这些安排最终是在规定时间内实现全球核裁军。[②]

此外，在印度看来，美国主导的国际核不扩散机制存在歧视性，也无视印度的安全利益。1995 年《不扩散核武器条约》的审议会上，印度明确拒绝该条约无限期延长。据悉，1995 年印度准备进行核试验，但在美国多方施加压力以制裁相威胁下，印度最终放弃了该计划。1996 年，印度表示不批准《全面禁止核试验条约》。

印度对美国针对印度的技术出口管制以及相关制裁也极为不满。在印度看来，美国主导的"导弹及其技术控制制度"（MTCR）以及"核供应集团"是不具有合法性的机构。印度认为这些机构意在进行一种具有歧视的出口控制，破坏了不发达国家从事经济现代化和提高国际竞争能力的努力。[③] 1994 年印度成功试射了烈火型导弹，卡拉姆自豪地公开宣布此举可视作对"导弹及其技术控制制度"实施的对印制裁的一种反抗。[④]

总之，冷战后初期印美核关系很大程度受到外界环境因素的影响，国际核形势变化、南亚地区安全环境变化都给印美核关系增添了不确定性因素。印美在核问题互动过程中的矛盾分歧有所增加，印美核关系经历了波折。

---

① J. N. Dixit, *India's Foreign Policy*: 1947 – 2003, New Delhi: Picus, 2003, p. 293.

② Ibid., p. 294.

③ Francine R Frankel, *Bridging the Nonproliferation Divide*: *The United States & India*, Konark, 1995, p. 7.

④ Raj Chengappa, "Now Nobody Can Throttle US", *India Today*, 15, April, 1994, p. 42.

第三节 冷战结束后初期印度国内核辩论

冷战结束后，随着国内外环境发生新变化，印度国内对于核武器以及相关政策的认知也相应发生一些变化，20 世纪 90 年代印度国内核辩论就清楚地反映出这一点。诚然，印度国内核立场发生转变是受到多重因素的影响，不过值得注意的是，这期间西方国家尤其是美国在防扩散方面向印度施加的压力产生了催化作用。

20 世纪 90 年代印度国内核辩论异常活跃，主要围绕印度是否应进行公开核试验而展开。印度的学者对此进行了深入研究，并认为印度核辩论可以分为鹰派、中间派以及鸽派，在此过程中三派代表们可谓各抒己见。①

一、印度核辩论中的鹰派

总体看，鹰派提倡政府选择较为强硬的核政策，不过鹰派内部意见也并非统一，尤其是在关于印度是否进行公开核试验的问题上，又可分为强硬派、现实派以及温和派。②

以印度保守战略家巴拉特·卡南德（Barat Karnad）为代表的强硬派认为印度发展核武器并非不得已的选择，而是印度安全战略中不可或缺的一部分。卡南德主张印度核政策的目标应该是实现与法国、英国、中国所谓“二等核国家”的战略平等，主张印度发展核威慑能力，甚至能够拥有一种威慑美国的能力。③

现实派代表则包括了拉贾·拉曼纳、前空军上将桑搭吉（General Krishnaswamy Sundarji）以及印度核战略家 K. 苏布拉曼尼亚姆（K. Subrahmanpum）

---

① 参见 Priyanjali Malik, *India's Nuclear Debate: Exceptionalism and the Bomb*, Routledge India, 2010。

② 本文关于印度核辩论的描述和分析大都借鉴了马里卡（Priyanjali Malik）的成果，特此说明。

③ 参见 Bharat Karnad, “A Thermonuclear Deterrent”, in Amitabh Mattoo, *India's Nuclear Deterrent: Pokhran II and Beyond*, New Delhi: Har_ Anand, 1999, pp. 108 – 149。

等人。他们认为1974年核试验表明印度已经具备第一次核打击的能力，主张印度发展核武计划以应对核国家的核威胁，尤其是来自中国的核讹诈。他们没有公开承认，但事实上基本能够接受巴基斯坦的核武化。[①] K. 苏布拉曼尼亚姆建议，"如果印度打算扮演一个全球的角色和避免战争，那么它就应当发展最低的威慑力量，拥有适当数量的核弹头和2500—3000公里射程的导弹"。[②]

鹰派中的另一派是温和派，该派代表主要包括一些核科学家。值得一提的是，该派对西方国家在核不扩散问题上向印度施加压力表示不满，其代表包括P. K 艾杨格（P. K. Iyengar）以及拉贾戈帕拉・奇丹巴拉姆（Rajagopala Chidambaram）等。

二、中间派

中间派主要立场是不赞成印度立即核武化，但不主张印度单方面宣布放弃核武器。[③] 该派对印度政府当前模糊核政策比较满意，认为在无政府状态的国际环境中保持核武化选择对印度来说依然有其必要性，尽管这是一种遗憾的选择。他们不认为印度应该单方面宣布放弃核武器的选择，尤其是在缺乏有效的全球核裁军的情况下。不过，他们在诸如印度是否应该跨过核门槛以及何时跨过核门槛等问题上意见不尽相同。值得一提的是，随着国内外环境的变化，部分中间派人士的观点也随之发生改变，正如印度核问题专家K. P. 巴杰帕伊提到的，事实上很多中间派人士成为鹰派中的温和派代表，不过他们始终坚持倡议全球核裁军。[④]

---

① Priyanjali Malik, *India's Nuclear Debate: Exceptionalism and the Bomb*, Routledge India, 2010, p. 114.

② K. Subramanyam, "In Search of Security after the Cold War, World Affairs", *The Journal of International Issues*, Octorber-December, 1997.

③ Priyanjali Malik, *India's Nuclear Debate: Exceptionalism and the Bomb*, Routledge India, 2010, p. 117.

④ Kanti Bajpai, "India s Nuclear Posture after Pokhran Ⅱ", *International Studies*, Oct-Dec., 2000, p. 10.

三、鸽派

鸽派主要指那些反核团体，他们中大部分的人赞同全球核裁军，同意印度单方面放弃核武选择。在他们看来，印度放弃核武选择不仅仅是出于道德或者伦理方面的考量，同时有战略或者经济方面的考虑。[①] 他们担心再次核试验可能会遭到西方国家严厉的制裁，尤其担心美国、日本等国家因此而终止对印经济援助，破坏印度自1991年经济改革以来所取得的来之不易的经济成果。[②] 值得一提的是，鸽派规模小，影响力不大，尤其是20世纪90年代中期，鸽派反对核武器的立场很可能被解读成不爱国行为，因此鸽派观点并非主流。[③]

总体来说，20世纪90年代早期印度核辩论中中间派占主流。当然，这一时期印度国内核鹰派的影响力也不容忽视，尤其是现实派，但他们的影响力还没有占优势。印度舆论方面也反映了这种势态，1995年前的民意调查显示，57%的受访者表示印度应该保持现状，包括支持FMCT和支持CTBT以防止核武器水平扩散，[④] 8%的受访者赞成放弃核武器，33%提倡更加强硬的核政策。[⑤] 另外，印度一些知名战略专家如K. P. 巴杰帕伊和P. R. 查瑞也都表示反对印度公开核试验，并支持印度签署CTBT。他们的声音在印度的核辩论中有不小影响力，在很大程度上可以中和核鹰派的观点。[⑥] 的确，在这一时期，印度政府包括拉奥政府、高达政府、古吉拉特

---

① Priyanjali Malik, *India's Nuclear Debate*: *Exceptionalism and the Bomb*, Routledge India, 2010, p. 120.

② Raj Chengappa, "Nuclear Dilemma", *India today*, April 30, 1994.

③ Priyanjali Malik, *India's Nuclear Debate*: *Exceptionalism and the Bomb*, Routledge India, 2010, p. 121.

④ Sumit Ganguly, "Freeze: Halting the Testing and Development of Nuclear Weapons", in David Cortright & Amitabh Mattoo, eds, *India and the Bomb*: *Public Opinion and Nuclear Options*, University of Notre Dame Press, 1996.

⑤ Appendix B, "Complete Results and Tabular Data of the Kroc Insitute Opinion Survey", in David Cortright & Amitabh Mattoo, eds, *India and the bomb*: *public Opinion and Nuclear Options*, University of Notre Dame Press, 1996.

⑥ George Perkovich, *India's Nuclear Bomb*: *The Impact on Global Proliferation*, Berkeley: University of California Press, 1999, p. 353.

政府并没有将核事务和核外交视作对外政策中的优先选项，他们主要精力集中在应对经济危机和吸引外资上。事实上，印度在一定程度还准备在核问题上向西方国家做出些许妥协。[①] 例如，1994 年 5 月，拉奥总理在克林顿—拉奥峰会中给克林顿保证印度近期不会发展弹道导弹，而且表示在特定条件下印度有可能加入 NPT。[②]

不过，20 世纪 90 年代中后期印度国内核立场发生了较明显转变，鹰派观点开始占主流。1995 年 12 月的民意显示，支持政府进行核试验的民众达到 62%，核武化政策上升到印度的国家议事日程。[③] 值得一提的是，这期间西方国家尤其是美国在防扩散方面向印度施加的压力产生了催化作用。印度前外交秘书齐昆德·杜贝（Muchkund Dubey）的态度转变就是很好的例证。杜贝是拉吉夫·甘地“行动计划”的启动草案人之一，他曾公开表示印度不应该违背对 CTBT 的承诺，否则就是对印度原有核裁军政策的偏离。不过，随着美国在防扩散方面对印度施加压力，杜贝的立场发生改变，他义正词严地反对任何外界压力干涉印度的核选择，并指出日内瓦的 CTBT 谈判没有更进一步要求 5 个核大国裁军。对此，杜贝开始倡导印度实施自身核选择。[④]

当然，除了美国的压力之外，还有一些其他方面的原因支撑 20 世纪 90 年代中后期印度国内核立场的转变。比如，有专家提到印度 1991 年后发起的经济改革也初见成果，假如核选择得以实施的话，资金也能到位。为此，印度核鹰派指出，国家完全有能力负担发展核武器的经济投入（包括应付可能发生的外界制裁）。[⑤] 如果说 1974 年核试爆后美国的反应让印度不得不一度思考再次核试验的经济成本的话，那么 20 世纪 90 年代印度国内核辩论中经济考虑的因素则在明显下降。此外，20 世纪 90 年代印度战略家和一些政治家开始宣扬发展核武对维护印度国家安全的重要性。印

---

① Mario Esteban Carranza, *South Asian Security and International Nuclear Order: Creating a Robust Indo-Pakistani Nuclear Arms Control Regime*, Farnham: Ashgate, 2009, p. 37.

② George Perkovich, India's Nuclear Bomb: The Impact on Global Proliferation, Berkeley: University of California Press, 1999, p. 347.

③ “Testing Times”, *India Today*, December31, 1995.

④ John Cherian, “Treaty Trouble”, *Frontline*, July 26, 1996, p. 49.

⑤ ［美］斯蒂芬·科亨著，刘满贵等译：《大象和孔雀——解读印度大战略》，新华出版社 2002 年版，第 192 页。

度前空军上将桑搭吉认为中印之间存在边界问题没有解决，如果印度不具备核威慑能力，那中国为了达到外交政策目标就有可能对印度进行核讹诈。[①] 他还宣称，印度的核实力能够化解中印之间的实力不对称，确保印度在边界纠纷中得到平等的安排。[②] 除此之外，印度国内战略家也开始质疑选择战略的非武器化威慑的有效性。正是上述这些因素合力创造了一个在印度国内可以接受核武器化的环境。

第四节 印度公开核试验对印美核关系的冲击

1998 年 5 月 11 日和 13 日印度在博克兰地区先后进行了五次地下核试验，包括了首次氢弹试验和四次其他核试验。根据印度公布的资料，5 月 11 日的试验包括了一个爆炸当量为 1.2 万吨的裂变装置、一个爆炸当量为 4.3 万吨的热核装置和一个爆炸当量为 2 吨的核装置。5 月 13 日的试验包括了两个当量分别为 500 吨和 300 吨的核装置。[③] 印度将此次核试验的代号取名为“刹克逊女神”（Shakti），五次试验分别命名为 Shakti I 到 Shakti V1。按照印度教学说，刹克逊是能量或力量的意思，任何大神只有与刹克逊女神结合，才能真正具有威力。值得一提的是，这次核试验后印度并没有宣布为“和平核试验”，印度政府明确表示他们是核武试验。首席秘书巴拉杰什·米什拉（Brajesh Mishra）向媒体发表声明：“这些试验证明了印度具有制造核武器的能力。”[④] 诚然，印度公开核试验后，美国政府迅速做出强烈反应，并对印度实施严厉制裁，两国核关系骤然紧张，印美关系也经历大的波动。

① Krishnaswami Sundarji, “Changing military Equation in Asia: the Relevance of Nuclear Weapons”, in Francine R. Frankel, *Bridging the Nonproliferation Divide: The United States & India*, Konark, 1995, p. 126.

② Ibid., p. 120.

③ 刘华秋：《军备控制与裁军手册》，国防工业出版社 2000 年版，第 196 页。

④ Kenneth J. Cooper, “India Sets Off Nuclear Devices”, *Washington Post*, May 12, 1998.

一、美国的最初反应——带有情绪的愤怒

美国对于印度核试验的最初反应比较情绪化，美国政策的制定者极其明确地忠告印度，大国地位和拥有核武器是没有联系的。克林顿总统表示“21 世纪降临之际，所有其他人都极力把核时代甩在身后，而你们的行为使人想到 20 世纪最恐怖的事件”。[①]“假若你们认为非如此不足以显示自己的强大的话，那就是错了。你们显然不需要核武器维护自己的安全。”[②] 美国国务院发言人詹姆斯・P. 鲁宾（James P. Rubin）表示，美国不会承认印度的核国家地位。与此同时，鲁宾还排除了印度成为联合国安理会常任理事国的主张。他说，“如果印度认为他们帮助自己靠拢那个位子，那他们应该三思”。[③] 时任美国国务卿马德琳・奥尔布赖特（Madeleine Albright）也认为，核武器无助于一个国家增强其国家实力和提高其国际地位。[④]

与此同时，美国国内舆论方面大都对印度公开核试验表示惊讶和谴责。美国媒体大篇幅报道该事件，《洛杉矶时报》12 号的头版头条是《印度玩弄核火》,[⑤]《纽约时报》则指出印度不顾全世界禁止，爆炸三个核装置。[⑥] 当然，美国也有少部分战略家对印度进行核试验行为表示理解，如前国务卿基辛格就表示：

> 如果我是美国的总统，我对于这些核试验会感到悲痛和遗憾，但如果我是印度总理我会这么做。美国应该接受已有的事实，美国应该

---

① ［美］亨利基辛格著，胡利平、凌建平译：《基辛格美国全球大战略》，海南出版社 2009 年版，第 135 页。

② 同上。

③ “US Rejects India's ‘nuclear nation’ claim”，< http：//www. rediff. com/news/1998/may/16bomb7. htm >.

④ Times of India，July 28，1998.

⑤ “India Plays With Nuclear Fire”，*Los Angeles Times*，May 12，1998，< http：//articles. latimes. com/1998/may/12/local/me-48722 >.

⑥ “India Sets 3 Nuclear Blasts，Defying a Worldwide Ban；Tests Bring a Sharp Outcry”，*New York Times*，May 12，1998.

接受印度进入有核国家的行列，以换取印度愿意接受签署 CTBT。[①]

综合来看，美国对印度公开核试验最初的反应十分强烈主要基于以下几方面的原因：首先，美国对本国情报系统失灵大失所望。一位美国高级官员事后在接受《华盛顿邮报》采访时表示："我们上了印度人的当，我们一直认为印度在没有仔细权衡的前提下，不会采取任何冒险的行动。"[②]美国参议院情报委员会主席谢尔说，美国未能发现印度进行核试验的迹象，这是美国情报收集工作的一次大失败。[③] 美国国务院发言人詹姆斯·鲁宾也指责："在近 20 次的印美高级会谈中，印度在关于核意图问题上撒谎和'口是心非'。"[④] 的确，美国卫星没有监测到印度此次核试验说明美国在核危机的预警方面出现重大失误，这让美国感觉丢失颜面。

另外，美国关注巴基斯坦反应以及南亚安全形势，担心南亚将因此出现破坏稳定的核军备竞赛。印度核试验后，巴基斯坦反应十分强烈，并表示要采取一切必要措施保卫巴基斯坦的国家安全。时任巴基斯坦总理纳瓦兹·谢里夫（Nawaz Sherriff）表示，"巴基斯坦有能力应对任何安全威胁，我们将采取必要的措施确保我们的安全、主权、领土完整以及国家利益"。[⑤] 巴基斯坦前总理贝布托（Benazir Bhutto）在伦敦接受 BBC 采访时说，她的政府在 1996 年有一个应急试验计划，在印度进行核试验时也展开一次核试验。她称巴基斯坦仍具备这样的能力，也应该使用这种能力。她说："如果我们没有，那么印度就会继续前进，并对我们采用更加具有攻击性的设计。"[⑥] 她还进一步暗示核试验将在一个月内展开。

不仅如此，美国也担心核试验可能使得中东和东北亚的前景产生新的

---

① Bilderberg meeting in Turnberry, Scotland, held May 14 - 17, 1998.

② 杨孝文、任秋凌：《印度核试验内幕》，《齐鲁晚报》，<http://www.cnread.net/cnread1/jszl/y/yiming/sjjs1/227.htm>。

③ 辛文：《印度核试验及世界对印度核试验的反应》，《国外核新闻》1998 年第 5 期，第 8 页。

④ P. M. Kamath, "Indian Nuclear Strategy: A Perspective for 2020", <http://www.idsa-india.org/an-mar9-9.html>.

⑤ "The World Reaction against the Nuclear Test of India", http://cns.miis.edu/archive/country_ india/reaction.htm.

⑥ John F. Burns, "India Stages 3 Nuclear Tests, Stirring Worldwide Outcry—Pakistan Hints It Might Follow Suit as Answer to the New Premier", *The New York Times*, May 12, 1998.

焦虑，这两个地方在防扩散方面存在隐患。[①]

二、美国国会反应与《格伦修正案》

美国国会对印度公开核试验反应十分强烈，大多数国会议员指责印度的行为，认为印度行为威胁南亚地区的稳定，而且削弱了国际社会的防核不扩散努力。来自堪萨斯州共和党的参议员布伦柏克（Sam Brownback）就指责印度行为破坏了正在发展中的印美关系。[②] 美国对外关系委员会主席赫尔姆斯（Jesse Helms）参议员甚至认为，印度正在给美国的本土形成一种日益增长的核安全威胁。[③] 国会只有极为少数的议员对印度行为表示了认同或者容忍，指出“虽然这些事态发展十分不幸，但印度的行动是可以理解的、可预见的”，并表示美国在核裁军方面应该做好示范。[④] 不过，这种声音在国会并非主流，大多数国会议员，就连那些曾经同情印度并反对CTBT的议员都纷纷对印度进行谴责，主张以1994年美国国会通过的《格伦修正案》为依据对印度实施制裁。

正因如此，美国克林顿政府很快提出了对印的制裁清单：

> 停止对印度的一切援助（食品的人道主义援助除外）；中止对印度全部军售、军火出口许可的颁发以及相关的军事援助；停止向印度提供一切贷款、信贷、信用担保和其他财政援助；禁止美国银行为印度政府提供任何贷款或提供任何信贷（购买食品或农产品的部分除外）；禁止向印度出口要求商务部出具许可证的特定商品和技术。[⑤]

---

① 斯德哥尔摩国际和平研究所编，中国军控与裁军协会译：《SIPRI年鉴1999：军备·裁军和国际安全》，时事出版社2000年版，第662页。

② Strobe Talbott, *Engaging India*, *Diplomacy Democracy and Bomb*, Brookings Inst Pr, 2004, p. 54.

③ Ibid.

④ “India's nuclear tests: a call for international nuclear disarmament”, House of Representatives, May 12, 1998.

⑤ Barbara Leitch LePoer ed., “India-Pakistan Nuclear Tests and U. S. Response”, *CRS Report*, November 24, 1998 http://www.fas.org/spp/starwars/congress/1998/h980512-india3.htm.（此处翻译参照了赵蔚文：《印美关系爱恨录：半个世纪的回顾与展望》中相关翻译，请见该书155页，特此说明）。

除此之外，美国国务院还重新审查了两国科学交流项目，延迟或者取消了印度科学家对美国的访问。不仅如此，美国还鼓励其他国家的国际组织和国家对印度的谴责，包括联合国、北约、北约—俄罗斯常设联合委员会、欧洲—大西洋伙伴关系委员会、美洲国家组织、海湾合作委员会、伊斯兰国家组织以及八国集团。① 1998 年 6 月 6 日，联合国安理会通过第 1172 号决议，谴责印巴两国公开核试验，并发表了 17 条声明：

> 要求印巴避免进一步核试验，并签署和批准《全面禁止核试验条约》；以积极姿态加入关于《核裂变材料禁产条约》的日内瓦裁军会议；最大限度地克制和避免有威胁的军事行动，预防局势的进一步恶化；要求印巴两国恢复关于克什米尔争端的直接对话；要求印巴立即停止核武器发展项目，不部署核武器；并停止弹道导弹项目，承诺不向别国出口可以用于大规模杀伤性武器及其运载工具的装置材料或技术等。②

如果说美国对 1974 年印度核爆炸的反应主要是法律上出口管制的调整，那么对 1998 年印巴核试验美国则采取了更加严厉和直接的制裁。尽管有学者指出美国宣布的对印制裁涉及的金额象征意义大于实际效果，但事实上有些制裁项目还是给印度带来一定损失，例如美国中断与印度军事项目的技术合作。③ 事实上，印度国内不少重要项目有赖于与美国公司合作。例如美国公司曾为印度提供轻型战斗机（LCA）、先进的轻型直升机（ALH）技术；美国公司也为参与生产印度国防研究与开发组织（DRDO）设计的导弹的印度电子有限公司提供相关技术。印度核试验后，这些项目都不得不另寻合作伙伴。④ 另外，美国在外交上展开的一系列活动也使得

---

① Strobe Talbott, *Engaging India*, *Diplomacy Democracy and Bomb*, Brookings Inst Pr, 2004, p. 53.

② S/RES/1172 (1998), <http://www.securitycouncilreport.org/atf/cf/{65BFCF9B-6D27-4E9C-8CD3-CF6E4FF96FF9}/Disarm%20SRES1172.pdf>.

③ 斯德哥尔摩国际和平研究所编，中国军控与裁军协会译：《SIPRI 年鉴 1999：军备·裁军和国际安全》，时事出版社 2000 年版，第 468 页。

④ 同上。

印度甚为沮丧。例如1998年克林顿总统访华，其间中美两国就南亚核不扩散问题进行会谈，并达成一些共识，中美首脑联合声明表示：

> “印度、巴基斯坦最近进行的核试验及由此引发的两国紧张局势的升级，引起了中美两国深切和长久的关注。双方在维护南亚和平与稳定及全球强有力的防扩散体制方面有着共同的利益，而这些核试验将此利益置于危险境地。双方同意在安理会五大常任理事国和安理会内与其他国家继续密切合作，防止南亚核及导弹竞赛升级，促进印巴和解并通过和平方式解决两国分歧。”①

显然，中美达成共识在印度看来就是美中试图对南亚地区共管的表现，对此印度倍感失落。总之，1998年5月印度公开核试验后，美国政府迅速做出强烈反应，并对印度实施严厉制裁，两国核关系受到较大冲击。不过值得一提的是，印度核试验造成的外交危机也为解决长期以来影响印美关系发展的核问题带来了契机，为印美两国进行核对话提供了机会。

第五节 学术界关于印度公开核试验动因解读

学术界关于印度公开核试验动因的解读，大致可以分为以下三种：

一、国家安全论

国家安全论认为印度公开核试验是基于国家安全考虑，尤其是为应对来自中国、巴基斯坦的核威胁。美国学者S. 甘古利在《印度通向波克兰Ⅱ之路》一文就表达了这种观点。② 同样，印裔学者拉贾·托马斯（Raju

---

① 《中美两国元首就南亚问题发表联合声明》，新华社，1998年6月27日电，<http://www.gmw.cn/01gmrb/1998-06/28/GB/17737%5EGM2-2806.htm>。

② Sumit Ganguly, "Indias Pathway to Pokharan Ⅱ: The Prospects and Sources of New Delhis Nuclear Weapons Program", *International Security*, 23: 4 Spring, 1999, pp. 48 –76.

G. C. Thomas）也指出：

> 许多国外政策评论员甚至是印度评论家都忽视了印度核计划背后的安全关切，更为严重的是，许多传统说法忽视印度安全诉求。他们宣称印度没有核武器会更加安全，但是有足够证据证明印度安全担忧在印度核武化进程中发挥了重要作用。[①]

事实上，现实主义的这种国家安全论很早就被用来解释印度寻求核武的动因，例如美国国防部1996年出版的《扩散风险与应对》中就表示：

> 印巴之间的敌对一直以来是该地区大规模杀伤性武器扩散的动因，而南亚地区安全困境由于印度将中国视为安全威胁而变得复杂。印度最初开始寻求获得核武器正是受到了中印边境冲突以及1964年中国核试验的刺激。[②]

值得一提的是，国家安全论这种解释在印度的官方言论中也得到证实。印度总理瓦杰帕伊在议会对核试验进行解释表示：“冷战的结束是20世纪历史的明显分水岭，它明显改变了欧洲政治的版图，但是很大程度上忽视了印度的安全关切。”[③] 另外，瓦杰帕伊给美国总统克林顿致信表示印度处于核武器的包围之中，印度进行核试验是不得已的行为。[④] 时任印度外交部长贾斯万特·辛格也指出，印度政府当时面临困难的选择，做出决定的唯一标准就是国家安全。[⑤]

---

① Raju G . C. homas & Amit Gupta, *India nclear Security*, Lynne Rienner Publishers, Inc. 2000, p. 57.

② Office of the Secretary of Defense, *Proliferation*: *Threat and Response*, Washington D. C: US Government Printing Office, 1996, p. 36.

③ ［印］贾斯万特·辛格著，胡仕胜译：《印度的防务》（内部版），麦克米兰印度有限公司出版社1999年版，第367页。

④ “Vajpayee Letter to President Clinton”, May 12, 1998, <http://www.acronym.org.uk/sa-sia/spind.htm>.

⑤ ［印］贾斯万特·辛格著，胡仕胜译：《印度的防务》（内部版），麦克米兰印度有限公司出版社1999年版，第367页。

当然，现实主义的观点也受到人们的一些质疑，即为何印度没有在1964年中国核试验后立即公开核武化，而是在1974年进行所谓和平核试爆之后又历经了24年，并且在不存在明显的中国威胁的情况下进行公开核试爆。[①] 有学者提到，事实上1988年拉吉夫·甘地访问中国后中印关系有明显的改善。1993年中印双方签署和平与稳定协议，双方同意坚守驻军，建立信任措施，还试图减缓过去强硬的态度和偏见。[②] 为此，一些学者指出如果印度是基于国家安全考虑，那么印度应在1998年之前就拥有可靠的第二次打击能力的核武器。

二、集团利益论

集团利益论认为核武器可以凝聚民众对执政集团的政治认同，提高与核相关的执政集团的执政合法性，因此印度公开核试验主要归因于印度人民党（Bharatiya Janata Party）在印度崛起，并在1998年5月取得执政地位。斯德哥尔摩国际和平研究报告就认为，印度批准核试验更多地是出于政治而非安全的考虑。

> 1998年全国大选后印度人民党授权组阁。尽管他们尽力吸纳其他政党，但仍无法在内阁中占据多数，因而不得不借助执政联盟之外的党派的支持。印度人民党领导的政府具有双重脆弱性，既需要妥协把好处分给执政联盟，又需要赢得外部支持。由于相信核试验和支持本国开发军事技术能够巩固政治支持并为其政策铺路，印度人民党领导立即指示国防部科学顾问阿普杜勒·卡拉姆和原子能委员会主席R.奇丹巴拉姆为尽早进行核试验做准备。[③]

不过，一些学者指出，即使印度人民党在1998年3月的选举中没有获

---

① 高新涛：《亚非发展中大国核选择中的特点——战略层面的考察》，《国际论坛》2011年1月，第5页。

② J. N. Dixit, *India' Foreign Policy*: 1947 – 2003, New Delhi: Picus, 2003, p. 414.

③ 斯德哥尔摩国际和平研究所编，中国军控与裁军协会译：《SIPRI年鉴1999：军备·裁军和国际安全》，时事出版社2000年版，第458页。

胜，印度也将最终走向核武化，这是基于印度政治舞台与印度精英的核武认知在20多年来发生的根本性变化。①

另外，集团论中有学者指出印度核科学家以及印度核工业利益集团在推动印度公开核试验中扮演重要的角色，尤其是印度科学家对核武器的神化起了很大作用。他们宣称核武器能加强印度的安全，还试图传达印度克制政策并非无能或者技术不成熟，印度的自我克制完全是自愿的，是基于自身实力和潜力的评估。② 佩尔科维奇在《印度核弹：全球扩散的影响》中表达了这种观点。另外，斯德哥尔摩国际和平研究报告也强调这一观点，报告指出，“至少从1995年末以来，印度科学家就一直要求政府授权进行核试验”。与此同时，报告也强调核工业利益集团的作用：

> 核工业利益集团显然是害怕1968年不扩散核武器条约的延期。当时即将签署的1996年的全面禁止核试验条约以及出口控制变严将有效地封死印度实施抉择的路子，而该项权利将被印度视为用于对付可能与中国交恶时使用的必要手段，即使这种可能是在遥远的未来。自从20世纪60年代中期开始对核科学进行重点投资以来，军事核以及空间研究与开发在印度科研中占主导地位，虽然大部分拨款并没有用于核武器和运载系统，实际上用于核武器的拨款显然未计入政府官方的预算统计，但这也说明核武器相关的庞大科研机构所享有的官僚权力。③

三、身份与国际规范论

身份与国际规范论则属于建构主义的范畴，身份与国际规范论认为武器扩散并不是因为技术能力和国家安全需要之间的竞赛，而是因为军队以

---

① 高新涛：《亚非发展中大国核选择中的特点——战略层面的考察》，《国际论坛》2011年1月，第6页。

② J. N. Dixit, *India's Foreign Policy*: 1947 – 2003, New Delhi: Picus, 2003, p. 436.

③ 斯德哥尔摩国际和平研究所编，中国军控与裁军协会译：《SIPRI年鉴1999：军备·裁军和国际安全》，时事出版社2000年版，第456页。

及装备高度象征性、规范性的本质。[①] 与国家安全论、集团利益论强调武器扩散是行为体为了自身利益而理性计算的结果不同，身份与国际规范论认为武器之所以扩散，是根源于它们附带的社会建构涵义，是制度化的规范结构所驱动和塑造的进程，这些规范结构把军队及其先进武器同国家的主权身份、现代化和社会合法性联系起来。[②] 身份与国际规范论者指出，在印度看来，超级大国不仅仅是一个民族国家，在军事领域，它起码是一个拥有核武器的国家，印度对获得这种特殊地位不时表现出浓厚的兴趣。[③] 美国大西洋委员会的研究简报就指出：

> 印度进行核试的动因更多是基于国内政治需要和对大国地位的向往，而并非是对该国安全环境和长远后果的谨慎和全面分析的结果。……印度政府判断任何因核试而引起的制裁将是有限的和短期的。[④]

的确，印度国内也有学者认同这种说法，表示核武库是国家核心意志的捍卫者，是印度作为一个现代化、独立自主的主权国家在国际舞台发挥全球影响的保证。[⑤] 拉贾·拉曼纳强调，印度强烈地希望被世界认知为一个强国，这在核计划中起到的作用甚至比军事和威慑需求更重要。他表示说："我们讨论的重点集中在如何制造核弹，而不是是否应该制造核弹上。对于我们来说，这是一个证明我们古老历史的声望问题。作为印度的科学家，我们迫切希望向那些曾经忽视我们的西方对手展示我们拥

---

① ［美］彼得·卡赞斯坦著，宋伟、刘铁娃译：《国家安全的文化：世界政治中的规范与认同》，北京大学出版社 2009 年版，第 86 页。

② 同上。

③ 同上。

④ Chas. Freeman & Jack Matlock & Dick Nelson & Ken Weisbrode, "Managing Nuclear ArmsCompetition in South Asia: Work the Problem, Don't Fight It!", *The Atlantic Council of the UnitedStates, Bulletins*, Vol. IX, No. 5. July 31, 1998. 此段翻译参考了张贵洪：《超越均势：冷战后的美国南亚安全战略》一书中的对照翻译，请见该书第 69 页。另外，关于身份与国际规范论观点可参见 Amitav Ghosh, "Countdown", *New Yorker*, October 26-November 2, 1998, pp. 186 – 197。

⑤ Priyanjali Malik, *India's Nuclear Debate: Exceptionalism and the Bomb*, Routledge India, 2010, p. 3.

有制造核弹的能力。”[①] 有中国学者也指出：“印度坚持不放弃核选择的权利，顶着国际高压搞核试验，除了纯粹战略安全的考虑外，便是“大国霸权”的心态在作祟。”[②] 同样，有学者对身份与国际规范论观点提出质疑，指出如果印度意在追求身份地位，那它应在冷战年代就开始公开寻求核武。[③]

诚然，以上每一种解释都提供一个视角，但不能完整解释一切。事实上，有不少学者认知到这一点，S. 科亨的《印度为何走向核武化》就强调印度公开核武化的多重动因，并将其划分为长期变量和短期变量。科亨指出，影响印度核政策的长期变量包括国际形势的变化、国际核不扩散机制的发展、安全形势的变化，而印度国内政治格局的变化，经济状况的改善，科学家、民众对核政策的支持推动则是影响印度核政策的短期变量。[④]

第六节　复杂的系统效应：印度核选择中的美国因素

的确，学术界关于印度公开核试验动因有不同解读，包括国家安全论、集团利益论、身份与国际规范论等。但本书认为印度核选择中的美国因素不可忽视，美国因素同样涉及到安全、身份与国家荣誉等方面。

本书在探讨冷战时期印美核关系一章时就已提到，1971 年美国派遣“企业号”航母事件对印度核选择具有潜在影响。的确，虽然印度对美国核威胁的感知远要比来自中国或巴基斯坦的威胁小，但并不代表印度从未担心过美国对印度发动核攻击的可能。事实上，印度国内核话语中美国核威胁一直存在。印海军副参谋长辛克（M. R. Schunker）就曾指出：“美国

---

① Raj. Chengappa, *Weapons of Peace*, HarperCollins Publishers India, 2000, p. 82.

② 原狄：《印度核选择与对华“战略思维”》，《南亚研究季刊》1998 年第 3 期，第 4 页。

③ Sumit Ganguly, “South Asia after the Cold War”, *Washington Quarterly*, Vol. 15, No. 4, Autumn, 1992, pp. 173 – 184.

④ Stephen P. Cohen, “Why did India Go India”, in Raju G. C. Thomas & Amit Gupta, *India's Nuclear Security*, Lynne Rienner Publishers, Inc. 2000, pp. 13 – 35.

的军事存在主要针对苏联，但1971年美国派遣‘企业号’航母事件警示我们超级大国的核威胁不一定仅限于相互威慑，在某些情况下，威胁也可能针对我们。”① 印度国防部长费尔南德斯就曾称美国在迪戈加西亚岛（Diego Garcia）的军事部署是印度进行核试的原因之一，因为印度面对全方位的核威胁。②另外，S. 科亨也提到：

> 事实上，早在1998年核试验之前，印度就曾就研制能够命中美国城市并能顺便威慑中国的舰载核武器进行过一些探讨。③ 但是，建立这样一个系统，不仅在造价上昂贵得令印度人感到无能为力，而且要面对美国防卫能力提高的风险。研制和部署这样一支力量也将会被美国视为敌意行为，结果会迫使印度重新校正自己的核坐标。④

当然，印度核选择中的美国因素并非总是以直接核威胁形式呈现，事实上，美国在印度核选择过程中扮演的角色更多时候是通过复杂系统过程发挥作用。

一、冷战后美国主导的新国际秩序带给印度不安全感，在一定程度上影响了印度的核选择

冷战结束后，国际安全环境出现变化，这对已经习惯了在两极框架中考虑和筹划防务政策的印度来说多少有点不适应。苏联解体意味着印度失去了超级大国提供的安全保障，也意味着在克什米尔问题上印度将丧失一

---

① “Address by ViceAdmiral M. R. Schunker”, in Colonel PyaraLal, *Nuclear Shadow over the Sub-Continent*, New Delhi: United Service Institution of India, 1981, p. 2.

② Statement attributed to Indian Defence Minister George Fernandes, cited in Chas. Freeman & Jack Matlock & Dick Nelson & Ken Weisbrode, “Managing Nuclear Arms Competition in South Asia: Work the Problem, Don't Fight It!”, *The Atlantic Council of the United States*, *Bulletins*, Vol. IX, No. 5. July 31, 1998, p. 2.

③ Bharat Karnad, “A Thermonuclear Deterrent”, in Amitabh Mattoo, *India's Nuclear Deterrent: Pokhran II and Beyond*, New Delhi: Har_ Anand, 1999, pp. 108 – 149.

④ Stephen P . Cohen, *India: Emerging Power*, Brookings Institution Press, 2002, p. 188.

位重要的支持者。[①] 不仅如此，在印度看来，后冷战时期的国际秩序并未向合理化方向发展，国际关系中大国的强权政治表现明显，印度虽然努力致力于国际合作，但国际社会却忽视它所关注的安全问题。[②] 印度还观察到，1991 年美国对伊拉克施加军事压力的同时，美国一些官员还曾表示这种政策并不仅仅针对伊拉克，同时也针对那些试图获取大规模杀伤性武器的国家。无疑，这些言论在一定程度上加深了印度的担心。在印度看来，美国无视这些国家的安全担忧以及拥有核武的合法性。[③] 桑搭吉在被问及从海湾战争中吸取的经验时回答：像伊拉克那样的国家应该先拥有核武器，再与美国交战。[④] 总之，冷战结束后，国际安全环境充满未知和不确定性，这在一定程度上让印度做出依赖自身、增强国家战略实力的选择。在此情况下，发展核武器自然成为很有吸引力的防务选择。

二、美国重视核不扩散但淡化核裁军的实践对印度核选择产生了重要影响

冷战结束后，美国对国际核形势进行重新评估，采取一系列防扩散措施；但与此同时，美国自己却维持大量而复杂精密的核工厂，继续强调核武器的威慑作用和影响力，忽视核裁军。这些做法在某种程度上造成一种客观结果，即加大印度对国际现实的不满，并促使印度通过公开核试验来寻求平衡。

1995 年 5 月，《不扩散核武器条约》在美国的推动下得到无限期延长。这种结果可谓令印度大失所望。对此，印度的决策者以及国内战略分析家得出的结论是，无核国家影响有核国家的能力正在迅速瓦解，印度不得不重新开始思考国际社会的现实，重新思考国内核选择。[⑤] 众所周知，作为

---

① Ashley Tellis, *Changing Grand Strategies in South Asia*, Rand Studies in Pubilic Policy, Cambridge: Cambridge University Press, 2000.

② 张力：《冷战后时期印度的外交与战略安全》，四川大学 2006 年博士学位论文，第 62 页。

③ J. N. Dixit, *India's Foreign Policy*: 1947 – 2003, New Delhi: Picus, 2003, p. 395.

④ "Doctrine", <http: //www. fas. org/nuke/guide/dprk/doctrine/index. html>.

⑤ Deepa M. Ollapally, "India's Strategic Doctrine and Practice: the Impact of Nuclear Testing", in Raju G. C. Thomas & Amit Gupta, *India's Nuclear Security*, Lynne Rienner Publishers, Inc. 2000, p. 75.

《不扩散核武器条约》的非签约国，印度的最初预期是墨西哥、委内瑞拉、埃及、印度尼西亚这些主要中等发展中国家也会强烈反对延长条约，但最终结果却让印度倍感失望。[①] 在印度看来，条约的无限期延长就是永久地保护五个核国家手中的核武器，而它们正在致力于改进其核武库的现代化计划。[②] 印度驻联合国裁军会议代表阿兰达蒂·戈斯（Arundhati Ghose）就指出，1995 年《不扩散核武器条约》延长和审议会议期间强大的国际压力对印度产生了影响。[③]

同样，20 世纪 90 年代中后期美国积极推动《全面禁止核试验条约》签署在一定程度上坚定了印度放弃长期奉行的核模糊政策的决心。众所周知，印度是《部分禁止核试验条约》（PTBT）的成员，还曾于 1993 年和 1994 年两次与美国一道共同协商《全面禁止核试验条约》决议，而且当时条约并没有遭到印度科学界、军方和政府方面的反对。[④] 正如有学者指出，也许正是由于印度一度扮演倡导全面禁止核试验的急先锋，所以美国没有过多留意印度正在转变的立场。[⑤] 可事实上，印度认为，1996 年 6 月提出的《全面禁止核试验条约》决议草案不仅有违 1993 年联合国大会的相关决议，而且未能解决印度所关心的问题。[⑥] 1996 年 7 月，国际社会提出一项新的决议草案，在印度看来这更加不能接受，尤其是草案第 14 条规定，条约在各个国家必须限期签署的前提下方能生效。[⑦] 该条款加大印度对条约的不满，印度国内担心《全面禁止核试验条约》将永远关上印度核选择的大门，这在一定程度上促使印度加快了公开核试验的脚步。

---

① Deepa M. Ollapally, "India's Strategic Doctrine and Practice: the Impact of Nuclear Testing", in Raju G. C. Thomas & Amit Gupta, *India's Nuclear Security*, Lynne Rienner Publishers, Inc. 2000, p. 75.

② ［印］贾斯万特·辛格著，胡仕胜译：《印度的防务》（内部版），麦克米兰印度有限公司出版社 1999 年版，第 366 页。

③ Arundhati Ghose, "Negotiating the CTBT: India's Security Concerns and Nuclear Disarmament", *Journal of International Affairs*, Vol. 51, No. 1, summer 1997, p. 239.

④ Deepa M. Ollapally, "India's Strategic Doctrine and Practice: the Impact of Nuclear Testing", in Raju G. C. Thomas & Amit Gupta, *India's Nuclear Security*, Lynne Rienner Publishers, Inc. 2000, p. 75.

⑤ ［美］斯蒂芬·科亨著，刘满贵等译：《大象和孔雀：解读印度大战略》，新华出版社 2002 年版，第 187 页。

⑥ 张力：《冷战后时期印度的外交与安全战略》，四川大学 2006 年博士学位论文，第 62 页。

⑦ 印度认为此条款侵犯主权国家独立决策权，参见 Statement made by Arundhati Ghose in Conference on Disarmament on 20th June 1996 on CTBT, as recorded in Documents on India's Nuclear Disarmament Policy。

另外，印度对美国等核大国忽视全球核裁军行为表示不满。① 印度国内一派观点甚至认为只有印度成为核国家，才能向现有核大国施加压力，迫使其履行在国际核机制内讨论核裁军的义务。

三、印度深感美国不愿意承认其大国地位，希望通过公开核试验获得美国的承认

正如印度战略家指出的，20 世纪 90 年代印度国内有两种截然不同的思潮：一方认为核试验会极大地恶化印美关系，导致国际孤立，破坏印度经济改革；而另一方则认为核试验将迫使美国重视印度，因而对改善印度安全环境并最终提升印美关系绝对有必要。② 冷战后初期，印度国内可以说倾向第一种认知。例如 1995 年 12 月，印度在一定程度上正是出于对美国制裁的畏惧取消了原计划的核试验。不过，随着国内外环境的变化，印度渐渐倾向第二种认知，并越来越得出结论：

> 崇高的核政策以及其克制的立场并没有带来真正的丰厚的利润，这种政策反而引起国内的不满情绪，人们逐渐感到印度受到歧视。③

的确，冷战结束后，美国没有将印度当成大国对待让印度倍感失望。在印度眼中，美国总是对印度的克什米尔政策持有批评态度，而且将克什米尔与南亚地区安全相联系，认为南亚地区可能成为核爆发点（Flash-point）。另外，20 世纪 90 年代中美两国在国际核不扩散领域的积极互动也让印度感觉不满，在印度看来，中美在《不扩散核武器条约》和《全面禁止核试验条约》的合作是针对印度的，印度面临的核威胁主要来自

---

① 1995 年印美学者就核不扩散问题召开的一次研讨会上，印方代表桑搭吉指出印巴是否真正需求发展最低威慑之路取决于国际社会尤其是核武国家如何对待核军控和裁军。在此过程中，美国将发挥最为重要的作用，这很大程度上取决于美国的诚意、勇气和领导力。

② C. Raja Mohan, *Crossing the Rubicon: The Shaping of India's New Foreign Policy*, New Delhi: Penguin/Viking, 2003, p. 90.

③ ［印］贾斯万特·辛格著，胡仕胜译：《印度的防务》（内部版），麦克米兰印度有限公司出版社 1999 年版，第 367 页。

中国和巴基斯坦，中美两国合作加大了印度自身的压力，使其有外交上面临被孤立的危险。[①] 此外，印度认为，美国对中国的重视远远超过印度，这让印度倍感失落。1996 年 10 月，印度竞选联合国安全理事会非常任理事国以 40 票比 142 票败于日本。无疑，这对于急切盼望跻身世界大国地位的印度来说是一次重大挫折。正如有学者评论道，印度通过加快发展其所需的国家实力，努力将自己提升到强国地位，对国际社会对它的忽视做出了反应，这并不出人意外。[②] 1998 年 5 月，瓦杰帕伊政府做出了进行公开核试验的决定。事实上，印度深知核试验会激起美国的愤怒，并做好了接受美国制裁的准备，但它同时希望有另一种结果，即美国能够以一种不同于以往的态度来对待印度，一种更为认真、持久尊重的方式。[③]

总之，在印度走向公开核武化的进程中，印度将发展核武器视作其维护国家安全、追逐大国身份地位的有效方式，美国则将防扩散作为国家的重要利益和对外政策的重点，两国之间的矛盾分歧油然而生。

第七节　公开核试验后印度对美核外交

1998 年公开核试验后，印度面临一些挑战，如何应对国际社会的政治孤立，如何应对国外一系列经济制裁、技术出口限制，以及如何回应一些国家要求印度放弃关于核不扩散机制的保守态度，并签署 CTBT 和 FMCT 的要求，这些问题都需要印度施展外交进行处理。印度不仅要及时处理与中国、巴基斯坦两个邻国的关系，解除邻国对印度战略意图的担忧，同时必须处理与现有核武国家尤其是美国的关系。[④] 的确，核试验后不久，印

---

① 慕永鹏：《中美印三边关系：形成中的动态平衡体系》，外交学院 2006 年博士学位论文，第 50 页。

② Rahul Sagar, "What's in a Name? India and America in the 21st Century", *Survival*, Vol 46, Issue 3, 2004, pp. 122 – 123.

③ Strobe Talbott, *Engaging India*, *Diplomacy Democracy and Bomb*, Brookings Inst Pr, 2004, p. 7.

④ J. N. Dixit, *India's Foreign Policy*: 1947 – 2003, New Delhi: Picus, 2003, p. 433.

度便展开一系列对美核外交行动。印度领导人积极展开核外交行动说明印度愿意为改善印美核关系而努力。事实证明，印度外交行动虽然没有立即说服美国解除对印度的相关制裁，但这些行动有助于降低核问题对印美关系的不利影响，也在一定程度上减少了国际社会对印度核计划的担心，对缓和印美核关系发挥了积极作用。但值得一提的是，尽管 1998 年印度公开核试验让其国际形象一度受损，甚至不得不面临国际社会的相关制裁，但实践看来，印度在与美国互动中并没有表现出过度服从或让步。

一、书信游说外交

书信游说外交可谓印度对美核外交中最引人注目的一个环节。1998 年 5 月 13 日，印度总理瓦杰帕伊秘密写信给美国总统克林顿，向美国解释印度进行核试验的动机，信中提到：

> “我一直对印度这些年来所面临的不断恶化的安全环境，特别是不断恶化的核环境深感不安。我们有一个公开的核武器国家与我们接壤，这个国家 1962 年对印度发动了武装侵略。虽然我们同这个国家的关系最近十年已有所改善，但是由于边界问题没有得到解决，两国之间一种不信任的气氛依然存在。不仅如此，这个国家还帮助我们的另一个邻国成为一个秘密的核武器国家，从而加剧了这种不信任。50 年来，我们受到这个对我们深怀仇恨的邻国的三次侵略。……我们希望你理解印度安全的担忧。”①

瓦杰帕伊信件中虽未直接提到中国，但暗指中国威胁论，巧打中国牌的用意十分明显。但事后证明，瓦杰帕伊的书信外交并没有完全达到目的，中美关系没有因此而受到影响，甚至得到加强，反倒是让中印关系受到较大影响。不过，这次游说外交也并非完全没有功效，至少它向美国传

---

① “Vajpayee Letter to President Clinton”, May 12, 1998, http://www.acronym.org.uk/sasia/spind.htm. 此信件翻译参照了赵蔚文：《印美关系爱恨录：半个多世纪的回顾与展望》中相关翻译，特此说明。

达了印度的安全关切，或许在某种程度上还让印度赢得了一些美国国内人士的同情。1998 年《华盛顿邮报》署名文章指出：

> 美印双方加强合作可以为美国带来巨大利益，改善美印关系符合美国的长期利益。美国可利用印度对华的猜疑心理，支持印度增强实力和自信，维持亚洲势力平衡，这对美国更有意义。对美国来说，应对中国崛起才是更为重要的任务。对此，美国应该在中国周边扶持一支强大的独立力量，印度可视作一支可资利用的力量。[①]

此外，美国参议院外交委员会近东与南亚委员会主席布伦柏克（此人曾指责印度核试验行为破坏了正在发展中的印美关系）在布鲁金斯学会发表演说时也开始建议布什政府取消美国对印经济制裁，表示印美面临“共同的中国威胁”，两国需要一个更为密切的关系。[②]

二、其他游说外交行动

当然，除了书信游说外，印度还展开一系列其他游说外交，包括：印度领导人通过举办新闻发布会、记者见面会、公开演讲展开游说行动。例如，1998 年 5 月 22 日，印总理首席秘书巴拉杰什 · 米什拉声明印度已经单方面宣布停止核试验，且不会将武器用于侵略目的。同时，印度还计划与巴基斯坦展开公开对话来讨论争议问题并达成“不首先使用”核武器的协议。[③]无疑，印度这些公开表态对缓解美国对印度核计划的担心有一定积极作用。1998 年 9 月 28 日，瓦杰帕伊总理在纽约发表演讲时还公开宣称印度和美国是“天然的盟友”。

另外，印度政府还鼓励印裔美国人积极开展对美游说。的确，1998 年

---

① Thomas W. Lippman, “Administration Ponders Next Step Toward India”, *Washington Post*, June 21, 1998, <www. lexis-nexis. com>.

② “Nationwide International News”, *Press Trust of India*, Feb. 14, 2001, in Lexis-Nexis Academic Universe, July 5, 2001.

③ “India’s Nuclear Weapons Program: India As A Nuclear Power: 1998-2001”, <http://nuclearweaponarchive. org/India/IndiaNPower. html>.

印度的核试验以及其后美国发出的经济制裁决定给了印度游说团一个发挥积极作用的机会。一位学者曾指出，为了抗议制裁，来自印裔美国人政治集团的电邮和信件雪片般飞向国会办公室，这些努力的结果之一就是克林顿政府的制裁主要只是限于化妆品领域。[①]

三、1999年“核武器政策草案”出台

1999年8月17日，印度出台的“核武器政策草案”也是印度核外交的重要组成部分。尽管美国公开表态对草案不予以支持，但必须承认，在当时复杂的环境中，印度做出的宣言还是有其积极意义的。这份草案的主要内容包括：“印度核武器的基本目标是对使用或威胁使用核武器打击印度及其军队的任何国家或实体进行威慑，印度将寻求一种‘最低限度可靠威慑’（Credible Minimum Deterrent）；”“印度核力量的实际规模组成部署和使用将取决于印度的战略环境技术和国家安全的需要等因素；”[②] 除此之外，草案强调印度继续将过去奉行的全面禁止核武器作为努力目标，分阶段举行谈判以缔结一项废除核武器的普遍性条约，并在符合国家战略利益的前提下与其他国家共同致力于军备控制，准备加入多边军控协议，并将它作为最终消除核武器之前的临时措施。与此同时，草案强调印度将确保最大限度减小事故误用或擅自使用核武器的危险，加强信任建设措施，并改善与中国和巴基斯坦的政治关系，尽可能降低相互发生冲突的可能性。[③] 草案出台后，美国国务院发言人詹姆斯·鲁宾称，印度正试图建立一个可靠的核威慑力量，从而迈向一个错误的方向。他说：“我们认为印度发展核威慑力量并激起另一个国家效仿的做法十分不明智。这样做只会产生一个对双方都不利的恶性循环。”[④] 不过，必须承认，印度做出的宣言还是有其积极意义的，至少它在一定程度上让美国理解了印度建立“最低限度核

---

① ［美］斯蒂芬·M. 沃尔特著，郭盛译：《驯服美国权力：对美国首要地位的全球回应》，上海世纪出版社2008年版，第183页。

② “Text of the Draft Report of National Security Advisory Board on Indian Nuclear Doctrine”, August 17, 1999, <http://www.indianembassy.org/policy/CTBT/nuclear_doctrine_aug_17_1999.html>.

③ Ibid.

④ Barry Bearak, “An Indian Call for a Nuclear Arsenal”, *The New York Times*, August 22, 1999.

威慑”的必要。

第八节　印度核外交话语分析

印度公开核试验后，国际社会纷纷对印度核试验行为表示谴责。为了摆脱印度在国际社会的孤立处境，印度政府采取了一些补救措施，在特殊的国内外环境下印度领导人推出了一系列“核外交”，发表了一系列讲话，这些讲话构成了印度核外交话语。众所周知，在国际政治场域中，语言往往与语言使用者的一定政治议题、权力意志以及社会身份有关，并非总是客观的。对印度核外交话语的分析，或许可以为我们更深层次理解印美核互动关系提供另一种有效的视角。

的确，根据话语理论，话语不仅仅是一个语言学概念，而且是一个社会学概念，一定的语言本身应该被看作某种社会权力的象征。比如政治话语不仅来源于社会权力，这种话语本身乃是一种社会权力的表现并且服务于权力。[①]

无疑，印度领导人精心设计的核外交话语背后也有其隐含的社会文化意义。

其一，印度核话语体现了印度独特的社会文化价值观念，即印度“例外论”。公开核试验后瓦杰帕伊总理宣称：“印度现在是一个核国家，这是一个不能否认的现实，我们无需求其对此的承认。这也不是需要其他国家给予的地位。”[②] 瓦杰帕伊还在印度议会宣布：“印度现在已经是一个核武器国家，这是印度应得的地位，是占人类1/6人口的权利。”[③] 贾斯万特·辛格则表示印度核试验没有违反任何国际条约，他描述印度核身份时还特别用“有核武器国家”（State With Nuclear Weapon）一词取代了NPT所用

---

① 刘永涛：《伊拉克“战争动员”：对美国总统话语的一种分析》，《世界经济与政治》2005年第3期，第30页。

② Kenneth J. Cooper, “India Revises Prohibition on First Strike”, *Washington Post*, May 28, 1998.

③ J Burns, “As India Adds Up Costs of Its a- Tests, Dissent Grows Louder”, *New York Times*, May 18, 1998.

的“核武器国家”（Nuelear Weapon State），[1] 这种概念上的处心积虑反映了印度的例外论。

的确，例外论似乎总是用来形容美国的社会政治文化，在美国人自己看来，他们的社会文化是独一无二的，作为“山巅之城”和“希望之乡”的美国的文明是世界文明的最高体现，也是最值得推广的。[2] 但在印度眼中，印度同样是独特的。印度人将欧亚大陆比作一头奶牛，印度是奶牛的乳房，是最宝贵富庶的地方。[3] 印度领导人尼赫鲁就曾在《印度的发现》中热情洋溢地引用一位印度学家麦克斯·谬斯的话来表达印度文明的崇高：

> “如果我们遍视全世界，要想找一个国家最富裕地享有大自然所能赐予的一切财富、权势和美景——有些部分简直是地球上的天堂——那我就要指出印度。如果有人问我在哪一部分天空之下，人类心智最丰富地发展了它的其些优秀的天赋，对于人生最重大的问题思考最深，并获得这些问题的一些解答，而且这些问题是值得那些即使曾经研究过柏拉图及康德的人们的注意的，那么我要指印度。我们欧洲人差不多是专靠希腊人、罗马人和闪族的犹太人等的思想所培养的。那么比如我问自己，假使要我们的精神生活——不仅是为今生中比较真实的人类生活而且也为了神化的永恒生活——更加完满、更能包容、更加广泛，那么我们应该从何种文献里吸取改善的方法呢？再一次我又要指出印度。”[4]

的确，正如有学者总结的，印度自独立以来遵循独立自主和不结盟的对外政策很大程度上正是基于这样一种政治理念，即像印度这样幅员辽阔、历史悠久，并且具有极大发展潜力的国家，不能作为任何意识形态或权力集团的附属，而应该充当与美苏平起平坐的角色，至少也应获得同

① Jaswant Singh, “Against Nuclear Apartheid”, *Foreign Affairs*, September/October, 1998.

② 亢升：《印美关系的政治文化解读》，《当代亚太》2007 年第 5 期，第 55 页。

③ 郁龙余：《印度文化论》，重庆出版集团 2008 年版，第 2 页。

④ ［印］贾瓦哈拉尔·尼赫鲁著，齐文译：《印度的发现》，世界知识出版社 1956 年版，第 100 页。

中、法、英相同的政治地位。[①] 有学者曾指出印度就是利用“例外主义”来发挥其国际影响力，否则印度就是一个贫穷的虚弱的第三世界国家。[②] 核试验后印度领导人的讲话也体现出印度这种例外论。

事实上，美国学者对印度的例外主义也有清晰的认识，有美国学者写道：印度战略决策层中的理想主义和现实主义都认为，印度的古代伟大文明是它今日外交中的一项资本。[③] 但与此同时这位学者写道：在许多西方外交官看来，与印度打交道是令人头昏的事情。印度外交官傲慢的态度令人难以接受，他们总是在一些问题上教训英美同行，并大肆宣传印度政策的优越性以及印度文化的博大精深。[④] 的确，事实证明，印度例外论与美国例外论的相争在某种程度上决定了印美很难成为真正的朋友，两国在核领域的交往过程充满了猜疑和分歧也就不难理解了。

其二，印度核外交话语中依然可发现印度强烈的道德优越感。众所周知，在 1998 年之前，“道德楷模”而且赋予道德特殊力量是印度核外交话语的基本规范。正如有学者评价到，印度核外交一直经营着新德里作为全球核裁军的坚定斗士形象，而且这种形象很大程度上受到印度国内知识分子和广大中产阶级的支持，因为这种形象与他们心中的国家形象十分匹配。[⑤] 值得一提的是，尽管印度公开核试验在一定程度上表明印度不愿继续高举这面道德旗帜，但道德规范在印度的核话语中并没有完全消失。印度领导人多次强调印度核试验是不得已而为之，并表示：“印度将不会试图利用这些武器去攻击或者威胁任何国家，这些武器只用于自卫，确保印度不受外来核讹诈。”[⑥] 与此同时，印度强调继续将过去奉行的全面禁止核武器作为努力目标。1998 年 5 月 27 日，瓦杰帕伊总理在议会发言时表示：

---

① 亢升：《印美关系的政治文化解读》，《当代亚太》2007 年第 5 期，第 53 页。

② Priyanjali Malik, *India's Nuclear Debate: Exceptionalism and the Bomb*, Routledge India, 2010, p. 46.

③ ［美］斯蒂芬·科亨著，刘满贵等译：《大象和孔雀——解读印度大战略》，新华出版社 2002 年版，第 60 页。

④ 同上书，第 65 页。

⑤ Priyanjali Malik, *India's Nuclear Debate: Exceptionalism and the Bomb*, Routledge India, 2010, p. 1.

⑥ Ashley J. Tellis, *India's Emerging Nuclear Posture*, Santa Monica: CA, Rand Corporation, 2001, p. 266.

“我们领导人深知无核世界不仅将加强印度的安全，同时也将确保所有国家安全。因此，倡导裁军依然是我国对外政策重要的目标。”① 瓦杰帕伊还曾公开表示：“我们将继续与其他国家对话，展开合作，以实现一个完全没有大规模杀伤性武器威胁的和平世界。”② 的确，正如印度学者所评论的，鉴于国内充满杂音的民主，印度不能仅靠对实力的辩论赢得对外交政策创见的国内政治支持，印度继续需要用一系列价值观和原则为其在国际舞台上的行动寻找依据。③

其三，印度核外交话语是一种构建负责任核大国，并重塑印度国际形象的战略工具。印度领导人声称，印度核试验有助于给南亚带来和平，因为在这里出现了核威慑的局面，就像当年美苏之间的核威慑使美苏保持了和平一样。瓦杰帕伊总理还向国际社会表示：单方面暂停核试验，并准备使之成为一项法律义务；准备参加禁止生产与核武器有关的核裂变材料公约的谈判；在出口核和导弹相关技术及其他大规模毁伤武器方面施加严格的限制；提出与巴基斯坦以及其他国家商讨在双边或多边场合签署“不首先使用”协议。④ 这一系列表态无疑是为了消除国际社会对印度的恼怒和批评，从而展示印度作为负责任国家的形象。

其四，印度的核外交话语在一定程度上展现出印度自信心，并预示印度外交的政策转型。冷战结束以来，印度曾因政治上缺乏凝聚力、经济发展缓慢、普遍的贫困以及与周边邻国的关系紧张而处于被大国和国际社会忽视甚至轻视的状况。印度认为，国际社会没有把印度视为全球大国甚至是有分量的地区大国。显然，公开核试验让印度有了更多的自信心。瓦杰帕伊总理公开表示：“成千上万的印度人将此刻视为一个强大而自信的印度崛起的开端。我和他们拥有同样的见解和梦想。印度从未将军事实力视为衡量国力的根本标准，它是综合国力的一个必要组成部分。因此我想说

---

① Suo Motu Statement by Prime Minister Shri Atal Bihari Vajpayee in Parliament on May 27, 1998, accessed on April 16, 2010, < http://www.indianembassy.org/pic/pm-parliament.htm >.

② Wireless File (WF) issued by Public Affairs Office of the US Embassy, New Delhi. Hereafter referred to as WF and all dates indicate New Delhi date of issue. WF, March 22, 2000, p. 16.

③ C. Raja Mohan, *Crossing the Rubicon: The Shaping of India's New Foreign Policy*, New Delhi: Penguin/Viking, 2003, p. 27.

④ “PM's reply to Discussion in Rajva Sabha on Nuclear Tests (May 29, 1998)”, Strategic Digest, October 1998, pp. 1583 – 1585.

的是，核试爆伟大的意义在于它们赋予印度原始的力量、实力以及信心。”[①] 印度将自己看成一个拥有核武器的新兴大国，使其能够为本国利益与其他大国谈判和讨价还价。核试验和后博克兰外交在一定程度上使印度精英阶层改变了对外关系和外交的思维方式。正如印度学者写道：

> 无疑，在政治上挑战美国以及寻求和解的智慧为印度外交政策带来了新的自信。它驱赶了印度外交政策中的空虚口号，代之以实际行动。同时，对核问题的有效处理，促进了内部思想的一种平衡，即印度对外政策更倾向于现实主义和实用主义，从而结束了尼赫鲁主义和传统左翼国际主义居于主导地位的状况。[②]

的确，随着冷战后时期印度的迅速崛起，印度开始重新认知和定位自身在国家关系中的角色。在印度看来，“印度在任何领域都不再满足做一个旁观者；印度要让它的声音影响任何重大事件的结果；印度不仅与世界未来存在重大的利益关联，而且要在造就未来的过程中发挥作用”。[③]

诚然，面对这样一个日益自信的事实上的核武国家，作为现有国际核秩序主导国家的美国也不得不重新考量两国核关系，并做出相关政策调整来回应印度在核领域的例外论，重新考量印度在现有核秩序中的新身份以及回应印度新的利益诉求。正是在此背景下，印美核关系进行了再调整，印美两国在核领域的新互动模式也得以开启。

---

① A. B. Vajpayee, Interview with IndiaToday, May 25, 1998, <http://www.india-today.com/itoday/25051998/vajint.html>.

② C. Raja Mohan, *Crossing the Rubicon: The Shaping of India's New Foreign Policy*, New Delhi: Penguin/Viking, 2003, p. 27.

③ N. S. Sisodia and V. Krishanappa, eds. *Global Power Shifts and Strategic Trasition in Asia*, New Dehlhi: Academic Foundation, 2009, p. 20.

第三章
1998 年印度核试验后印美核关系再调整

印度公开核试验给印美关系带来冲击的同时，也给双边关系调整带来机会。事实上，印度核试验后不久，在双方正常交往渠道被关闭的情况下，印美便开始了悄悄的核对话。印美双方意识到在核问题上寻求减少分歧并增加相互理解的重要性，按照官方表述，这将有助于实现印美关系的所有潜能，并为地区和全球安全做出重要贡献。① 从克林顿政府时期贾斯万特·辛格与塔尔波特核对话到布什政府时期米什拉与赖斯对话，印美核对话一直持续进行。诚然，这种对话除了一轨道的官方对话外，也包括二轨道的非官方对话。尽管对话过程中双方围绕诸多问题有不同意见，但总体来说，印美的核对话增进了彼此的理解，促进了印美关系的改善。当然，印美核关系的调整受到多重因素的驱动，除了双方在核领域的互动增强之外，还受到其他因素的驱动，包括自身学习因素以及外部环境因素等。值得注意的是，尽管双方都有意调整核关系，并使其向更加积极和稳定的方向发展，但两国之间的矛盾分歧依然存在。在双方核对话的过程中，我们会发现美国在某种程度上依然存有维护国际核不扩散机制和美国全球安全利益方面的复杂的利益考量，印度同样有其自身利益考量，它在寻求合法核国家身份以及试图获取国际先进核技术的同时，也极力确保本国的核军备计划不受其损害。总之，印度核试验后印美核关系经历的一系列调整值得关注。

---

① "U. S. -India Relations: A Vision for the 21st Century", Joint U. S. -India Statement, Agra, India, March 21, 2000, <http://www.state.gov/www/global/human_rights/democracy/fs_000321_us_india.html>.

第一节　1998 年印度核试后印美核对话与核关系再调整

印度核试验后印美在核问题上的互动力度明显增强，展开了一系列的对话，双方就核不扩散、地区安全以及美国解除制裁等相关问题进行多次讨论。印美核对话的启动表明两国正试图为寻求一种稳定核关系而努力。

一、贾斯万特·辛格与塔尔波特对话

核试验后印度外长贾斯万特·辛格与美国副国务卿塔尔波特进行密集接触，1998 年和 1999 年两年期间一共进行了 12 轮会谈。会谈过程中，虽然印美两国在相关问题上依然存在明显的分歧，但正如塔尔波特所指出的，辛格和我开启的谈判是希望印美两国在那些基础问题上达成协议，即使不能解决分歧，我们也能更好地把握和处理它们。①

会谈中，双方表达各自立场，并试图获得对方理解。塔尔波特称美国并不是在不可放弃的政策目标上与印度做交易，并促使印度遵守联合国安理会第 1172 号决议的五点要求，即签署《全面禁止核试验条约》、加入《不扩散核武器条约》的谈判、加强对敏感技术和产品的出口限制、采纳防御性核政策以及开展对话、缓和紧张的印巴关系。② 辛格则竭力说服美国理解印度的国家安全顾虑。不过，印度在谈判过程中的立场也十分坚定，塔尔波特表示：“（印度政府的）策略就是要让美国从骄傲和愤怒中走向精疲力竭，然后无可奈何地放弃，最后接受它作为国际社会中一个负责任的、合法的核武器国家。”③ 诚然，印美两国在包括美国何时取消对印制裁、印度核计划发展的透明度、印度是否应该签署《全面禁止核试验条

① Strobe Talbott, *Engaging India, Diplomacy Democracy and Bomb*, Brookings Inst Pr, 2004, p. 4.

② Barbara Leitch LePoer ed., “India-Pakistan Nuclear Tests and U. S. Response”, *CRS Report*, November 24, 1998.

③ Strobe Talbott, *Engaging India, Diplomacy Democracy and Bomb*, Brookings Inst Pr, 2004.

约》以及“最低限度可靠核威慑”的具体界定等方面存在分歧。[①] 不过，这次会谈让双方都有所收获。

美国方面，有学者认为印美高层核对话让华盛顿产生了重要的认知，即消除和取消印度核武计划政策不是一个有效的战略，应取而代之美国重点寻求印度不要将核技术转移给其他国家。[②] 此外，美国意识到，不仅加强同印度在核问题上的合作符合美国的利益，而且在其他很多问题上，印度的合作对于美国实现许多问题上的战略目标都至关重要。美国民主党议员弗兰克·帕龙（Frank Pallone）开始致信克林顿建议取消世界银行对印度的制裁，称制裁没有任何效应，而且有损印美经贸关系。[③]

印度方面，通过会谈，印度也开始对美国尽快解除制裁并承认印度核大国的地位抱有希望。贾斯万特·辛格接受记者采访时表示："副国务卿塔尔波特与我讨论的结果是令人鼓舞的。印度应保持最低限度的核威慑力量已经得到认可，现在印美谈话中不再涉及任何取消核计划的提议。"[④] 当然，对印度而言，这次对话更加重要的意义在于，美国愿意在对等基础上处理印美核关系。印度的一位战略分析家指出，"核对话有助于改善印美双边关系，美国终于认真地对待印度，承认印度是崛起中的大国"。[⑤]

事实证明，印美核对话过程中，印美核关系也开始得到改善。尽管美国对印度实施的军事制裁没有立即解除，但美国已经开始调整针对印度的制裁政策。美国南亚事务助理国务卿卡尔·英德弗思（ Karl Inderfurth）很快就表示，美印之间的对话将在面向未来的最理性和安全的基础上考虑美印关系，美国针对印度的制裁会尽早取消，美印之间的相似点要比不同点重要得多。[⑥] 1998 年 7 月和 11 月，美国两次宣布取消部分制裁。1999 年 3

---

① 张力：《冷战后时期印度的外交与战略安全》，四川大学 2006 年博士学位论文，第 91 页。

② Ajai K Rai. , *India nuclear diplomacy after Pokhran* Ⅱ , Pearson Education India, 2009 , p. 19.

③ Sridhar Krishnaswami's despatch from Washington D. C. , "PallonAsks Clinton to Lift Sanctions", *The Hindu*, February 7 , 1999.

④ "Clarifying India's Nascent Nuclear Doctrine", <http://www.armscontrol.org/act/1999_12/jsde99>.

⑤ Rai, Ajai K. , *India nuclear diplomacy after Pokhran* Ⅱ , Pearson Education India, 2009, p. 14.

⑥ Chidanand Rajghatta, "American Sanctions Will Go Soon, Says Inderfurth", *The india Express*, Aug. 31 , 1998, <http://www.indianexpress.com/Storyold/49046/>.

月 31 日，美国国会十人代表团访问印度，并向印度暗示，美国国会正在考虑全部解除制裁。[①] 1999 年 10 月，美国能源部长比尔·理查森（Bill Richardon）访问印度，理查森还表示："尽管美国依然坚持相信印度没有核武器会更好，但美国意识到印度确认有这方面的需求。"[②] 2000 年，美国国务卿奥尔布赖特也强调美国没有把印度看作直接威胁，尽管核武器扩散问题仍旧是美国首要关心的问题。她还表示，"正因如此，印美两国在这一领域应该有所进展，这样才有利于印美两国关系的长远发展"。[③] 2000 年，塔尔波特则表示美国完全认同印度政府有权根据自身安全利益决定拥有何种武器和军备，以确保印度安全的最低需求。[④] 无疑，塔尔波特的发言为 2000 年克林顿印度之行做了舆论铺垫。

二、克林顿访印与瓦杰帕伊访美

印度核试验后不久印美高层领导就进行了互访，这些互动给印美之间核对话提供了机会。2000 年 3 月 22 日，克林顿总统对南亚进行了为期一周的访问，印美高层领导就核问题进行对话。

值得一提的是，印美高层核对话过程中，两国关于核问题的分歧依然存在。克林顿在印度议会发表讲演时呼吁印度签署《全面禁止核试验条约》，并尽快恢复与邻国巴基斯坦的对话，克林顿还一度称南亚为世界上最危险的地方。对此，印度总统纳拉亚南则表示不满，"有人说印度次大陆是当今世界上最危险的地方，克什米尔可能是核战爆发点，这些危言耸听的描述，只会鼓励那些试图破坏和平以及从事恐怖主义和暴力活力的人群"。[⑤] 此外，克林顿在讲演中要求印度从冷战期间"美国自身的经验"中吸取教训。他指出，当时美国和苏联进行的核竞赛造成了美国人力、物力

---

① The Hindu, April 1, 1999.

② K. P. Vijayalakshmi, "Evolution of Indo-US Civil Nuclear Cooperation", in Nalini Kant Jha, *Nuclear Synergy: Indo-U. S. Strategic Cooperation and Beyond*, New Delhi: Pentagon Press, 2009, p. 51.

③ "Text of Ms Albright's address to the Asia Society", New York, WF, March 15, 2000, p. 17.

④ "India Nuclear Chronology", NTI Report, December 2010, p. 119. http://www.nti.org/media/pdfs/india_nuclear.pdf?_=1316466791.

⑤ Naftali Bendavid & Uli Schmetzer, "India's Leader Rebukes Clinton", *Tribune Chicago*, March 22, 2000.

的巨大浪费，阻碍了美国经济的发展。[①] 不过，印度总理瓦杰帕伊在随后发表的讲话中则为印度的核武器发展计划辩解。他说，“半个世纪来，印度一直谋求通过全球裁军来实现国际和平与安全，现在仍致力于建立一个没有核武器的世界。但是，核武器和导弹却在继续扩散。印度决定保持最低限度的、可靠的核威慑是出于对现实自身安全的评估。印度的防务态势一直是防御性的，印度将继续执行克制和负责任的传统政策。”[②]

诚然，印美之间的对话充满矛盾与分歧，不过，正如瓦杰帕伊接受记者采访时所表示的，“我和克林顿总统就裁军和大规模杀伤性武器不扩散问题进行了坦诚对话，这是两国在这些问题上取得的进展，它增强了彼此相互了解”。[③] 印美发表的联合声明中也指出：美国和印度都承诺减少并最终消除核武器，但双方在如何达成这个共同目标上有不同意见。尽管如此，印度和美国准备共同努力并避免核武器及其发射装置的扩散，为此我们将坚持和建立进行中的建设性双边对话。[④]

2000 年 9 月，印度总理瓦杰帕伊对美国进行回访，并声称印美之间是天然盟友。印美两国也开始在反恐、联合国维和方面进行积极的合作。作为回报，美国开始放松对印度的经济制裁，部分恢复了对印度武器装备零部件的供应和同印度的军事交往。2000 年 5 月，美国负责南亚事务的助理国务卿卡尔·英德弗思指出，如果印度同意签署 CTBT，美国会建议八国集团立刻取消对印度的经济制裁。事实上，美国 2000 年度的国防拨款法案授权总统放弃对印巴的经济制裁，前提是印巴不在该法案生效后再爆炸核装置。2000 年 10 月，克林顿政府再度取消 51 项对印制裁措施。

---

① “Remarks by the President to the India Joint Session of Parliament”, <http://pib.nic.in/archieve/indous/indouspr8.html>.

② “Vajpayee Reply to the President Address to Parliament”, http://www.acronym.org.uk/spvisit.htm.

③ Wireless File (WF) issued by Public Affairs Office of the US Embassy, New Delhi. Hereafter referred to as WF and all dates indicate New Delhi date of issue. WF, March 22, 2000, p. 16.

④ “U.S.-India Relations: A Vision for the 21st Century”, Joint U.S.-India Statement, Agra, India, March 21, 2000, <http://www.state.gov/www/global/human_rights/democracy/fs_000321_us_india.html>.

三、米什拉与赖斯对话

克林顿政府任期内印美两国核关系并没有彻底走出印度公开核试验的阴影，两国在核领域矛盾依旧。克林顿政府迫于核不扩散院外集团的压力，坚持认为印度须履行一系列核义务，自 1974 年和 1998 年核试验之后对印度实施的部分制裁仍然有效。不过，印美核对话一直在继续，无论是官方还是民间。

布什政府上台后，印美核关系调整的步伐加快。2001 年 2 月 2 日，美国决定恢复向印度出口军用直升机配件。2001 年 4 月 4 日，美国国会通过了一项旨在解除对印度制裁的议案。2001 年 8 月，美国国务院再次表示将取消对印施行的各种经济制裁。

当然，印度方面也有所行动，例如印度对美国国家导弹防御计划表示理解。事实上，印度对于美国推行的导弹防御系统计划一开始是持批评态度的，在印度看来，美国国家导弹防御系统会破坏全球的军事平衡，将引发新一轮的军备竞赛。[①] 不过，2001 年印度表示支持美国关于导弹防御的计划。按照印度官方表述，印度欢迎美国结束冷战遗留遗产的行为，表示希望与由相互确保摧毁战略导致的敌意世界决裂。[②] 印度的谨慎支持自然获得美国的赏识，对于印美关系的改善起到积极作用。

值得一提的是，2001 年“9・11”事件后印美之间进行积极互动，这也给印美核关系调整带来机会。“9・11”事件后美国商务部很快修改原来禁止向印巴出口核以及导弹相关两用物品的实物清单，并取消了原来出口管制规定中对印巴实行的否定政策，只需申请许可证即可再行出口相关物品。2002 年初，美国彻底取消对印经济制裁。2002 年美国发布的《国家安全战略报告》中将印度称为与美国有着共同战略利益的崛起中的世界大国，美国将“尽一切可能与印度建立强有力的双边关系，努力使其关系有

---

① 李洪波、周艳：《印度导弹防御计划与南亚地区安全》，《南亚研究》2009 年第 4 期，第 85 页。

② Rajesh M. Basrur, “Missile Defense and South Asia: An Indian Perspective”, <http://www.stimson.org/images/uploads/research-pdfs/SABMDBasrur.pdf>.

相应的变化”。[①]

从 2003 年 7 月底开始，印美开始对话寻求在核以及太空合作方面发展和扩大合作，还进行了核安全与管制方面的信息交流。[②] 2003 年 3 月，美国国务卿赖斯（Condoleezza Rice）回答印度记者关于是否可能向印度“销售和转让民用核技术”的问题时表示，美国愿意就印美关系中的任何问题（包括‘扩散担忧’）进行探讨。[③] 2004 年 1 月，印美达成“战略伙伴关系后续步骤”，美国承诺在空间技术、高科技项目、导弹防御和民用核技术等领域与印度进行合作。2005 年，美国能源部（DOE）与印度计划委员会进行了“美印能源对话”，并组建双方核合作工作小组。[④]随后，印美展开了一度引起国际社会高度关注的民用核能合作谈判。（下一章节将对该谈判进行详细探析，在此不再详述）。

第二节　印美关于核问题的二轨道交流

上文中的印美核对话主要侧重两国政府间的官方交流。事实上，官方对话并非印美核问题互动的全部内容，一些非国家行为体实际上也参与对话，尤其是专家学者之间开展的军备控制的学术交流。鉴于专家们可能对政府决策以及大众舆论产生影响，所以这种二轨道互动在某种程度上对印美核关系调整发挥着催化作用。冷战结束后，印美关于核问题的二轨道交流十分频繁，印度核试验后双方在核问题上的二轨道交流互动力度更是明显增强。

冷战结束后，印美双方都意识到核不扩散分歧对印美关系的负面影响，双方十分重视二轨道交流。例如，1993 年美国宾夕法尼亚大学印度高级研究中心与印度外交部联合举办一次大型学术研讨会，双方政策分析家

---

① Cherian Samuel, “Indo_ US Defence Cooperation and the Emerging Strategic Relationship”, *Strategic Analysis*, Vol. 31, No. 2, March2007, p. 218.

② 《美印全面核合作以及由此引发的思考》，《国外核新闻》2005 年第 8 期。

③ 《美国考虑就开展更多核贸易问题与印度对话》，《国外核新闻》2005 年第 5 期。

④ 《美印全面核合作以及由此引发的思考》，《国外核新闻》2005 年第 8 期。

和科学专家齐聚一堂探析两国在核扩散问题上和解的可能性。[①] 除此之外，双方学者就印美关系、南亚地区安全等主题举行多场对话，两国相关智库还建立了定期对话机制。

印度公开核试验后，印美围绕核问题的二轨道交流更加频繁。印度方面，公开核试验后，印度采取了一切必要的措施展开对美核外交，向美国政府以及广大市民表明印度的安全关切，这其中就包括非官方的第二轨道外交。印度政府派出许多个人代表前往华盛顿开展游说外交，包括前外交官、智囊团、美国商界人士和学术界人士。据透露，这一举措在帮助澄清印度的立场方面有很大帮助。[②] 此后，在印美民用核能谈判期间，印度辛格政府也组织了印度外交官、印度裔美国人、企业界和美国社会各界人士构成的强大游说集团开展对美国国会游说外交。美国方面，许多研究机构，如布鲁金斯学会、卡内基国际和平基金会、兰德公司、史汀生中心、战略与国际研究中心、佐治亚大学国际贸易和安全中心、斯坦福大学国际安全中心、蒙特雷研究所举办了数场学术交流研讨会。

此外，印美智库关于核不扩散问题的交流也日渐频繁，2008 年 9 月印度和平与冲突研究所、印度国际研究中心、美国海军研究院当代冲突研究中心以及美国国防威胁降低局共同举办“印美战略伙伴关系”研讨会，其中就有专门板块探讨“全球核环境与地区核实力”。[③] 此次研讨会期间正值印美民用核能合作协议获得通过，会议还专门就未来协议的执行以及对全球核制度的影响等问题进行讨论。值得一提的是，目前印美智库之间的交流还逐渐实现了机制化和长期化。

---

① Francine R. Frankel, *Bridging the Nonproliferation Divide*: *The United States & India*, Konark, 1995.

② 这些代表印度前驻美大使 K. S. Bajpai、外交官 J. N. Dixit、前外交部长 S. K. 辛格、战略分析家 C. Raja Mohan 博士、国防战略分析所 C. 乌代巴斯卡尔准将等。参见 Bhabani Mishra, “Post-1998 track II diplomacy between India and the USA: An Indian perspective”, *Strategic Analysis*, Volume 28, Issue 1, 2004。

③ “Conference Report U. S. -India Strategic Cooperation in South Asia: A Track II Dialogue”, <http://www.nps.edu/Academics/SIGS/ccc/conferences/recent/2009IndiaTrackIIMar09_rpt.html>.

1. 印度的国防战略研究所与美国国防大学战略对话（IDSA-NDU Strategic Dialogue）

印度的国防战略研究所是印度国内一所具有官方背景的知名智库，而美国国防大学则直接隶属于美国参谋长联席会议，是美国最高的综合性军事学府。这两所机构的对话交流历史悠久，最早始于 1989 年。[①] 这种交流实际是在印度外交部牵引之下的非官方对话。双方对话开始以来已经进行了八次会议，讨论主题围绕军备控制、核不扩散、地区安全、全球秩序、印度的“东向政策”以及印巴关系等等，其中军备控制和核不扩散主题是重中之重。1998 年印度核试验曾让双方对话一度中断，但 2002 年后得到恢复。近年来，双方对话的重要性不如从前，但双方围绕核问题尤其是核风险控制方面的探讨还是有成果的。

2. 美国国家科学院与印度班加罗尔国家高级研究所对话（NIAS-US-NAS Dialogue）

这一对话进程始于 1999 年，双方对话的关注重点是相关技术问题，比如钍的利用以及印度的核科学方面的影响和技术潜力等。当然双方对话也涉及《核裂变物质禁产条约》、《全面禁止核试验条约》等方面的讨论。[②] 但据报道，双方在对话过程中避免对《不扩散核武器条约》的讨论，也很少涉及印美双边关系以及战略层面讨论。

3. 印度和平冲突研究所与美国布鲁金斯学会对话（IPCS-BI Dialogue）

印度和平冲突研究所与美国布鲁金斯学会定期对话交流始于 2000 年。双方负责人分别为印度和平冲突所核问题研究专家 P. R. 查瑞以及布鲁金斯南亚问题专家 S. 科亨。两机构合作十分频繁，联合举办了一系列对话，话题较广，其中核不扩散问题是关注重点。双方联合出版的研究专著《四次危机与一次和平进程》（Four Crises and a Peace Process：American En-

---

① Bhabani Mishra, “Post - 1998 track II diplomacy between India and the USA：An Indian perspective”, *Strategic Analysis*, Volume 28, Issue 1, 2004.

② Ibid.

gagement in South Asia，2007）正是双方对话成果的反映。①

4. 美国战略与国际研究中心和核威胁倡议协会联合工作组（CSIS-NTI Work Group）

2009 年由美国战略与国际研究中心和核威胁倡议协会共同发起成立一个工作组。据报道，该工作组的宗旨是意在探求一种可行的途径将印度纳入国际核不扩散机制，并试图搭建印美两国就核不扩散问题进行沟通理解的桥梁。该小组成员包括来自印度与美国的核事务和外交政策专家。② 目前，工作组已就防扩散等问题进行多轮讨论。工作组建议美国政府同意将印度纳入四个防扩散出口控制组织（核供应国集团、导弹及其技术控制制度、瓦瑟纳尔安排、澳大利亚集团），并主动与出口控制组织的其他成员进行磋商，以使印度可能迅速加入。③ 另外，工作组建议印度积极考虑防扩散安全倡议（PSI），并宣传印度遵循这些建议政策的好处。④

总体来说，印美双方关于核不扩散问题的二轨道交流渠道畅通，形式也多样化，而且许多渠道的交流已经逐步机制化。双方交流的主体包括研究机构、非政府组织、大学、个人（美国卡内基国际和平基金会南亚项目和核武器项目多次举办相关对话，并邀请印度专家参与）。无疑，这些民间二轨道对话为印美双方就敏感问题进行讨论提供了机会和场所。双方专

---

① Chari，P. R. & Pervaiz Iqbal Cheema & Stephen P. Cohen，*Four Crises and a Peace Process：American Engagement in South Asia*，Brookings Institution Press，2007.

② "Working Group on an Expanded Nonproliferation System"，*NTI News*，Jan5，2012，<http：//www. nti. org/about/projects/working-group-expanded-nonproliferation-system/>，美方代表包括 Joan Rohlfing（核威胁倡议总裁）、Teresita C. Schaffer（美国战略与国际问题研究中心南亚项目主任、前国务院南亚事务局长副助理）、沃尔特·安德森（美国约翰霍普金斯大学高级国际研究学院、前国务院官员）、丽莎·柯蒂斯（传统基金会高级研究员）、斯科特·萨冈、卡罗琳·芒罗（斯坦福大学国际安全与合作中心主任）；印方代表包括 P. R. Chari（印度和平冲突研究所高级研究员）、Lalit Mansingh（前印度外交秘书以及前印度驻美大使）、C. Raja Mohan（《印度快报》战略事务主编）、Lt. General （R） V. Raghavan（德里政策集团主任）、K. C. Singh（前印度外交秘书）、T. P. Sreenivasan（印度前驻国际原子能机构代表）、M. R. Srinivasan（印度前原子能委员会主席）。

③ "India's Integration into an Expanded Nonproliferation System"，*NTI News*，June 30，2010，<http：//csis. org/press/press-release/indias-integration-expanded-nonproliferation-system>.

④ "Working Group on an Expanded Nonproliferation System"，*NTI News*，Jan5，2012，<http：//www. nti. org/about/projects/working-group-expanded-nonproliferation-system/>.

家在谈判之外进行接触和讨论，了解到对方政府、民间立场，有助于了解对方国家相关政策背后的实际含义，为政府提供决策，针对技术问题提出解决方案。

毋庸置疑，印美关于核问题的二轨道交流对印美核关系改善有一定的促进作用。不过，值得注意的是，印美民间对话过程中双方分歧同样存在，正如印度知名战略家 C. R. 莫汉所说，有时参与讨论的学者会发现很难说服他们的对话者。从下面这份学术研讨会记录就可以看出双方在一些问题上的不同理解：①

> 在防扩散方面，印度专家强调，目前的国际核制度存在诸多不足。印度小组成员批评《不扩散核武器条约》（NPT）、《全面禁止核试验条约》（CTBT）以及《裂变物质禁产条约》（FMCT）。印度代表戈塞大使指出，印度不可能签署《全面禁止核试验条约》，除非美国和中国首先批准它。对此，一位美国学者评论说，总统候选人（奥巴马）可能会批准《全面禁止核试验条约》，所以印度政府需要开始认真思考该条约。
>
> 大多数的印度官员和学者认为《不扩散核武器条约》遭到破坏，无法修复，应该不再被视为世界核秩序的基础。几个美国的发言者反驳说，《民用核能合作协议》是应该加强“不扩散核武器条约”制度，而不是削弱它，应增加条约和国际原子能机构的合法性和有效性。印度不应该破坏“不扩散核武器条约”制度。一位美国与会者警告说，“让不扩散核武器条约土崩瓦解……这是印度的利益”，并表示印度领导人应将他们的注意力和精力用于加强机制而不是让其瓦解。②

---

① “Conference Report U. S. -India Strategic Cooperation in South Asia：A Track II Dialogue”，<http：//www. nps. edu/ Academics/SIGS/ ccc/ conferences/ recent/ 2009IndiaTrackIIMar09_ rpt. html>.

② Ibid.

第三节　印美核关系调整动因——外部环境因素

核试验后两国强化在该领域的互动为两国核关系调整创造了机会，但是两国关系调整过程中的外部环境因素不可忽视。例如 2001 年“9·11”事件发生后，一些学者甚至认为正是“9·11”事件发生，美国出于反恐的需要才彻底取消对印巴 1998 年核试验之后施行的各种经济制裁。此外，印太地区地缘政治环境新变化也给印美关系的改善带来机会，从而给两国解决核问题创造了条件。的确，外部环境因素在印美核关系新一轮调整过程中扮演重要角色，基本来说可算是发挥了积极作用。而且值得一提的是，印美核关系新一轮调整与印美双边整体关系的调整紧紧相连。

必须承认，“9·11”事件的发生为印美核关系调整提供了机会。“9·11”事件后美国将全球战略的重点转向反恐，在此背景下，也开始重新思考其南亚政策。正如有学者提到反恐战略的要求使美国的安全利益与南亚局势产生关联。[①] 南亚，尤其是巴基斯坦在美国全球战略计划中的地位迅速提高。美国开始再次重视巴基斯坦——这一拥有独特地缘的、在伊斯兰世界有重要影响的，以及与阿富汗塔利班政权有特殊联系的南亚国家。[②] 对于印度，尽管它不能够像巴基斯坦那样向美国提供后勤支援，但美国政府认为印度在某种程度上也能够在阿富汗发挥稳定作用。美国反恐战略需要印巴两国的支持，这一点在很大程度上促使美国取消了对印巴的各种经济制裁。

诚然，印美两国在关于反恐问题上的认知和利益诉求不尽相同，但印度在某种程度上表现出来的对美国反恐的支持，确实给了美国一个很好的理由迅速彻底地取消对印度的各种经济制裁。“9·11”事件发生后不久，印度就开始向美国提出合作意向。时任印度外长表示，在美国采取对塔利班报复性打击的过程中，印度愿意提供“最充分的合作”，其中包括提供

① 张力:《“9·11”事件后美国反恐战略对南亚安全格局的影响》,《四川大学学报（哲学社会科学版）》2006 年第 6 期，第 23 页。

② 同上。

相关情报、后勤支援及军事设施。[①] 印度还派外长和国家安全事务顾问双双赴美，以期进一步拉近印美关系。不仅如此，“9·11”事件后印度海军在“持久自由行动”期间主动承担马六甲海峡一带的巡航任务，为进出海峡的美国船只护航；印度还向美国的反恐军事行动提供港口以补充燃料和给养。[②] 此外，尽管印度拒绝了美国的向战后的伊拉克派遣维和武装部队的建议，但印度政府还是在多个场合表示愿意向伊拉克提供医药、医疗卫生、教育培训、通信以及其他基础设施方面的援助。美国将印度仍然视作重要的战略合作伙伴。印美两国还成立了反恐联合工作小组，并举行了多轮会谈。

此外，亚太地区形势新变化也是印美关系调整的重要外部因素，尤其是该地区的力量对比及政治安全环境变化，它不仅强化了两国调整双边关系的决策思维，还在很大程度上也坚定了两国解决双边关系中核问题的决心。美国方面的这种决策思维转变在克林顿执政时期就开始有所表现，尤其是后时期。2000 年克林顿访问印度时，就同印度签署了《印美关系：21 世纪展望》联合声明，双方同意建立一种“持久的、政治上有建设性的、经济上有效益的”新型伙伴关系。但布什政府时期这种表现更为明显了，美国试图将印度塑造为亚洲的战略伙伴，并公开宣称美国将“帮助印度成为 21 世纪的全球大国”，[③] 强调与新德里在安全、军事防务、经济等多个领域开展合作。时任美国国家安全事务顾问赖斯表示，“无论是从经济还是政治上，印度都将成为一支独特的力量”，“如果与印度建立更广泛的联系，地区安全问题就会得到更好的解决”。[④] 2005 年 3 月，美国国务卿赖斯出访亚洲，将印度作为出访第一站。2005 年两国签署了《美印国防合作新框架》，美国给予了印度一系列“准盟友”待遇。[⑤] 2006 年 3 月，布什总统

---

① 陆迪民：《论巴基斯坦外交中的联盟战略——以与美国反恐联盟为例》，《南亚研究季刊》2007 年第 4 期，第 36 页。

② 张力：《“9 ·11”事件后美国反恐战略对南亚安全格局的影响》，《四川大学学报（哲学社会科学版）》2006 年第 6 期，第 24 页。

③ “U. S. -India Relationship to Reach New Heights”，<http：//www. indianembassy. org/India_media>.

④ 马加力：《“9·11”事件后美国南亚政策的变化》，《南亚研究》2001 年第 2 期，第 3 页。

⑤ 根据这份文件，美国给予印度一系列“准盟友”的待遇：联合生产先进武器、加强在导弹防御领域的合作、解除对印出口敏感军事技术的禁令。马加力：《曼莫汉·辛格的美国之行与印美关系》，《和平与发展》2005 年第 4 期。

亲自访问印度，双方在政治、军事、经济和高科技领域达成一系列协议，特别是核合作协议，显示出美国对印度的格外垂青。

随后，在奥巴马政府时期，尽管一开始美国对印度有所冷落，但是随着美国重返亚太战略出台，奥巴马对于印美关系的重视程度迅速提升。奥巴马成为目前唯一一位任内两度访印的美国总统，也是历史上首位受邀参加印度国庆活动的美国总统。2015年1月奥巴马访问印度期间，称美印两国不仅仅是"天然伙伴"（Natural Partner），也是"最佳伙伴"（Best Partner），①并表示支持印度加大亚洲角色。印美两国还公布了《美印亚太和印度洋地区联合战略展望》，进一步深化双方战略关系。对奥巴马政府来说，印度是美国亚太再平衡战略不可或缺的组成部分。美国副总统拜登在印美核协议签署十周年纪念活动中表示，"我们正在努力使这一设想变成现实"。印美双方关系改善也带动了两国核关系的调整，更是推动了双方核能合作。美国核军控专家约瑟夫·奇林乔内（Joseph Cirincione）认为：印美核能合作实际上表明了美国关于21世纪地缘政治战略的意图，尤其是布什政府应对其他大国的构想，即如果构建同盟以反对其他大国，那印度作为核国家比作为非核国家的价值更大。②

同样，印度方面也认识到了印美关系的重要性，印度领导人早已将对美国外交视作印度印太地区平衡外交的重要一环。在印度看来，美国作为世界上唯一的超级大国，在帮助印度争取进入世界大国体系过程中能发挥重要作用。在印度独立之初，印度总理尼赫鲁就明确提出，"不能把印度与巴基斯坦等量齐观，而应把印度与美国、苏联和中国相提并论"。③ 众所周知，冷战后印度失去了苏联的援助，美国成为世界上唯一的超级大国，拥有强劲的经济实力和世界上最强大的军事力量，印度开始向美国靠拢，希望通过全方位提升与美国的关系以满足其国家利益。④ 随着印度综合国

---

① "Obama: US and India can be 'best pantner'", BBC News, January 27, 2015, <http://www.bbc.com/news/world-asia-india-30995988>.

② Howard La Franchi, "Why US is shifting nuclear stand with India", July 20, 2005, <http://www.csmonitor.com/2005/0720>.

③ V. M. Hewitt, *The International Politics of South Asia*, Manchester University Press, 1992, p. 195.

④ S. S. Mehta, *Launching India into 21st Century*, Minerva Press, New Delhi, 1999, p. 115.

力的不断提升，其对大国地位的渴望也日益迫切。在印度的战略思维中，拥有核武器与确立大国地位之间的关系相当微妙。①

值得一提的是，印度为改善对美关系，甚至在一些问题上舍弃了原有立场。例如2001年印度支持美国单方面废除《反导协议》和推进国家导弹防御系统（NMD）。2005年印度还曾追随美国与西方国家在伊朗问题上投了赞成票。对印度来说，与美国结成战略合作伙伴关系符合自身多方利益考量：经济方面，美国拥有雄厚资金技术与市场，可以帮助印度发展基础设施以及高端技术产业，缓解不断增长的能源需求；军事方面，印度也期待能向美国购买重要军备、进口先进军事技术用以全面提升武器防卫系统，这将有助于印度实现军事现代化；战略方面，印度可以加强同美国关系，确保自身新时期印太地区战略中的存在和优势。实践来看，印度核试验后美国可谓一直是印度外交经营的重点，从总理瓦杰帕伊到辛格再到莫迪都强调与美国在亚太地区积极互动，不仅如此，印度与美国盟友的互动也更为频繁。

总之，国际政治和地区安全格局的变动在某种程度上为印美关系调整发挥了积极的催化作用。在此背景下，两国积极处理核问题，消除两国关系负面因素也就有了正当理由。

第四节　印美核关系调整动因——社会学习因素

诚然，国家很可能因外部因素的变化而改变自己的外交政策，但也可能因对政策目标看法、信念的变化而改变政策，即“学习—政策变化”，这种变化往往比前种变化更加深刻和持久。事实上，印美核对话过程中双方各自的社会学习也是印美核关系调整的重要原因。这种学习既有两国对历史经验，包括杰维斯提到的“国际关系史的重大事件”的学习，也包括双方对新的信息或者知识的学习。②

① 郭倪：《印美关系中的核因素》，四川大学2008年硕士学位论文，第17页。

② 参见章节根：《印度的核战略》，复旦大学2007年博士学位论文，第162页。作者对国际关系中的学习理论进行了梳理，在此基础上进行了分类。本文借用了这种分类。

一、美国方面的学习

首先，美国从过去政策反思中的学习特别值得注意，例如印度核试验后美国意识到印度的核军备化进程事实上已不可逆转。赖斯就曾表示，美国过去对印度的核不扩散政策没有达到预期目的，美国既没有限制印度核武器发展，也没有阻止印度和巴基斯坦两国 1998 年公开核武化，美国政策在缓解该地区紧张局势方面影响甚微。[①] 美国这种反思也体现在许多学者文献中。S. 科亨就写道："在 20 世纪 90 年代，美国由于没能清楚地认识印度在各方面的能力与实力而付出了代价。一个看上去似乎没有什么了不起的印度（至少在华盛顿政权看来是这样的）卷入了两场重大的地区争端，爆炸了几个核装置（引起巴基斯坦也跟着仿效），阻碍了美国的全球核不扩散战略。"[②] 理查德·哈斯（Richard Haass）经过调查指出美国制裁印度达不到自己的目的。他还指出，经济制裁正被越来越多地用于实现美国的外交政策目标，但是大多数情况下，制裁更多地是损害美国的经济利益而没有改变目标国的行为。[③]

另外，亲眼目睹和亲身经历的事件对美国决策者也产生了影响。首先，印巴核武化后南亚地区安全形势发展在一定程度上影响了美国的决策。一直以来，美国担心印巴两国迈过"核门槛"后，南亚地区可能成为核威慑失败，从而导致核武器使用的地区。但从 1998 年南亚核危机，到之后的 1999 年卡吉尔冲突，再到后来的 2001—2002 年印巴危机，南亚核对峙让世界担心，但这些冲突最终都未能演变成一场核冲突。另外，印度在历次危机中保持相对克制的行为以及印度声称"不首先使用"核武器，这些都在一定程度上改变了美国原有的决策思维。美国已基本默许印度拥有"最低限度核威慑"的能力。另外，"9·11"事件后，美国对核军控的强调重点有所改变，并认识到印美在核问题上存在一些重要的共同利益，例

① Condoleezza Rice, "Remarks of Secretary of State Condoleezza Rice at the Senate Foreign Relation Committee On the U. S. - India Civil Nuclear Cooperation Initiative", April 5, 2006, <http://foreign.senate.gov/testimony/2006/RiceTestimony060405.pdf>.

② Stephen P Cohen, *India: Emerging Power*, Brookings Institution Press, 2002, p. 2.

③ "Sanctions Need To Be Rethought", <http://www.outlookindia.com/article.aspx?206285>.

如不向无核国家输出核技术和核原料。在美国看来，虽然印度对现有核制度鲜有认同，而且多有抱怨，但印度至少在核武横向扩散方面的记录是良好的。正因如此，美国甚至支持重组国际核机制，帮助印度参与该机制的运作，而不再只将印度看作受控对象。此外，印度在经济上的快速发展与其他南亚国家内部动乱纷争、经济与社会发展停滞不前形成了鲜明对照，特别是阿富汗－巴基斯坦地区，始终面对伊斯兰极端主义控制的威胁，印度似乎成为南亚地区一个积极的参照系。[①] 对于美国来说，一个更加安全的印度将意味着它在南亚有一个更加稳定的伙伴，亚洲的局势将更无危险。

二、印度方面的学习

同样，印度从过去政策反思中的学习值得关注。冷战结束后印度重新思考过去的外交，印度决策者认识到印美关系的重要性。美国作为世界上唯一的超级大国，是印度渴望进入世界大国体系的最大资源。1998 年 5 月核试验给印美关系产生较大的负面影响，印度意识到有必要协调印美在核问题上的分歧，积极参加印美核对话，期待改善印度与美国的关系。事实上，冷战后印度国内对美国的评价也发生了一些积极变化，印度国内政治领导层、战略圈、企业界和公众舆论逐渐用正面的眼光看待、评估美国的全球战略。根据佩尤全球态度调查 2006 年的调查结果：70% 印度人相信近年来印美关系已经得到改善，而这些人中有超过 91% 的人认为美印关系的改善是一件好事。[②]

亲历学习同样对印度的决策产生了影响。事实上，通过核试后的印美多轮对话，印度已经意识到美国的原有强硬立场有所软化。美国也逐步解除对印度的相关制裁，调整对印政策。在印度看来，美国也开始认真对待印度，帮助印度摆脱核孤立状态。[③] 另外，印度从现有国际规范中的学习

---

① 赵干城：《南亚地区安全的大国博弈》，《亚非纵横》2010 年第 2 期，第 4 页。

② "Most Indians Think Improving Relations with US is a Good Thing, Pew Global Attitudes Project Spring 2006 Survey of Six Nations", A summary of the findings as officially released by Pew, < US-India Friendship. Net >.

③ 赵干城：《南亚地区安全的大国博弈》，《亚非纵横》2010 年第 2 期，第 4 页。

不可忽视。印度一直以来由于各种原因处在国际核不扩散机制外，拒绝接受国际军控条约，但也意识到核武器扩散对国际和平和安全造成的严重威胁，随着大规模杀伤性武器技术的发展和非国家行为体活动范围的扩大，国际社会防止此类威胁的责任势必也要扩大，印度也有必要在兼顾国家安全与国际安全的平衡方面做出调整。2005 年 7 月印美签署的民用核能合作协议似乎让印度看到这种希望，即为协调印度实际拥有的核地位与现有国际核机制的内在冲突提供了可能，因此即便国内依然面对各种阻力，印度最后还是与美国达成了核协议。

事实证明，善于学习和反思为印美核关系走出印度核试验后的困境提供了内在动力。当然，必须承认，学习过程并不必然从根本上否定原有的东西，历史的经验有时能够强化先前的某种认知结构和行为模式，在核对话过程中印美双方有时对自身原有的立场态度坚定，2005 年印美围绕民用核合作协议展开的艰难博弈就是很好的证明。

第五节　关于印美核关系调整之中国因素的解读

印美核关系中的中国因素历来备受人们关注，正如上文中所提到的印度核试验后对美核外交中就使用了中国牌，印度总理瓦杰帕伊致信美国总统，声称中国的威胁是印度核试验的原因。很明显，印度此举利用美国有意扶持印度作为抗衡中国的筹码的倾向，巧打中国牌。事实证明，印度巧打中国牌确实符合美国决策思维中拉印制衡中国的战略考量。虽然美国没有公开表示接受印度的理由，但中国威胁论在某种程度上为美国接受印度为事实上的核武国家提供了理由。

必须承认，印度寻求核武化的确有防范中国的意图。尽管冷战后时期中印两国关系有所改善，尤其是经贸互动加强，但中印边界问题仍然没有完全解决，双方对彼此的战略意图深怀猜疑，印度国内的中国威胁论并未消除。印度的一位防务专家曾写道："只有在印度具备部署核导弹的能力时，印度才能对中国保持 '遏制' 姿态，其最大的好处是在同中国谈判解决边界纠纷时，中国的核弹不能再使我们屈从不利地位。”[①] 印度认为，只有具备了与中国相称的核威慑能力后，印度才能充分发挥在中印边境已取得的常规优势的威慑效果。除了双边边境安全问题，两国在其他方面的竞争也很明显，包括国际地位以及地区影响力竞争。自 20 世纪 70 年代中国实施改革开放以来，中国的发展速度超过了印度，印度对中国国际地位的提高既心存羡慕和妒忌，也深表担忧与不安。印度担心中国可能会利用自身优势在周边地区谋求更多的政治和战略利益。所有这些因素都在一定程度上促使印度发展自己真正的核威慑力，对中国进行防范。印度也渴望强化同美国的关系，以达到平衡中国影响力的目的。值得一提的是，印度核试验后中国威胁论在印度的主流安全话语中并没有消失。印度一直将中国视为威胁，尤其是在地区安全方面。印度历年来的年度外交和国防报告几乎都提中国威胁论。印裔美国资深学者特里斯提到，印度期待强化与美关系，并很大程度上将增进与美国的关系视作支撑自己防御态势的关键。

诚然，对美国来说，与印度建立更深入的关系也十分切合美国加强亚太地区存在和影响力的战略目标。正如有美国学者写道，在美国设法培养一股能抗衡中国的稳固地区势力之时，作为全世界最大的民主国家，印度对美国来说是个特别吸引人的伙伴。美国希望通过鼓励印度在地区扮演更积极的政治和经济角色，与印度构建牢固的战略关系。为协助印度履行这种角色，华盛顿应该继续与新德里加强军事关系，推进防务贸易关系。虽然印度的核武化不符合美国防核不扩散的全球利益，但是美国似乎在某种程度上愿意以核问题上的让步来换取印度可能带来的其他战略利益。[②]

印美民用核能合作与中国的战略关联也激发了人们对印美核关系的中国因素的关注，专家学者们也就此进行多种解读。的确，新世纪以来，美印关系中的中国因素日渐明显。不过，鉴于两国战略中自身利益的考量以及两国战略文化，印美双方合作成为制衡中国战略同盟的决心和诚意依然值得观察。

---

① 曹永胜等著：《南亚大象：印度军事战略发展与现状》，解放军出版社 2002 年版，第 190 页。

② Lisa Curtis，“U. S. -India Relations：The China Factor”，November 25，2008，<http：//www. heritage. org/research/reports/2008/11/us-india-relations-the-china-factor>.

自印美开启民用核能谈判伊始，不少学者就认为印美开展核能合作与中国存在着直接或潜在的战略关联。比如中国学者张贵洪的《国际核不扩散体系面临的挑战及发展趋势》一文指出，美国不惜修改国内法律和国际规则，与没有参加 NPT 且拥有了核武器的印度开展民用核合作，除了经济和商业利益，恐怕也有利用印度制约中国的考虑。[①] 中国学者赵品宇的《不扩散政策的深层悖论——以美印核关系为案例》也指出，地缘政治上的现实利益是美国推动美印核合作，并大幅提升美印关系的深层动力，力图通过印度的制衡防止中国因其实力迅速增长而最终主导亚洲的局面。[②] 另外，中国媒体刊登的文章《美国极力拉拢印度共同防范中国》也指出：

> 2006 年 3 月，布什总统访印时两国正式签署了民用核技术合作协议，美国更不惜冒修改国内法和损害国际反核扩散体制的风险，对印"网开一面"，承认印的核地位以换取印成为美制华的帮手。这是美国把美印关系和美中关系联系起来通盘考虑的标志性变化，旨在帮助印度成为 21 世纪的世界主要大国，其中的中国因素十分明显，美印双方对中国的发展均有一种无需明说但明显存在的不安感。[③]

与此同时，一些美国学者也表达了这种观点。美国核军控专家约瑟夫·奇林乔内指出："该协议的关键是，美国正准备与中国之间发生重大冲突，因此想组建一个反华联盟。"[④] 卡内基国际和平基金会中国项目主任裴敏欣博士则写道：

> 印度目前享有非常优越的外部环境，这部分原因是印度的崛起大大提高了它的国际影响力和战略地位，还有一个重要原因是印度可以

---

① 张贵洪：《国际核不扩散体系面临的挑战及发展趋势》，《国际观察》2009 年第 6 期，第 34 页。

② 赵品宇：《浅析美国核不扩散政策的深层悖论——以美印核关系为案例》，《国际论坛》2008 年第 1 期，第 22 页。

③ 《美国极力拉拢印度共同防范中国》，中安网，2005 年 7 月 4 日，< http://news.anhuinews.com/system/2005/07/04/001297593.shtml >。

④ Howard LaFranchi, "Why US is shifting nuclear stand with India", *The Christian Science Monitor*, July 20, 2005.

> 成为美国牵制中国的战略棋子。今年三月美国同印度签署核项目合作条约，向印度转让一些民用核技术和核燃料，正是美国决心大力扶持印度成为世界强国的开端。显然，印度能够得到其他许多发展中国家都无法比拟的发展优势。①

此外，印度学者也有相关的解读，印度和平与冲突研究所研究员郑嘉宾（Jabin T. Jacob）在《印美民用核能合作的中国因素》一文中表示，"主流看法认为近期中国不会构成军事威胁，但从长远来看（这种威胁）是不确定的，因此印度需要防备中国未来在该地区（指亚太特别是南亚地区）的力量渗透"。② 印度著名战略分析家 C. R. 莫汉则表示，"将大笔政治资本投入构建于印度的新的伙伴关系的意愿，以及为促进与印度的核能贸易而修改国内核不扩散法规并改变国际规则的前后矛盾的决定，显示布什政府对印度有着出乎意料的热情，这种热情的动机被官方解读为有意要利用印度制衡中国崛起"。③

诚然，学术界的解读并非空穴来风。2009 年 5 月，美国前驻印度大使布莱克威尔（Robert Blackwill）就曾表示：如果不是由于华盛顿考虑到眼前的中国因素，布什政府将不会开启民用核能协议谈判，美国会也不会通过它。④ 的确，新世纪以来美国领导人相关讲话印证了美国期望与印度建立更好、更深的关系，以便让印度的外交政策更加亲美，并可能提供一个针对中国的平衡力量。⑤ 美国家安全顾问赖斯就曾表示：

> "中国能否成功操纵大国平衡，很大程度上取决于美国对这一挑

---

① 裴敏欣：《印度经济增长至少可以持续 15 年》，《卡内基中国透视》2010 年第 4 期，<http：//chinese. carnegieendowment. org/newsletter/Articles/0606. cfm>。

② Jabin T. Jacob, "Indo-US Nuclear Deal: The China Factor", IPCS Special Report, March 14, 2006.

③ 拉贾·莫汉：《亚洲正在出现的中印美战略三角》，《中国国际战略评论 2011》，世界知识出版社 2011 年版，第 46 页。

④ "The Future of US India Relations: Blackwill", <http://www. stratpost. com/the-future-of-us-india-relations-blackwill>.

⑤ Sharon Squassoni, "The U. S. 's Catastrophic Nuclear Deal with India: Power Failure", *The New Republic Online*, August 3, 2007, <http://www. tnr. com/article/environment-energy/power-failure>.

> 战的应对方式。美国必须深化美韩、美日合作，在亚洲保持强大的军事实力。美国应更重视印度的地区平衡作用。过去，人们总是把印巴联系起来，重点关注印巴两国之间的核竞赛或克什米尔争端。然而，印度是中国的考虑因素，因此也应该是美国的考虑因素。印度虽还不算是大国，但它有潜力成为大国。"①

另外，"维基解密"公布的一份2006年的电报显示时任美国驻印度大使莫尔福德（David Campbell Mulford）认为，印度是平衡中国的力量，尽管印度永远赶不上中国。"虽然印度永远不会具有中国那样的强大军力，但它的兵力投送能力不可小觑。通过拉印度进入美日澳同盟，美国获得的好处是在亚太地区形成一个具有地缘政治意义的民主包围圈。"②

诚然，印度方面的考虑可能更为复杂，但至少印度官员深知美国的意图。印度前驻美国大使拉里·特曼辛（Lalit Mansingh）就表示，随着中国在亚洲的崛起，美国未来在亚洲的力量必将受到削弱，而印度正是一个能够抵消中国势力的亚洲国家。而动员中国周边国家一同参与遏制中国，正是美国借力他国需要达到的目的。③

的确，随着中国崛起进程的加快，两国对于中国威胁的感知日益强烈，这在某种程度上使得印美双方愿意为改善关系而努力，以共同防范中国。在此背景下，两国决定认真解决双方现有的核分歧，消除它给两国关系带来的负面影响也就成为可能。诚然，印美在其他领域也加强了合作，如两国的海上安全合作。值得一提的是，双方在这些领域共同应对中国威胁的意图相比在核领域显得更加明显和直接。甚至有专家指出，自2009年以来，美印两国的焦虑越来越明显，导致美印更乐意讨论中国以及更广泛的亚太地区。双方已经有一个"东亚对话"，还有一个与日本的三边对话，

---

① Condoleezza Rice, "Campaign 2000: Promoting the National Interest" *Foreign Affairs*, January/February 2000, pp. 45 - 62.

② Vijay Sharma, "US must promote India to counter the 'Chinese model' -Mulford cable", <http: //rtn. asia/277_ us-must-promote-india-counter-chinese-model-mulford-cable>.

③ 《美国解除对印技术制裁禁令，或为牵制中国》，南方网，2011年2月6日，<http: //news. 163. com/11/0206/10/6S72RSQC00014AEE. html>。

并讨论将其升格为部长级会谈，以及将日本纳入印美定期海上军演。[①] 目前奥巴马政府也反复声明，它视印度为其“再平衡”战略的一部分。2014年11月，奥巴马在澳大利亚演讲时强调，美国“支持印度在亚太地区发挥更大作用”。[②] 同样，印度现任莫迪政府也把该地区作为其对外政策的重中之重。南亚问题专家阿什利特利斯说：莫迪想要“被视作正与美国密切合作所带来的所有好处”，包括获取美国技术、知识的权利和军事合作。[③]

不过，值得一提的是，不少学者在谨慎认可印美核关系改善的中国因素的同时，也指出印美之间不可能结成盟友。中国学者张力的《从“核协议”解读印美战略关系》虽然指出核协议与中国存在着直接或潜在的战略关联，并指出“美国这一意图在2002年10月美国五角大楼报告《印美军事关系：前景和认知》、美国卡内基国际和平基金会报告等文件以及美国官方秘密简报中得到反复强调”，但与此同时，文章也强调了印美之间的矛盾。[④] 文章指出，“印美关系是印度冷战后外交的首选重点，印度认为利用这一战略合作针对中国并不符合其长远利益”。[⑤] 印度国内也有学者指出，“如果美国的战略考虑是拉拢印度对抗中国，那它的目的不可能完全达到，因为印度是不可能帮助美国实现这一特定目的的”。[⑥] 印度部分战略精英也提出，“将新德里纳入以美国为中心的全球经济政治版图的理念变得难以实现。因此，新德里在处理对美及对华关系时不得不重新寻求平衡，对全球危机条件下中国在美国政治中所占据的地位给予重视。印度也意识到中美之间的联系无论是在深度还是广度上都甚于新德里与北京或华

---

① Tanvi Madan, “The U. S. – India Relationship and China”, *Brookings Paper*, January 20, 2015, http: //www. brookings. edu/research/opinions/2015/01/20-us-india-relationship-and-china-madan.

② “Remarks by President Obama at the University of Queensland”, The White House Office of the Press Secretary, November 15, 2014, < http: //www. whitehouse. gov/the-press-office/2014/11/15/remarks-president-obama-university-queensland >.

③ “China's shadow looms large over Obama visit to India”, ASSOCIATED PRESS, 26 January 2015, http: //www. dailymail. co. uk/wires/ap/article-2926326/Obama-presides-Indias-grand-Republic-Day-parade. html.

④ 张力：《从“核协议”解读印美战略关系》，《南亚研究季刊》2005年第3期，第49页。

⑤ 同上。

⑥ Narottam Gaan, *India and the United States: From Estrangement to Engagement*, New Delhi: Kalpaz Publications, 2007, p. 239.

盛顿的联系”。①

同样，美国国内也有战略家指出布什政府试图拉拢印度遏制中国的考虑是徒劳的，“它忽视了印度的不结盟和保持独立的政治文化，印度在同时改善华盛顿与北京的关系，印度没有完全摆脱殖民统治的枷锁或者摆脱冷战阴影。印度不会与美国结盟对抗中国。如果这是布什政府的如意算盘，那就是错估了这个新的战略伙伴”。② 美国战略专家指出，当印度与美国之间的关系发展时，华盛顿将有必要密切关注印中关系，并且提醒到，尽管华盛顿和新德里对中国怀有共同的关注，但印度官员将不会接受美国提出的通过新德里来遏制或直接制衡中国影响力的任何提议。③ 伍德罗·威尔逊国际中心亚洲项目主任罗伯特·M. 哈撒韦（Robert M. Hathaway）评论道：

> 无论如何新德里都不会希望卷入中美的紧张对抗，万一这种情况发生，它也不会允许自己在美国与中国的冷战中充当一枚小卒子。印度模棱两可的态度反映了华盛顿和新德里在中国挑战的性质和重点上的不同看法。印度战略家们担心华盛顿意图将新德里拖入与中国在南海或东亚其他地方的对抗，并指责美国对中国在南亚采取的一些直接威胁其利益的动作故意视而不见，比如中国在巴基斯坦的活动，如在瓜达尔（Gwadar）港口的建设，特别是对巴基斯坦核活动的支持，但同时也指控中国染指缅甸、孟加拉、尼泊尔和斯里兰卡。④

的确，印美都期待通过民用核能合作深化美印战略伙伴关系，但双方

---

① “Remarks by President Obama and Prime Minister Singh of India during Arrival Ceremony”, <http://www.whitehouse.gov/the-press-office/remarks-president-obama-and-prime-minister-singh-india-during-arrival-ceremony>.

② Michael Krepon, “The US-India Nuclear Deal: Another Wrong Turn in the War on Terror”, The Henry L. Stimson Center, March 29, 2006.

③ Lisa Curtis, “U. S. -India Relations: The China Factor”, November 25, 2008, <http://www.heritage.org/research/reports/2008/11/us-india-relations-the-china-factor>.

④ ［美］罗伯特·M. 哈撒韦：《印度与美国轴心转移到亚洲》，耶鲁全球在线，耶鲁全球化研究中心出版，2012 年 2 月 24 日。英语原文为：Robert M. Hathaway, “India and the US Pivot to Asia”, *Yale Global*, February 24, 2012, <http://yaleglobal.yale.edu/content/india-and-us-pivot-asia>。

合作制衡中国的决心以及合作诚意值得观察。

近年来，印美民用核能合作带动了人们对中印美三边关系的极大关注。尽管少数学者得出结论，即中美印三角关系的未来趋向是美印结盟应对中国。不过大部分学者对当前中印美三方关系的看法都比较务实理性。中国学者虽然特别关注美国近年来拉印制华的意图，但大多数中国专家倾向于认为印美不太可能结成联盟遏制中国，因为这不一定完全符合印度的利益，并指出“中美印三边关系具有低相关性、不对称性、不平衡性、非对抗性和不稳定发展性等特点，中美印三边关系不应该，也不会是“零和”关系，三边相互协调又相互竞争，相互借重又相互制衡，合作中有竞争，竞争中有合作，是具有建设性、不结盟性、非对抗性、开放性的一组动态平衡体系”。[①] 同样印美国内虽有“美印结盟应对中国”的声音，但并非主流。印度学者韦努·莱贾穆尼（Venu Rajamony）的《印中美三角关系：形成中的弹性均势体系》（India-China-US Triangle：A Soft Balance of Power System in the Making）就指出印美不太可能联盟，未来几年印中美三国间很可能出现一种动态的均势体系，而不是印美形成针对中国的正式联盟。[②] 美国布鲁金斯学会印度项目主任坦维·马丹认为，美国对印度的崛起与对中国的态度不同，就是因为华盛顿考虑到印度抗衡中国的作用。但马丹说，美印两国各自在与中国的关系上有不同程度的合作与竞争，也有各自潜在的冲突，这自然也影响到它们与中国交往接触的模式，彼此在对方的中国战略中看到自己的角色，也通过彼此的关系对中国发出信号，双方都希望避免与中国发生冲突。[③] 威尔逊学者中心的南亚问题专家迈克尔库格尔曼说：“印度不想让自己看起来像是与美国或其他国家联合起来跟中国作对。”库格尔曼说，尽管莫迪正在远离印度的不结盟政策，但“它

---

① Venu Rajamony，“India-China-US Triangle：A Soft Balance of Power System in the Making”，*CSIS paper*，March 15，2002，http：//www. CSIS. org/saprog/venu. pdf. 转自慕永鹏：《中美印三边关系：形成中的动态平衡体系》，外交学院 2006 年博士学位论文，第 11 页。

② Venu Rajamony，“India-China-US Triangle：A Soft Balance of Power System in the Making”，Paper of the Center for Strategic and International Studies，March 15，2002，<http：//www. csis. org/saprog/venu. pdf>.

③ Tanvi Madan，“The U. S. – India Relationship and China”，*Brookings Paper*，January 20，2015，http：//www. brookings. edu/research/opinions/2015/01/20-us-india-relationship-and-china-madan.

仍具有十分强大的影响力”。[①]

的确，中国因素在某种程度上牵动着印美核关系的发展演变，双方似乎都谙熟这样一个法则，即通过渲染中国威胁论来寻求彼此的合作。不过，双方也深知在中印美三边关系中各自的立场和利益并非完全一致，两国一直在努力寻求一种对自身有利的平衡的中印美三边互动。

① “China’s shadow looms large over Obama visit to India”, ASSOCIATED PRESS, 26 January 2015, http://www.dailymail.co.uk/wires/ap/article-2926326/Obama-presides-Indias-grand-Republic-Day-parade.html.

第四章
印美民用核合作谈判的双层博弈分析

20 世纪五六十年代印美两国就曾有过民用核合作，1974 年印度进行“和平核试爆”后，美国便开始对印度进行相关制裁，印美核能合作也受其影响。1998 年印度公开核试验后，美国更是加大对印度的相关制裁，印美核能合作几乎不可能继续。不过，随着印美核关系调整，印美也再次迎来核能合作的机会。众所周知，核能合作并非仅仅是核物质交易，它背后有更复杂的利益牵连。为了能够达成核能合作协议，并最终获得国内批准，印美之间进行了艰难博弈。本章试图以双层博弈理论为分析工具，对这场始于 2005 年、共历时 4 年的印美民用核合作谈判进行分析，力争从国内政治与国际政治互动层面详细剖析印美谈判过程，从而理解印美谈判背后隐藏的决策意义，并在此基础上解析两国核关系。2005 年印美达成核协议引起全球关注，如今已过去十年，印美核能合作究竟进展如何，在核协议签署后的十年里，两国核关系究竟发生了哪些新的变化，也是本章探讨的重点。

第一节　双层博弈理论介绍与印美民用核合作谈判历程回顾

根据美国学者罗伯特·普特南（Robert D. Putnam）提出的双层博弈理论，国际谈判包括第一层次谈判（level Ⅰ），即参与的双方代表间讨价还价，达成暂时性协议，以及第二层次谈判（level Ⅱ），即国内层面，各个选民集团内分别讨论是否批准国际谈判达成的初步协议。第一层次谈判力求争取己方利益，第二层次谈判确定己方谈判基本立场和底线。两个层次之间的理论关系在于第一层次达成的协议需要第二层次批准。

实践来看，印美民用核合作谈判就是一种双层博弈。印美核谈判的第一层次是印美双方代表为落实达成核协议彼此讨价还价，力求双方获胜集合互相重合；第二层次就是印美两国领导人与各自国内的选民就印美核协议的批准与生效进行协商的过程。这两个层次的谈判是交互进行的，而且互相影响，共同决定印美谈判的结果。另外，作为两个层次谈判之间联结点，印美两国首席谈判代表，尤其是布什总统、辛格总理在谈判中扮演了十分重要的角色，他们所运用的谈判策略对谈判的过程和结果有不可忽视的影响。

众所周知，印美民用核合作谈判从双方正式表露合作意向到核协议获得两国国内的批准，经历了以下几个阶段：

第一阶段：试探阶段，即印美双方表露合作意向，并勾画合作基本框架。印美两国合作意向正式表露始于 2004 年。2004 年 1 月，印美达成“战略伙伴关系后续步骤”，美国承诺在空间技术、高科项目、导弹防御和民用核技术等领域与印度进行合作。[①]

第二阶段：印度总理辛格访问美国，印美发表联合公报，正式开启印美民用核合作谈判。如果说前阶段是两国合作谈判前的准备阶段，那么 2005 年 7 月印度总理辛格访问美国以及印美首脑会谈后发表联合声明则标志着两国合作谈判正式开始。在印美联合声明中，布什总统表示“将寻求国会的同意以便修正美国法律和政策，并将与友邦和盟国一道调整国际机制，保证与印度进行全面的民用核能合作和贸易”。[②] 印度则承诺遵守国家核不扩散体制，将民用核设施与军用核设施计划分开，并承诺民用设施向国际原子能机构申报，并适用国际原子能机构的保障措施；另外，印度还承诺签署并遵守国际原子能机构的附加议定书，暂停核试验，并协助促成

---

① 赵青海：《美印核合作及其影响》，《国际问题研究》2006 年第 4 期。

② “Joint Statement Between President George W. Bush and Prime Minister Manmohan Singh”, White House Press Release, July 18, 2005, Washington, DC（后文简称“July 18 Joint Statement”）, <http://www.whitehouse.gov/news/releases/2005/07/20050718-6.html>。中文翻译转引自赵青海：《美印核合作及其影响》，《国际问题研究》2006 年第 4 期，第 24 页。

《核材料禁产公约》，以及不向外转让后处理与浓缩技术等。[①]

第三阶段：美国总统布什访问印度，印美达成民用核能合作协议，双方谈判进入实质阶段。众所周之，2005 年印美联合声明中关于核合作的内容更多是表达两国合作态度，具体的问题还需签订双边协议。为此，2006 年 3 月美国总统布什访问印度期间，两国完成印美民用核能源合作协议的签署。该协议内容基本以联合声明为蓝本，但更加具体，印度军民分离计划是核协议的重要组成部分。根据计划，印度同意将本国大部分现有反应堆和在建的反应堆（22 座中的 14 座）置于国际原子能机构的保障之下，并将支持上述反应堆的其他相关上游和下游设施也置于国际原子能机构的保障之下。[②]

第四阶段：美国《海德法案》，即《2006 年亨利·海德印美和平利用原子能合作法案》出台，为印美核能合作扫除美国国内法律障碍。[③] 2006 年 12 月 9 日，美国国会参众两院联席会议以 330 票对 59 票的压倒性优势通过《海德法案》。[④]《海德法案》准许美国总统取消《1954 年美国原子能法》有关对印度出口的限制条款。该法案的出台表明美国参众两院对印美民用核能合作协议开了绿灯，但值得一提的是，该法案与印美政府间达成的协议存在一定的区别，法案附加了不少限制性条款。2006 年 12 月 18 日，美国总统布什正式签署《美国—印度和平利用原子能合作法案》，批准向印度出口民用核燃料和核技术。

第五阶段：2007 年 7 月，印美双方完成第一层次谈判，缔结印美民用核能合作协议执行协议，简称《123 协议》。[⑤] 根据《123 协议》，美国同

---

① "July 18 Joint Statement", White House Press Release, July 18, 2005, Washington, DC, <http://www. white house. gov/news/releases/2005/07/20050718-6. html>.

② 《美印签订核能合作协议》，《国外核新闻》2006 年第 3 期。

③ 众所周知，印度是一直没有接受国际原子能机构的全面保障监督，并且进行过核试验的国家。因此根据美国《1954 年原子能法》和《1978 年核不扩散法》，印美核能合作违反美国核不扩散法律以及核供应国集团的核出口准则，为此印美核能合作前必须修改上述法律和准则。

④ 本文所引《海德法案》条文内容均见美国国会文件（编号：H. RH. R. 5682 [109 th]）"Henry J. Hyde United States-India PeacefulAtomic Energy Cooperation Act of 2006", Dec. 2006, <http://www. coherentbabble. com/signingstatements/PublicLaws/HR5682PL109 - 401. pdf>。

⑤ 本文所引《123 协议》条文内容均见 Agreement for Cooperation between the Government of India and the Government of the United States of America Concerning Peaceful Uses of Nuclear Energy, Aug. 1, 2007, <http://www. state. gov/r/pa/prs/ps/2007/aug/90050. htm>。

意向印度出口民用核技术和燃料，并允许印度在国际原子能机构的监督下对乏燃料进行后处理和循环利用。[①] 同时，美国也将支持和帮助印度建立战略燃料储备，以保证印度的民用核反应堆得到不间断的燃料供应。[②] 另外，《123 协议》对于谈判中双方存在争议的印度核试验的内容未有涉及。该协议的签署标志着两国政府间的谈判基本完成。

第六阶段：国内批准阶段。《123 协议》达成后，印美核能合作谈判进入了国内批准阶段。2008 年 7 月 22 日，印度执政联盟政府在议会的信任投票中以 275 票赞成、265 票反对的结果取得了胜利，给核协议在印度国内的批准打下坚实基础。同年 8 月，印度完成了与国际原子能机构的谈判，国际原子能机构同意为印度民用核设施提供核监督保障。9 月 6 日，拥有 45 个成员国的核供应国集团就取消对印度长达 34 年的核出口限制达成一致，批准了美国的提议，解除对印度的核贸易限制。9 月 27 日美国国会众议院最终以 298 票赞成、117 票反对一边倒的票数批准了美国与印度的民用核能合作协议。[③] 参议院于 10 月 1 日以 86 票对 13 票的表决结果批准了印美民用核协议，[④] 从而解除美国在印度于 1974 年进行核试验之后针对该国的民用核贸易禁令。

第二节　印美第一层次谈判分析

印美核合作谈判共历时四年，是一次双方不断讨价还价的艰辛之旅。印美能否达成协议在于印美在第一层谈判中是否具有重合的获胜集合。通过分析印美各自的利益期待，我们会发现，印美之间的确存在重合的获胜集合。当然，印美各自的利益区间并非完全重合，这也决定了双方谈判过程的艰辛。正如布什总统在新闻发布会上所说的，“我们今天就核能问题达成了一项历史性协议，我知道，对（印度辛格）总理来说，达成这一协

① 《美印达成民用核合作执行协议》，《国外核新闻》2007 年第 8 期，第 12 页。

② 同上。

③ “House Approve Nuclear Trade Deal With India”, *The New York Times*, September 28, 2008.

④ Peter Baker, “Senate Approves Indian Nuclear Deal”, *The New York Times*, October 2, 2008.

议并非容易。对美国总统来说，达成这一协议也不容易”。[①] 的确，我们可以发现，谈判曾因双方分歧过大而多次中断。不过，印美两国最终还是采取了合作态度，双方第一层谈判也取得令人满意的结果。从2005年的印美联合声明到2006年的印美核能合作协议，再到2007年的《123协议》，正是双方在第一层次谈判中取得的成果。

一、美方的利益考量

美方的利益考量是指美国谈判代表在第一层次谈判中的利益期待，即美国政府所认定的利益，主要有以下几个方面：

其一，期待印美核协议为美国带来的商业利益。据美国总商会负责国际事务的高级副总裁克里斯多曼（Daniel Christman）预测，通过向印度销售民用核技术和设备，美国企业将获得数千亿美元的收益。[②] 2006年12月，由200多家美国公司代表组成的代表团访问了新德里，其中包括美国通用电气公司、贝克特尔集团以及西屋电气公司在内的25家以核为导向的公司，这200多家公司同印度核电公司和热电公司进行了磋商。[③] 除此之外，美国也期待其他方面的利益回报，如国防销售（包括导弹防卫）以及高科技领域合作。[④]例如，美国出口商期待向印度出售价值高达1.4亿美元的波音飞机、数百架F-16或F/A-18战斗机，以及海上侦察机、先进的雷达、直升机、弹防御系统和其他设备。[⑤] 对此，俄罗斯媒体抱怨说，核协议是将俄罗斯挤出印度军火市场的伎俩。[⑥]

其二，深化印美战略伙伴关系，扩大和加强两国相关合作领域。首

---

① “PM, Bush agree on nuclear separation”, *Rediffnews*, March 2, 2006, <http://in.rediff.com/news/2006/mar/02>.

② 赵可金：《试论印度围绕〈美印核协议〉的对美游说外交》，《南亚研究季刊》2007年第4期，第8页。

③ 杰伊·所罗门：《新德里获得贸易协议》，《华尔街日报》（亚洲版）2006年12月11日。

④ Sharon Squassoni, “The U. S. 's Catastrophic Nuclear Deal with India: Power Failure”, *The New Republic Online*, August 3, 2007, <http://www.tnr.com/article/environment-energy/power-failure>.

⑤ Dipak Basu, “End of The Indo-US Nuclear Deal?”, <http://www.ivarta.com/columns/OL_070506.htm>.

⑥ Ibid.

先，布什政府基本认定印美核协议是深化印美战略伙伴关系中重要的一个环节。布什总统在签署印美核能合作法案的仪式上说，“现在是印美关系至关重要的时刻，法案将帮我们面对21 世纪的能源和安全挑战。美国和印度是天然伙伴，使两国产生隔阂的对抗已经不复存在”。[①]美国国务卿赖斯也表示，“该协议将提升印美的战略伙伴关系”。[②] 另外，美方也期待通过民用核合作带动印美其他领域的合作，包括政治、经济、军事等各方面。赖斯表示，“我们相信民用合作的实施将使印度成为我们最有价值的全球伙伴，也将促进两国其他领域的合作取得重要的成果”。[③]

其三，监控印度的核武计划进程，将印度带进全球核不扩散主流，达到防扩散目的。布什曾表示，“该法案将是有助于印美分享民用核技术的关键一步，也将把印度的民用核项目置于国际原子能机构的监控之下”。[④]众所周知，印度一直徘徊在全球核不扩散体制外，并拒绝签署《不扩散核武器条约》和《全面禁止核试验条约》，因此美国很难监控到印度核武计划的进展。显然，美国此次主动提出与印度签订核协议的背后有试图将印度纳入国际防止核扩散体系中的战略考量，让印度同意国际原子能机构有权对其民用核项目、核设施进行核查，从而限制印度的核军备化发展。布什总统在美国参议院通过印美民用核合作协议后说，“该协议将把印度纳入核不扩散的主流中，并将增加印度全面民用核计划的透明度”。[⑤] 不过，美国国内不少专家认为布什总统并没有达到目的。

二、印方的利益考量

就印度所期待的利益来说，主要有以下几个方面：

---

① Carol Giacomo, Tabassum Zakaria, "Bush signs U. S. -India nuclear deal", *Washington* (*Reuters*), December 18, 2006, <http://thestar. com. my/news>.

② Condoleezza Rice, "Remarks of Secretary of State Condoleezza Rice at the Senate Foreign Relation Committee on the U. S. -India Civil Nuclear Cooperation Initiative", April 5, 2006, <http://foreign. senate. gov/testimony/2006/Rice Testimony060405. pdf>.

③ Steven R. Weisman, "Rice seeks backing for nuclear deal for India", *The New York Times*, April 6, 2006.

④ "The United States-India Peaceful Atomic Energy Cooperation Act", <http://www. whitehouse. gov/news>.

⑤ 《美国参议院通过美印民用核合作协议》，世界核协会，2006 年 11 月 21 日新闻简报。

其一，印度渴望美国承认印度的核大国地位。在印度看来，核武器不是一种目的，而是一种手段，它有助于印度实现自身的政治、经济和外交目标。[①] 印美核协议中宣称印度是“拥有先进的核武器国家”，事实已经变相承认印度的核国家的事实。的确，在印度国内，不同党派和利益集团基本一致认为：核项目是印度国家地位和身份的象征，同时也能向世人展示印度人是“一个科技成熟、文化多元、能以最有限的资源实现最大成就的民族”。[②] 对此，印度国防战略分析研究所刊发的题为《趋炎附势与制衡博弈》的文章做了很好的诠释：

> 正在崛起的国家为了让自己在全球秩序中的崛起变得顺利，往往会依附强国。2008 年印度与美国签署的《印美民用核能合作协议》就是最好的实例。40 多年来，印度拒绝签署《不扩散核武器条约》，因此也一直未进入国际核秩序的权力中心。布什总统发起了旨在让印度回到国际核政治主流的对话。当美国在这个问题上将“核供应国集团”和国际原子能机构的敦促变成施压时，它确保了印度进入美国在冷战期间努力建立的核不扩散机制。的确，法国和俄罗斯等其他大国一直想与印度进行核交易，但只有美国能够让印度结束核流放。核协议之所以被视为印度崛起的基石，是因为美国这个全球霸权力量认可了印度在核大国俱乐部的候补资格。[③]

其二，期待结束印度近 30 年来被国际核交易市场孤立的局面。无疑，核协议的达成可使印度在美国的支持下加快民用核能的开发，在一定程度上减少印度对国外石油与天然气的依赖，缓解经济增长带来的能源高需求压力。另外，印度期待印美达成核协议，获得核供应集团特殊豁免，从而拓展与其他成员国的合作，使印度从多个渠道获得不间断的核燃料供应，为印度打开通向国际核燃料市场的大门。众所周知，印度国内油气资源较

---

① 郭倪：《印美关系中的核因素》，四川大学 2008 年硕士学位论文，第 17 页。

② ［美］斯蒂芬·科亨著，刘满贵等译：《大象和孔雀——解读印度大战略》，新华出版社 2002 年版，第 190—192 页。

③ Yogesh Joshi, “The Bandwagoning-Balancing Game: Contradictions of the India-US Partnership”, IDSA Comment, August 5, 2011.

贫乏，其所需石油70%以上需要进口，因此利用比其他技术更“清洁”的核技术可成为解决能源问题的一种不错选择，不过印度核试验后以美国为首的西方国家对印度进行经济制裁，严格限制对印度的武器及其技术出口，尤其是对印军民两用核技术实施禁运。据报道，印度长期受到核燃料短缺问题的困扰，许多核电厂目前只能以约50%的额定装机容量运行。[①] 另外，印度原子能委员会的一份分析报告认为，在“快中子增殖反应堆”技术成熟之前，印度如要在维持最低限度核威慑能力（即不减少核弹头增长速度）的同时，保障民用核能发展，核燃料就必须依赖国际市场。[②]

其三，印度同样有改善印美关系的考虑。印度总理辛格就表示，“通过推进核能合作协定，印美始于冷战时期的隔阂已经一去不复返”。[③] 印度也期待通过改善与美国关系获取更多回报，如在印度致力成为安理会常任理事国时获得美国的支持。此外，印美关系改善可能给印度外交带来一些机会，如改善与那些同美国关系较密切国家的关系，如澳大利亚、日本。事实上，有学者已经观察到，印美核能合作协议达成后印澳关系就有所升温。澳总理随即开启印度访问，而此前印澳关系因为地缘战略利益分歧等问题一直较疏远。与此同时，印美关系的改善给印度扩展日本、韩国等国家关系带来新的机会。当然，正如上一章节提到的，印度方面或多或少有应对中国方面的考虑。

三、印美主要分歧点

尽管印美在核协议上存在重和的获胜集合，但印美谈判双方在大部分实质性问题上依然存在争议，印美谈判过程并非一帆风顺。据报道，印美每次谈判几乎都是最后时刻才达成一致的。2006年3月布什总统访问印度，据英国《金融时报》报道，“布什此次马拉松式的空中旅行长达19个小时，在他到达印度时，布什总统没有得到任何保证有关民用核合作的历史性协议是否已准备签署”。[④] 双方官员经过不断讨价还价后才最终签署印

---

① 伍浩松、王海丹：《印度核电厂受困于燃料短缺》，《国外核新闻》2008年第7期。

② 傅小强：《美印核合作：双重标准?》，《世界知识》2007年第1期 。

③ 傅小强：《辛格：经济学博士的精明外交》，《环球杂志》2009年第1期。

④ Jo Johnson, “Historic nuclear deal in the balance as Bush flies to India”, *The Financial Times*, March 1, 2006 .

美民用核能源合作协议。随后，双方《123 协议》谈判则更加艰难，印美双方举行了多轮谈判，但谈判过程中双方分歧不断，谈判多次被迫中断。2007 年 5 月，即《123 协议》谈判结束前两个月，美方首席谈判代表、副国务卿尼古拉斯·伯恩斯（R. Nicholas Burns）还抱怨，“华盛顿弥漫着一种强烈的挫败感，政府和国会都认为印度方面的进展太缓慢”。[①] 同样，2015 年，在华盛顿一家智库举办的印美核协议十周年的纪念活动中，美国前国务卿赖斯以及印度前国家安全顾问纳拉亚南（M. K. Narayanan）都强调了当时谈判的不易，表示谈判曾多次陷入僵局。纳拉亚南回忆指出，在印美发表联合声明的前一天，即 2005 年 6 月 17 日至 18 日的那个晚上，曼莫汉·辛格总理甚至都已经决定取消这笔交易。[②] 概括地说，印美谈判中的主要分歧点包括以下几个方面：

1. 印度核试验问题

印度核试验问题是印美谈判过程中双方最大的分歧点。美国一开始的立场是核协议应与印度终止进行核试验挂钩，即一旦印度进行核试验，核协议立即失效。美方代表还多次表示此要求是为了使条约符合美国法律的相关要求，美国不能为印度而修改已经通过的法律。[③] 显然，对于美国的要求印度有不同的利益考量，印度只愿意承诺单方面自愿停止核试验，而不同意在双方协议之外做出其他承诺。在印度看来，印度是一个实际拥有核武器国家，因此有权在准确评估情况变化的前提下保留重启核试验的权利。如果出现特殊情况印度需要核试验，美国在中止核供应之前有义务与印度研究和磋商。辛格总理就明确表示，“印度不能就停止核试验做出双边承诺。印度将坚持独立自主的外交政策，不会屈从于外部压力”。[④] 值得一提的是，谈判中双方就印度核试验问题争论不休，

---

① 李保东、陆春华：《印美民用核能合作谈判为何卡壳?》，新华网，2007 年 6 月 4 日。

② “10 years after India – US nuclear deal：‘Manmohan Singh wanted to pull out after USU-turn’”，*India Express*，July 15，2015，http：//indianexpress. com/article/india/india-others/10-years-after-india-us-nuclear-dealmanmohan-wanted-to-pull-out-after-us-u-turn/#sthash. hTsmoo8e. dpuf.

③ 《海德法案》中有明确条款规定协议应与印度终止进行核试验挂钩。

④ “Excerpts from Prime Minister’s Reply to Discussion in Rajya Sabha on Civil Nuclear Energy Cooperation with the United States”，*The Hindu*，August 18，2006.

不过2007年7月印美《123协议》没有涉及印度进行核试验的内容，协议只是表示不会"妨碍和干涉"印度发展用于军事方面的核计划。[①] 当然，印度的核问题专家依然担心印度无法避开其带来的影响。2007年8月14日，美国国务院发言人麦克马科（Sean McCormack）关于"如果印度进行核试验，美国将中止与印度的所有核合作"的声明也使得印度国内极度不满。[②]

2. 核废料再处理

核废料处理是双方谈判过程中存在较大争执的一个内容，美国最初的立场是禁止印度在未经许可的情况下使用美国的材料与技术对乏燃料进行后处理。美国认为民用核反应堆的废料再提炼可以生成武器级的核原料，可能帮助印度的军事核武器项目。不过，印度对美国的立场持反对意见，认为鉴于印美联合声明中已经表示将同印度开展"全面完整合作"，那么印美双方将来的合作不但应该包括提供核原料和民用核反应堆等一般性内容，也应该包括核废料再提炼这样的"敏感"技术。印方谈判代表希亚姆·萨兰（Shyam Saran）称，"协议不应该禁止印度对美供核燃料形成的乏燃料进行后处理，同时不能要求印度必须停止进行核试验；如果新德里的担忧不能减轻，那么印度将会放弃与美国的民用核合作协议"。[③] 的确，对印度来说该项技术对其大力研制的快中子反应堆发展至关重要。不过，最后印美双方还是达成了妥协，即美国允许印度在国际原子能机构的监督下，对使用过的核燃料进行再处理；印度在国际原子能机构的监督下安装先进的回收装置后，有权回收利用剩余的核燃料。

3. 印度民用军用核设施分离与安全保障

印美核谈判中，双方在印度民用军用核设施分离与安全保障方面也存在较大分歧。印度民用军用核设施分离方面，布什政府要求印度的快速增

---

① 辛文：《美印达成民用核合作执行协议》，《国外核新闻》2007年第8期。

② 《美国禁止印度进行核武器试验 否则中止核合作》，中国日报环球网，< http://news.sohu.com/20070815/n251598999.shtml >。

③ 路透社2007年1月10日电，中国国防科工委网站，2007年1月11日。

殖反应堆（FBRs）项目被指定用于民用目的，并列入民用设施接受永久安全保障，然而印度出于国家安全关切，不愿意将它位于卡尔帕卡姆（Kalpakkam）原型快增殖反应堆（PFBR）和快中子增殖试验反应堆（FBTR）接受安全保障。[①] 印度原子能委员会主席安尼尔·卡康达卡（Anil Kakodkar）声明，“FBRs 接受安保会损害印度的核武器计划”。[②] 另外，2006 年美国《海德法案》要求美国总统对印度在分离计划中声称的民用核设施、设备及材料施行永久性的安全防护。印度则认为没有义务对其本土的核设施施行永久性安全防护措施。

安全保障方面，美国试图要求印度接受更多监督，美参议院的提案甚至提出希望通过最终用户监督框架来监督印度军用、民用设施的分离过程。印度的立场则认为，印度接受相关安全保障是有条件的，而且与美国相关互惠行动挂钩。在印度看来，因为印度不是《不扩散核武器条约》的成员，印度不愿意接受针对无核国家的安全保障类型，拒绝接受全面安全保障。[③] 印度政府也始终坚持印度只将签署一项专门附加议定书，并非现存附加议定书。此外，印美在安全保障实施程序方面的分歧也非常明显。美国试图劝说印度先与国际原子能机构达成并实施核监督协定，然后美国才取消对印度的所有出口限制。但在印度看来，两国之前已同意“承诺对承诺”、“行动对行动”，对此印度坚持在美国实际解除限制和“核供应国集团”开放绿灯后，印度才会同意国际原子能机构对印度民用核设施实施监督。[④] 双方经过讨价还价后，2006 年 3 月 7 日印度分离军用和民用核设施的具体方案才得以出台，方案内容主要包括：

印度同意将国内 22 个核反应堆中的 14 个列入民用核设施，核反应堆将在 2014 年之前逐步开放，接受国际原子能机构监督。这 14 座反应堆中

---

① Zia Mian & A. H. Nayyar & R. Rajaraman & M. V. Ramana, "Fissile Materials in South Asia and the Implications of the U. S. -India Nuclear Deal", *Science and Global Security*, 2006, < http://fissilematerials. org/library /southasia. pdf >.

② "More Nuke Scientists Voice Concerns", *The Indian Express*, February 7, 2006.

③ Nalini Kant Jha, *Nuclear Synergy: Indo-U. S. Strategic Cooperation and Beyond*, New Delhi: Pentagon Press, 2009, p. 234.

④ Nilofar Suhrawardy, " India and IAEA H old Succe ssful Talks on Nuke Safeg uards", Arab News, July 9, 2006，转引自张力：《影响印度未来核身份的不确定因素——对印美民用核协议的追踪》，《南亚研究季刊》2006 年第 3 期，第 65 页。

有6座已经接受保障监督，即塔拉普尔1号和2号、拉贾斯坦1号和2号及库坦库拉姆1号和2号。另有8座反应堆将从下列日期开始接受IAEA保障监督：拉贾斯坦3号和4号从2010年开始接受监督，拉贾斯坦5号和6号从2008年开始接受监督，格格拉帕尔1号和2号从2012年开始接受监督，纳罗拉1号和2号从2014年开始接受监督。（详情请参见表4—1和表4—2，数据更新截至2006年）①（最新数据请见附录3）

表4—1　印度现役核反应堆

反　应　堆	类　型	单机净容量（MWe）	投运日期	安全保障 2006年6月	分离计划后安全保障
盖加1号	PHWR	220	2000年	未接受	军用
盖加2号	PHWR	220	2000年	未接受	军用
格格拉帕尔1号	PHWR	220	1993年	未接受	2012
格格拉帕尔12号	PHWR	220	1995年	未接受	2012
库坦库拉姆1号	PHWR	170	1984年	未接受	军用
库坦库拉姆2号（MAPS）	PHWR	220	1986年	未接受	军用
纳罗拉1号	PHWR	220	1991年	未接受	2014
纳罗拉2号	PHWR	220	1992年	未接受	2014
拉贾斯坦1号	PHWR	100	1973年	已接受	已接受
拉贾斯坦2号	PHWR	220	1981年	已接受	已接受
拉贾斯坦3号	PHWR	220	2000年	未接受	2010
拉贾斯坦4号	PHWR	220	2000年	未接受	2010
塔拉普尔1号	BWR	160	1969年	已接受	已接受
塔拉普尔2号	BWR	160	1969年	已接受	已接受
塔拉普尔4号	PHWR	540	2005年	未接受	军用
总计（15）		3087 MWe			

① Zia Mian & A. H. Nayyar & R. Rajaraman & M. V. Ramana, "Fissile Materials in South Asia and the Implications of the U. S. -India Nuclear Deal", *Science and Global Security*, 2006.

表 4—2　印度建设中的核反应堆

反　应　堆	类　型	单机净容量（MWe）	投运日期	安全保障 2006 年 6 月	分离计划后安全保障
盖加 3 号	PHWR	220	2007 年	未接受	军用
盖加 4 号	PHWR	220	2007 年	未接受	军用
库坦库拉姆 1 号	（VVER）	1000	2007 年	已接受	已接受
库坦库拉姆 2 号	（VVER）	1000	2008 年	已接受	已接受
拉贾斯坦 5 号	PHWR	220	2007 年	未接受	2007
拉贾斯坦 6 号	PHWR	220	2008 年	未接受	2008
塔拉普尔 3 号	PHWR	540	2007 年	未接受	军用
卡尔帕卡姆钚快增殖堆	FBR	500	2010 年	未接受	军用
总计（8）		3128 MWe			

印度同意民用列表中一些上下游设施也将接受安全保障，同意让塔拉普尔核燃料再处理厂（Tarapur Power Reactor Fuel Reprocession Plant）2010 年后接受安全保障；同意将 APSARA 反应堆的活性区转移出巴巴原子能中心，并且同意其活性区于 2010 年接受安全保障。①

印度同意将印度塔塔基础研究院（Tata Institute of Fundamental Research）、变能回旋加速器中心（Variable Energy Cyclotron Centre）、萨哈核物理研究院（Saha Insitution of Nuclear Physics）、塔塔纪念中心（Tata Memorial Centre）、辐射局（Board of Radiation）、同位素技术中心（Istotop Technology）、哈里什·钱德拉研究所（Harish Chandra Research）放置于民用分类名单。不过，印度指出这些项目与安全保障无关，而只是为了相关国际合作。②

另外，印度同意指定一些重水生产厂限于民用，但印度不同意这些工厂接受安全保障。③ 印度还同意今后开发建设的民用核反应堆和增殖反应堆都将接受国际原子能机构监督，不过印度有权决定哪些项目应被归于民

① Nalini Kant Jha, *Nuclear Synergy: Indo-U. S. Strategic Cooperation and Beyond*, New Delhi: Pentagon Press, 2009, p. 237.

② Ibid.

③ Ibid.

用项目。

值得一提的是，曾引起双方很大争议的快中子增殖反应堆没有包括在民用设施的范围中。另外，印度核计划中，制造武器级核原料的关键步骤——铀浓缩和铀回收技术，也将不接受国际原子能机构的监督。①

4. 核原料稳定供应

印美关于核原料供应问题同样存在分歧，在谈判过程中，印度希望将接受国际原子能机构核查同核原料的持续稳定供应相挂钩，但美国表示，按照国际惯例印度接受核查应是"单向不可逆转的"，国际原子能机构也没有这样"挂钩"的先例。② 美国国内相关法律，如《海德法案》103 条款甚至还明确规定一旦美国终止对印度的核出口，那么核供应集团的其他国家也应该停止；③《海德法案》102 条款规定一旦美国对印度核出口停止，那么美国不会鼓励其他国家对印度出口。为此，谈判过程中双方因此问题争执不下，还一度中止谈判。值得一提的是，印度在该问题上的立场态度十分强硬，甚至还要求美国保证，如果新德里再次进行了核武器试验，华盛顿应继续向其提供核原料。印度的担心也并非没有道理，印度国内有专家表示美国曾在《塔拉普尔协议》有效期内停止对印度核燃料的供应，为此印度应该吸取过去的经验教训。④ 当然，从印美最终达成的《123 协议》看，布什政府做出了一定的妥协，美国同意向印度提供不间断的核能供应，并帮助印度建立战略核能储备。美国谈判代表伯恩斯（R. Nicholas Burns）说："我们知道，得到核燃料的持续供应对印度来说十分重要。这就是布什总统同意在《123 协议》中写进给予印度四项保障的

---

① Prime Minister Singh presented, "Implementation of the India-United States Joint Statement of July 18, 2005: India's Separation Plan", to Parliament on March 7, 2006, <http://indianembassy.org/newsite/press_ release/2006/Mar/sepplan.pdf>.

② 王耀东：《印美核协议遭遇寒流》，<http://news.qq.com/a/20070424/001526.htm>。

③ 本文所引《海德法案》条文内容均见美国国会文件（编号：H. RH. R. 5682 [109 th]："Henry J. Hyde United States-India PeacefulAtomic Energy Cooperation Act of 2006", Dec. 2006, <http://www.coherentbabble.com/signingstatements/PublicLaws/HR5682PL109－401.pdf>。

④ M. R. Srinivasan, "Remember Lessons from Tarapur", *The Hindu*, Dec. 27, 2006.

原因。”①

5. 核协议与印伊关系挂钩

美国在开展与印度的民用核能合作谈判的同时，与伊朗的核较量却愈演愈烈。伊朗核问题不可避免地成为影响印美关系的重要因素。谈判过程中，美国要求印度在伊朗核问题上保持与美国相同的立场，甚至将印度对伊政策与核协议挂钩。美方代表伯恩斯表示美国希望印度不要与伊朗缔结任何长期性石油和天然气协议，伯恩斯指出：“伊朗是一个应受到国际孤立的违法国家，印美核协议的签署能使印度从伊朗等国进口能源的依赖性降低，美国不愿看到任何国家与伊朗保持密切联系。”② 2007 年 5 月，美国国会议员致信印度总理表示美国对印度与伊朗的关系深表关切，并警告说，“若印度对此置若罔闻，将可能严重伤害美印建立全球伙伴关系的前景”。③

显然，印度方面对美国试图将核协议与印伊关系挂钩表示异议。首先，印度反对美国试图利用核协议干涉印度对外政策。除此之外，印度有一些现实利益的考量。长期以来，印伊两国在许多领域有密切的合作关系，印度尤其看重两国的能源合作，伊朗可算是印度能源主要供应国。印度著名核问题专家、能源与环境研究所主任马基贾尼（Arjun Makhijani）直言，即使印度能从新近签署的印美民用核协议中获得它所需要的一切，但与印度可能从伊朗获得的石油、天然气相比，这只能满足印度能源需要的微不足道部分。④ 在他看来，印度在 IAEA 会议上投票支持美国和欧盟制裁伊朗的提案，将损害印度与伊朗的关系。⑤

当然，尽管谈判过程中两国围绕这一问题争论不休，但最后双方都有所让步。印度方面，2005 年 9 月印度在国际原子能机构理事会就伊朗问题

---

① “Issues in US-*India Nuclear Cooperation*”, < www.carnegieendowment.org/files/123agreementchart.pdf.

② Jo Johnson, “India in New Push for Iran Ppipeline”, *The Financial Times*, October 24, 2007.

③ Zia Mian, “Arms Sales: How the US is not Winning Friends”, *Asia Times*, October 12, 2007.

④ Arjun Makhijani, “India should choose Iran, not US”, The Rediff Interview, December 28, 2005.

⑤ Ibid.

举行的投票中改变原有立场，与美国和西方国家一道投了赞成票。[①] 除此之外，印度国会还通过了相关协议，指出“印度政府将逐步加强与美国的合作，敦促伊朗履行其国际义务，尤其是针对伊朗的核武器计划”。诚然，美国方面也在一定程度上做出了让步。布什政府虽然极力劝说印度阻止伊朗的核计划，但最终并未将印美关系与伊朗问题直接挂钩。布什总统公开表示他理解南亚地区对天然气的需求。

通过比较分析，我们可以得出结论：其一，印美双方在第一层次谈判中具有重和的获胜集合。具体表现为，首先印美民用核能合作在一定程度上缓解了印度的能源压力，同时也将给美国的公司带来丰厚的商业利益。另外，印美都期待通过民用核合作来改善双边关系，都期待良好的双边关系带来更多的利益回报。其二，虽然印美双方存在重和的获胜集合，但双方利益并非完全重合。从上文分析看，印度的主要目的是通过核协议让美国承认其核大国地位，而美国则希望凭借核计划达到监控印度核武计划的目的。另外，美国试图通过核协议改善印美关系并将印度拉入自己的战略轨道，这点印度也并非完全认同。以印度对伊政策为例，尽管美国试图对印伊关系施加影响，要求印度在伊朗核问题上保持与美国相同的立场，甚至将印度对伊政策与核协议挂钩，但事实上印度依旧与伊朗就伊巴印天然气管道进行接触。

四、印美双方讨价还价

尽管印美双方在上述一系列问题上立场不一，但经过双方讨价还价，印美第一层次谈判最终还是取得了成果。通过考察整个谈判过程，我们会发现印美双方在坚持各自原有立场的基础上，也适当地给予了对方让步。正如美国国务院发言人麦克马科（Sean McCormack）所说，“我们愿意以建设性的姿态来达成协议，我想你们也能够从我们的印度伙伴那里听到同

---

① Prakash Karat, “Why the CPI（M）and the Left oppose the nuclear deal”, *The Hindu*, August 20, 2007.

样的消息”。[①]

从双方达成的最终协议文本，即《123 协议》来看，美国方面的让步较为明显。以核试验问题为例，众所周知，美国对该问题的原有立场是一旦印度进行核试验，核协议立即失效，然而双方最终签署的《123 协议》并未出现类似明确条文。美国副国务卿伯恩斯还一度指出，印美签订的是核协议，它不能干涉印的主权，尽管将核试验挂钩更加符合美国的利益，但美国对印度的立场表示理解。[②] 当然，谈判过程中，印度也同样做出不少让步。在民用军用核设施分离项目中，印度就做出较大让步。众所周知，最开始印度只愿意将国内 22 个核反应堆中的 4 个置于国际监督之下，但最后印度同意增加到 14 个，并且同意将未来所有的民用核反应堆置于国际永久性的监督之下。

第三节　印美双方首席谈判者角色分析

根据双层博弈理论，作为层次Ⅰ与层次Ⅱ之间唯一的正式联结，首席谈判者的作用不能忽视。的确，在印美民用核合作谈判中，印美首席谈判者扮演了重要角色，尤其是当双方因分歧而陷入谈判困境时。当然，首席谈判者的作用究竟是积极的还是消极的取决于首席谈判者的利益偏好。通过考察，我们发现印美双方首席谈判者在推动谈判最后成功方面发挥了积极作用，[③] 尤其是布什总统和辛格总理。

美国方面，尽管布什总统本人没有亲自参与具体谈判过程，但他十分重视这场谈判，多次公开表示民用核合作将进一步推动印美两国的合作，符合印美双方利益。另外，国务卿赖斯也多次强调核协议是印美伙伴关系的关键因素。的确，对布什政府来说，印美民用核能合作协议一直被视为执政期外交领域的一项重要成果。正如克林顿政府时期担任核不扩散职务

---

① 《美印开始新一轮民用核协议谈判　要解决棘手问题》，中国新闻网，2007 年 7 月 19 日，<http://news.xinhuanet.com/mil/2007-07/19/content6396127.html>。

② Nicholas Burns, “Press Briefing in India”, White House Office of the Press Secretary, March 2, 2006.

③ Aziz Haniffa, “India US believe N-deal can be completed soon”, *Rediffnews*, May 2, 2007.

的副国务卿罗伯特·艾因霍恩（Robert J. Einhorn）说，“布什政府将这项协议视作其遗产的一部分，不愿看到这项协议失败”。①

同样，对于印美核协议的达成，辛格总理功不可没。印度一位外交发言人曾直截了当地说：“无论哪届政府，只要它稍稍暗示要屈从美国意志，特别是在核问题上，它就不能在印度继续掌权。”② 不过，辛格总理在印美民用核合作项目上表现出了坚强决心。辛格曾表示“即使左翼分子以把政府‘拉下马’相威胁，他在推动印美核协议上的立场也不会动摇”。③ 辛格总理甚至冒“提前大选的风险”来促进核协议的批准。辛格表示：“如果（左派政党）要撤出对政府的支持，让他们尽管做好了，政府不会在核协议问题上后退。”④ 的确，同布什政府一样，辛格政府也将核协议视为外交政策的一大成就，辛格本人也把协议的成败与他个人的“历史功绩”联系在一起。2006 年，辛格在印度议会上院对核协议做政策说明时表示，“自己虽然来自一个贫穷家庭，但为自由而战的精神却与生俱来”。⑤他还指出，“开始一种新的秩序总是困难的，1991 年我提出改革预算时遭到了许多批评，但正是这个改革带来今天印度欣欣向荣的局面。我是否是一个‘弱势总理’自有历史做出判断”。⑥ 当然，辛格总理对核协议的偏好主要还是基于他对核协议的利益期待。辛格总理认为核协议符合印度的国家利益，虽然有些风险，但作为总理他愿意承担。另外，尽管印度国内存在不少反对印美核合作的声音，但《印度时报》公布的民调结果显示，93% 的印度民众支持政府与美国达成的核协议。⑦

---

① Robert Einhorn, “*Nuclear* Deal With India May Be Near *Collapse*”, *Washington Post*, *October* 15, 2007.

② 陈立能：《印度核能力与核政策》，《国际展望》1996 年第 24 期。

③ 《美印核协议对实现印度大国梦具有强烈的象征意义》，《人民日报》2007 年 8 月 29 日。

④ Roshmila Bhattacharya, “If Left wants to withdraw, so be it: PM”, *The India Express*, August 11, 2007, <http://www.expressindia.com/news>.

⑤ “Excerpts from Prime Minister's Reply to Discussion in Rajya Sabha on Civil Nuclear Energy Cooperation with the United States”, *The Hindu*, August 18, 2006.

⑥ Ibid.

⑦ 《美印核协议对实现印度大国梦具有强烈的象征意义》，《人民日报》2007 年 8 月 29 日。

第四节　印美各自国内获胜集合

国内政治一直是影响印美核关系的重要变量，在印美核能合作一事上也不例外。众所周知，印美双方政府达成的核协议必须获得两国国内批准才能生效。印美双方谈判代表不仅要为落实达成核协议讨价还价，还要与各自国内的选民就核协议的批准与生效进行协商。事实证明，无论是印度还是美国要获得国内对核协议的批准都不是一件容易的事情。

一、美国的国内获胜集合

美国国内在核协议上的获胜集合，不仅仅影响到美国在第一层次上的谈判空间以及印美达成核协议的可能，更重要的是将直接影响在第一层次上达成的协议在美国国内获得批准的可能性。

根据普特南的双层博弈理论，美国国内对印美核协议的获胜集合的规模主要由以下三个因素决定：第一，美国国内选民在印美核协议上的权力分配、偏好和可能的联盟；第二，美国国内的政治制度，尤其是对核协议的批准程序；第三，美国的首要谈判者的策略。

1. 第二层次的权力分配、偏好和可能的联盟

对美国国内获胜集合产生影响的国内行为者主要包括美国国会、专家学者、工商业界、相关利益集团等，接下来我们将逐一进行分析。

首先，国会在决定美国的获胜集合方面具有关键的影响。根据美国宪法，国会是对外决策中重要的行为主体，国会可以通过众议院国际关系委员会和参议院对外关系委员等机构的活动参与和影响外交决定。[①] 就印美民用核协议来说，美国国会的立场具有决定性的影响，因为核协议必须得到美国国会最后批准才能正式生效。虽然理论上说国会是在印美《123 协

---

① 姜毅、伊嘉宇：《美、俄、日、印之外交决策机制》，《当代世界》2007 年第 7 期。

议》达成之后才影响到美国在这个问题上的获胜集合的，但事实上国会在印美核合作谈判过程中就开始对布什政府的谈判立场施加影响，《海德法案》就是很好的证明。尽管该法案是美国的国内法，并不是属于印美双边协议的内容，但事实证明，《海德法案》在很大程度上约束了布什政府的谈判立场。

美国国会对印美民用核合作十分重视，国会众参两院就该议题举行了多轮听证会，进行了激烈的讨论。[①] 概括地看，国会在印美核协议上的立场是：国会基本赞成印美核能合作，但国会对印美核协议相关条款提出了严苛的要求，尤其表现在印度核试验、核废料再处理等问题上。具体来说：

其一，国会基本认同印美核能合作。在国会看来，扶持印度成为美国联盟体系的一部分符合美国的全球战略利益。大部分国会议员认为印美拥有共同的价值观，印美核协议将有利于强化和加深两国战略伙伴关系，将带动两国在政治、经贸和军事等各个领域的交往与合作，并有助于保持地区平衡。例如，时任美国参议院外交委员会主席一职的民主党参议员约瑟夫·拜登认为，这份核协议意味着美国已经承认了印度的长期价值。拜登说："多年来我就已经说过，没有多少双边关系像印美关系这样重要。"[②] 另外，投下赞同票的议员汤姆·兰托斯也指出："这不是普通的投票。历史学家将把我们今天的所作所为看成是印度和美国关系的潮汐变化。"[③]

其二，国会对印美核协议相关条款提出了严苛的要求。这主要表现

---

① 众议院国际关系委员会听证会包括："The U. S. and India: An Emerging Entente?"（September 8, 2005）；"The U. S. -India Global Partnership: The Impact on Nonproliferation"（October 26, 2005）；"U. S. -India Global Partnership: How Significant for American Interests?"（November 16, 2005）；"The U. S. -India Global Partnership"（April 5, 2006）；"U. S. -India Global Partnership: Legislative Options"（May 11, 2006）. 参见 <http://www.internationalrelations.house.gov> for testimonies of witnesses. 参议院外交关系委员会听证会包括："Implications of U. S. -India Nuclear Energy Cooperation"（November 2, 2005）；"U. S. -India Atomic Energy Cooperation: The Indian Separation Plan and the Administration's Legislative Proposal"（April 5, 2006）；"U. S. -India Atomic Energy Cooperation: Strategic and Nonproliferation Implications"（April 26, 2006）. 参见 <http://foreign.senate.gov/hearing.html] for testimonies>。

② Somini Sengupta, "Interests Drive US to back a nuclear India", *New York Times*, December 10, 2006.

③ Josh Kurlantzick, "India is Divided Over Its Ties to the US: Push and Pull", *The New Republic Online*, August 3, 2006.

为，2006 年国会众参两院通过的《海德法案》对印美核能合作提出了许多附加条件。例如，法案规定若印度再次爆炸核装置，美国将停止对印度的核材料出口；法案也不保证不会中断对印度的核反应堆燃料供应，并防止印度对乏燃料进行后处理等等。

另外，应该指出的是，并非所有国会议员都持有上述立场，事实上有少部分议员对核协议持强烈反对意见。他们反对的理由各异，概括来说有以下几点：其一，部分议员担心印美核协议将会给国际核不扩散机制带来负面影响。他们指出，当伊朗和朝鲜的核开发使核不扩散条约遭到进一步弱化时，美国却为印度打开绿灯，若其他国家效仿，将加剧国际核扩散势头，危害美国的安全利益。2005 年 10 月 26 日美国举行第二次听证会时，国际关系委员会中指定的 5 人中，就有 4 人指出这场交易是削弱而不是加强了防止核扩散的努力。① 反对核协议的民主党议员爱德华·马基（Edward J. Markey）在协议获得批准后发表声明谴责说："这是个非常糟糕的议案，危及今后的全球核不扩散体系。"② 其二，不少议员同意发展印美关系，但是指出不一定通过核合作来实现这一目标，有议员提出支持印度成为联合国安全理事，而在核问题上避免做出让步。③ 例如，爱德华·马基就表示自己并不是反美派，而是印度的朋友，"许多自认是印度朋友的人们希望，在遵守国际核不扩散规则的基础上，美国有更好的办法来解决印度的能源问题、环境问题，而不执行印度例外"。④ 其三，有议员对核协议本身表示不满，认为美国做出了太多的让步，指出该协议没有限制印度生产核武器的能力，也未对印度国内民用核燃料转为军事用途做出限制，因此美国收益预期带有投机性。2007 年 7 月，23 名众议院议员联名上书布什总统，强调美国与印度达成的任何民用合作协议都必须确保在"国会规定的法律范围之内"。⑤ 2007 年 10 月，众议院议案 H. Res. 711 也表达了同

① Ashley J. Tellis, "Should the U. S. Sell Nuclear Technology to India? Part II", *Yale Global Online*, November 10, 2005.

② Carol Giacomo & Tabassum Zakaria, "Bush signs U. S. -India nuclear deal", *Washington (Reuters)* December 18, 2006, <http://thestar. com. my/news>.

③ Paul K. Kerr, "U. S. Nuclear Cooperation with India: Issues for Congress", *CRS Report* RL33016, February 12, 2008.

④ Aziz Haniffa, "US Congressman vows to scuttle nuclear deal", *Rediffnews*, March 3, 2006.

⑤ Alan Kronstadt, "India-U. S. Relations", *CRS Report RL*33529, December 19, 2007.

样的关切，要求布什政府澄清《123 协议》与美国法律的一致性。[①] 的确，国会内部在一些问题上存在争议和反对声音，这在一定程度上缩小了美国的获胜集合。正如美国众议院国际关系委员会主席亨利·海德曾警告政府不要以为这项协议获通过是确定无疑的，并劝告美国的谈判代表在谈判协议的细节时密切注意国会的担忧。[②] 为此，我们可以得出结论，国会对美国国内的获胜集合的影响既有积极的一面，也有消极的一面。

其次，美国智库学者、核问题专家的观点也影响到了美国的国内获胜集合。众所周知，美国不少智囊机构往往以受政府委托或签订合同等方式成为外交决策的咨询者和参与者。智库学者的言论和研究报告往往会得到国会议员和总统的倾听。总体来看，他们对印美核协议的立场不一，分赞成派和质疑派。为此，他们对美国国内获胜集合的影响同样具有两面性，既有积极的一面，也有消极的一面。卡内基国际和平基金会高级研究人员特利斯在印美核合作问题上主张"特殊问题用特殊的解决办法"。[③] 特利斯认为，"这场交易无论对印美两国安全利益还是对防止国际核扩散来说都有好处"。[④] 而卡内基另一位负责防扩散项目的专家佩尔科维奇的观点则与特利斯大相径庭，佩尔科维奇认为印美核合作是一场错误交易，将与美国的不扩散目标相违背，同时给国际核不扩散机制带来负面影响。[⑤]

最后，美国相关利益集团在一定程度上直接或间接地影响了美国的国内获胜集合。印裔美国人社团、美国商业团体、军火商等利益集团对印美核合作都十分感兴趣，并且积极试图施加影响。自印美开始酝酿核能合作以来，不少有影响的印裔美国人团体就与防扩散力量进行激烈的角力，他们在游说参众两院通过相关议案方面发挥了积极作用。众所周知，印度在美国的移民大约有 150 万，其中有许多人是工商界大亨和科技界精英，属于上层社会，他们已在美国形成一个强大的印裔院外集团，影响着美国的

---

① Alan Kronstadt, "India-U. S. Relations", *CRS Report RL33529*, December 19, 2007.

② Wade Boese, U. S. - Indian Deal Clears Congressional Hurdles, *Arm s Control Today*, July/August 2006.

③ Ashley Tellis, "Atoms for War? US-Indian Civilian Nuclear Cooperation and India's Nuclear Arsenal", *Carnegie Endowment Report*, June 2006.

④ Ibid.

⑤ George Perkovich, "Faulty Promises: The U. S. -India Nuclear Deal", *Policy Outlook*, No. 21, Carnegie Endowment for International Peace, September 2005.

南亚政策。另外，美国多数商业团体支持协议，如美国的通用电气公司和威斯汀豪斯电气公司等，他们都期待印美核协议带来的商业利益。除此之外，美国一些军火公司如波音公司、洛克希德－马丁公司以及雷神等对核协议也表示支持，它们大多期待美国政府能取消目前对印度实施的各种高科技出口限制，而从中获益。事实上，在美国通过印美核合作协议后，新德里已立即开始审核与美国签订的一些巨额国防合作协议，仅印度空军就希望购买 126 架美国战斗机，协议价值约 60 亿美元。①

尽管这些美国大型公司支持印美核协议，但是它们的数量有限，对美国在相关问题上的决策未必能产生根本性影响，毕竟印美核交易不仅仅是一场核物质、核技术的交易，它背后有复杂的利益牵连。事实上，美国国内不少利益团体对核协议持反对意见，对美国国内获胜集合产生着消极影响。例如，有 23 个美国团体曾联合发起一项活动以阻止印美民用核技术合作协议。这些团体认为，这项协议将加强印度的核武实力。对协议持反对态度的“在核贸易中负责任运动”（the Campaign for Responsibility in Nuclear Trade）称：印美民用核技术合作协议将“严重削弱”核不扩散努力，使伊朗和朝鲜放胆寻求核武器，加剧亚洲的核武军备竞赛。②另外，“可生存世界委员会”（the Council for a Livable World）的伊萨克斯（John Isaacs）称：“当国会仔细研究布什政府所提出的协议时，它会发现这是一项危险的、前所未有的协议。这一协议削弱了已实行 30 年的核不扩散政策，将加强印度生产核武器的能力，扩充其核武等级材料库，在巴基斯坦处于危机时向它传达一个错误的信号。国会将最终为了保护国家安全和全球稳定否决这一协议。”③

2. 美国国内的政治制度

从影响获胜集合规模的第二个因素来看，美国国内的政治制度意味着美国的获胜集合规模较小。美国国内权力的分立和两党体制决定了美国在

---

① Siddharth Srivastava, “India means nuclear business”, *Asia Times Online*, November 22, 2006.

② “23 Groups Forge Coalition Against India Nuclear Deal”, Washington (AFP), January 15, 2008.

③ Ibid.

与印度民用核合作政策问题上的异质性。尽管美国国内围绕核协议方面的党派政治分野不是很清晰，但无论是共和党还是民主党都存在反对声音，而且美国立法机构批准程序对美国国内获胜集合容易产生不利的影响。根据美国立法，国会批准需要 2/3 通过，其"获胜集合"较之简单多数通过较小。

3. 美国领导者谈判策略

根据双层博弈理论，影响国内获胜集合的还有另一个重要因素，即第一层次首要谈判者的策略。根据分析，布什政府的确成功运用了一些策略，在一定程度上扩大了美国国内的获胜集合的规模，使印美之间达成了双边协议，同时也提高了核协议在美国国内获得批准的可能性。2008 年美国众参两院分别以 298 票对 117 票、86 票对 13 票批准核协议就是最好的例证。布什政府采取的策略主要有：

策略一：通过"问题界定"扩大国内的获胜集合。根据双层博弈理论，通过"问题界定"能够扩大国内获胜集合。例如，可以把国内的问题"国际化"，以扩大公众的注意力并且提高国内的参与水平；把问题的范围界定得更广，并把它和国家的安全和核心利益联系起来，或者把某个问题界定为对国家间关系非常重要等，以便获得国内必要的政治支持。[①] 布什政府就运用了这些策略，强调印美核合作事关整个印美关系的发展。国务卿赖斯在国会举行的听众会上强调核协议是印美伙伴关系的关键因素，"民用核协议是改变美国与印度伙伴关系的实质性步骤"。[②] 无疑，该策略对那些赞成改善印美关系的人群来说具有利诱作用。

另外，布什政府对核协议带给美方收益的界定也十分清楚，尤其是在争议较大的议题方面。布什政府明确指出，核协议不仅不会对核不扩散机制产生负面影响，而且可以把印度纳入核不扩散主流中，并增加印度全面

---

① Anny Wong, *The Root of Japan's International Environmental Policies*, New York: Garland Publishing Ins, 2001, p. 32. 转引自薄燕：《国际谈判与国内政治：对美国与〈京都议定书〉的双层博弈分析》，复旦大学 2004 年博士学位论文，第 45 页。

② Condoleezza Rice, "Remarks of Secretary of State Condoleezza Rice at the Senate Foreign Relation Committee on the U. S. – India Civil Nuclear Cooperation Initiative", April 5, 2006, <http://foreign. senate. gov/testimony/2006/Rice Tesimony060405. pdf>.

民用核计划的透明度。[①] 布什在回答记者关于核协议是否会向其他国家发出错误信息的提问时说："情况已经发生变化，时代已经发生变化，领导人能够做出改变。"[②] 布什指出，印度作为"一个具有先进核技术的负责任的国家"，应该"获得此类国家所享有的利益和优势"。[③] 赖斯还多次辩护说，"与印度有条件开展核合作，可将印度纳入国际核不扩散框架之中，鼓励印度加强核出口管制制度，防止印度国有和私营部门从事扩散活动"。[④] 赖斯特别撰文指出：美国与印度达成的协议是"独特的"，因为印度是独特的，伊朗和朝鲜同印度没有可比性。[⑤]

策略二：依据双层博弈理论，通过影响关键选区选民达成协议的成本和效益，提高不达成协议的成本，能够使原来不受支持的协议相对地更加引人注目，甚至得到支持。[⑥] 同时，向强大的国内选民或者摇摆集团提供具体的收益也会促使协议的达成和批准。[⑦] 赖斯在国会作证时就强调"不能想象核协议破产给印美关系带来的损失"，[⑧] 并指出"一旦合作失败或者发生根本的替代改变，印美之间过去的敌意和不信任将再次加倍"。[⑨] 另外，赖斯分析指出，印美民用核能协议可以满足印度日益增长的能源需求，减少印度的环境污染，而且会给美国制造大量的工作机会。印度计划在2012年前进口八个核反应堆，美国公司仅仅是赢得其中的两个核反应堆，就能为美国带来数千个工作机会。[⑩] 赖斯特别提到法国、俄罗斯及其

---

① 《美国参议院通过美印民用核合作协议》，《世界核协会新闻简报》2006年11月21日。

② 赵青海：《美印核合作及其影响》，《国际问题研究》2006年4期。

③ "July 18 Joint Statement", White House Press Release, July 18, 2005, Washingon, DC, <http://www. white house. gov/news/release/2005/07/20050718-6. html>.

④ Condoleezza Rice, "Remarks of Secretary of State Condoleezza Rice" at the Senate Foreign Relation Committee on the U. S. -India Civil Nuclear Cooperation Initiative", April 5, 2006, <http://foreign. senate. gov/testimony/2006/Rice Tesimony060405. pdf>.

⑤ Condoleezza Rice, "Our Opportunity With India", *The Washington Post*, March 13, 2006.

⑥ 薄燕：《国际谈判与国内政治：对美国与〈京都议定书〉的双层博弈分析》，复旦大学2004年博士学位论文，第102页。

⑦ 同上，第102页。

⑧ Condoleezza Rice, " Remarks of Secretary of State Condoleezza Rice" at the Senate Foreign Relation Committee on the U. S. – India Civil Nuclear Cooperation Initiative", April 5, 2006, <http://foreign. senate. gov/testimony/2006/Rice Tesimony060405. pdf>.

⑨ Ibid.

⑩ Ibid.

他国家已经盯上了印度这个巨大的核能源市场，美国为此协议的争论不休会让自己失去机会。

策略三：依据双层博弈理论，可以在国际谈判中强调自身受到国内因素的限制，与此同时，通过向对方提供额外的补贴和援助，试图扩大其他国家的获胜集合。布什政府也采取了此种策略，试图提高印度的获胜集合。2005 年开始，美国高官先后在不同场合称美国要帮助印度成为 21 世纪的主要世界强国，而核合作是其中的重要内容。另外，在印美核合作正式谈判前，美国有意加强与印度的防务合作，表达改善两国关系的决心，为核协议的达成提供了很好的基础。2005 年 6 月，印度国防部长穆克吉访美期间，印美签订了《印美国防合作新框架》，在这份国防合作文件中，美国给予印度一系列“准盟友”待遇。

的确，在布什政府看来，印美核协议只能成功。正如美国国务卿赖斯所说：“如果布什总统谈成的这项协议无法获得批准，双边关系将受到严重损害，美国在亚洲的广泛利益也将蒙受损失。”① 为此，布什政府在国内采取了积极策略，这些策略在一定程度上扩大了美国国内的获胜集合。

从以上的分析可以看出，在不考虑美国首要谈判者策略的情况下，美国国内在核协议上的获胜集合规模不足以确保核协议获得批准的程度。其一，尽管核协议会给美国国内一些利益团体带来客观的收益，但他们对获胜集合的影响相对有限、相对间接。另外，就能够对获胜集合产生决定影响的美国国会来说，虽然国会大多数议员赞成印美核合作，但他们理想的核协议是建立在居多限制条款之上的，他们并不完全认可政府的立场，而且国会中也存在反对声音，部分议员认为批准核协议将给美国带来巨大的成本，担心这项条约给国际核不扩散机制带来负面影响，甚至担心会影响美国的安全利益。其二，从影响获胜集合规模的第二个因素来看，美国国内的政治制度意味着美国的获胜集合规模是较小的。不过应该指出，从影响获胜集合的第三个因素来看，布什政府在美国国内采取的策略较为成功，在一定程度上扩大了美国国内获胜集合的规模。

---

① Steven R. Weisman, “Rice seeks backing for nuclear deal for India”, *The New York Times*, April 6, 2006.

二、印度的国内获胜集合

印度的国内获胜集合同样受三类因素的影响：其一，印度国内选民在印美核协议上的权力分配、偏好和可能的联盟；其二，印度国内的政治制度，尤其是对核协议的批准程序；其三，印度首要谈判者的策略。

1. 第二层次的权力分配、偏好和可能的联盟

同样，印度国内有众多行为体能够对印度获胜集合产生影响，这些行为体包括印度议会、专家学者、新闻媒体、相关利益集团等。

首先，印度议会在决定印度国内获胜集合方面具有直接和关键的影响。尽管根据印度的法律，印美民用核能合作属于外交事务，因而核协议不需要获得议会的正式批准，但鉴于核协议的重要性，获得议会的认可有其必要性。

鉴于时任印度人民院组中国大党及其盟党占有216席（国大党145席，为第一大党；印度人民党及其盟党187席，印度人民党138席；左翼政党及盟党61席，其余政党75席），[①] 所以议会中主要是国大党、印度人民党、左翼政党对核协议的态度对印度国内获胜集合产生重要影响。诚然，其他政党在某种程度上也影响印度国内获胜集合，印度社会主义党就是最好例证。尽管该党只是拥有39个议席的小党，但假如没有它的支持，辛格政府很可能无法赢得议会对政府所进行的信任投票。

作为印度执政党，国大党的立场基本上等同于印度政府的立场。因此，国大党的基本立场是支持核协议。

印度人民党方面，该政党对印美核协议基本持批评立场，对印度国内获胜集合产生消极影响。在印度人民党看来，核协议牺牲了印度的国家安全利益。人民党对美国国会通过的《海德法案》表示不满，指出该法案没有规定全面的民用核合作，反而给印度强行规定了许多严苛的责任。该党

---

① Steven R. Weisman, "Rice seeks backing for nuclear deal for India", *The New York Times*, April 6, 2006.

要求政府"拒绝法案而不是接受屈辱的条件"。[①] 前总理瓦杰帕伊表示：很难消除的一种感觉是，"印度已在联合声明中承担了长期而具体的义务，而美国仅给出某些可能根本无法在核大国俱乐部内顺利通过的承诺"。[②] 印美《123 协议》公布后，印度人民党反对声音更加强烈。印度人民党成员、前外交部长亚什万特·辛哈表示，《123 协议》虽然没有从文字上明确提及核试验问题，但协议规定在执行协议时要依照各国相关国内法律规定、条约等。[③] 这实际上是暗指美国 2006 年 12 月通过的《海德法案》。根据这一法案，如果印度进行核试验，美国总统将有权终止两国的民用核能合作。

印度左翼政党方面，总体来看，左翼政党对印美核协议持批评立场，对印度国内获胜集合的影响也是消极的。左翼政党主要包括印度共产党（马克思主义）[CPI（M）]、印度共产党（CPI）、革命社会党（RSP）、前进团（Forward Bloc）。其中，印共（马）在印度是仅次于国大党和印度人民党的第三大全国性政党，在议会拥有 54 个席位，以它为首的左翼政党是印度本届政府议会多数的重要组成部分，尽管未参加内阁，但该党作为议会执政联盟的信任基础起着不可或缺的作用，对辛格政府的进退产生关键影响。[④] 概括来说，左翼政党反对核协议的主要理由为，印美开展核合作将制约印度奉行的独立自主外交路线，损害印度主权。因此他们希望印度政府不要单方面采取可能损害国家利益的举措，并要求政府澄清美国通过民用核合作倡议到底要从印度得到什么好处。印共（马）总书记普拉卡什·卡拉特（Prakash Karat）在《印度教徒报》发表的《为何印共（马）和左翼政党反对核协议》一文提出：左翼政党与政府在核协议上的分歧首先来自 2005 年 9 月联合政府在伊朗问题上的变卦。2005 年 9 月，联合政府在国际原子能机构理事会就伊朗问题举行的投票中追随美国和西方国家

---

① Suvrokamal Dutta, "The Indo -US Nuclear Civilian Deal: Dictate or Deal?", *Indolink*, January 22, 2007.

② 张力：《从"核协议"解读印美战略关系》，《南亚研究季刊》2005 年第 3 期。

③ 《印度公布印美民用核能合作协议文本文件》，国际在线，2007 年 8 月 4 日，<http://gb.cri.cn/14558/2007/08/04/2225@1704526.htm>。

④ 张力：《印美民用核合作受挫及其对印美关系的影响》，《四川大学学报（哲学社会科学版）》2008 年第 4 期。

投了赞成票，而不是站在原有的立场与不结盟国家集团保持一致。[①] 文章还重点表达了对《海德法案》的强烈不满，指出该法案对印度太多的限制无法接受，并与辛格总理在议会中的承诺不相符合。印共总书记阿尔登杜·布尚·巴尔丹（Ardhendu Bhushan Bardhan）则指出："曼莫汉·辛格应当从英国前首相布莱尔身上吸取教训，后者因为他与布什的友谊被赶下了台。"[②] 巴尔丹还指出："美国绝对不会是印度的朋友，也不可能成为世界上任何一国的朋友。"这位左翼领袖表示，为了维护国家利益和他的政府，总理应当避免与美国交朋友。[③]

事实上，左翼政党反对的不仅仅是核协议，它们对印美关系的不断深化持反对立场，尤其是对两国日益密切的战略关系感到担忧。例如，它们对近年来印美防务方面合作就表示不满。2005 年，印美两国在印度东部的西孟加拉邦展开代号为"对抗—印度 2005"的军事演习，左翼政党在印度各地组织抗议示威活动，致使印度当局不得不出动大批警力维持秩序。的确，尽管左翼政党与人民党都反对核协议，但他们的立场和出发点有所区别。印度西孟加拉邦首席部长布达戴布·巴塔恰吉就表示，左派反对核协议与反对党存在区别。他指出，"反对党支持印美战略关系，如今之所以改变主意反对核协议，只是想联合政府垮台，因此人民党在核协议上有虚伪的一面。相反，左翼政党完全反对核协议以及印美战略伙伴关系。我们希望印度推行独立的外交政策"。[④]

其次，印度部分战略分析家和核科学家对印度国内获胜集合的影响也不能轻视，因为这一群体容易引起印度政府的重视，而且他们的声音对舆论影响较大。事实证明，这一群体对印度国内获胜集合的影响既有消极的一面，也有积极的一面。

一方面，部分印度战略分析家和核科学家对核协议表示担忧 。其担心的理由主要是，他们认为核协议对印度核武器计划将产生限制作用。他们反对美国对印度核计划的监督，并且认为核项目军用和民用的区分会限制

---

① Prakash Karat, "Why the CPI (M) and the Left oppose the nuclear deal", *The Hindu*, August 20, 2007.

② 《印共重申反对印美核协议》，《印度教徒报》2007 年 9 月 6 日。

③ 同上。

④ "Left's opposition to N-deal total: Buddhadeb", <http://news.indiainfo.com/article/080717>.

印度军事核项目的发展，尤其反对将14座民用核反应堆置于国际原子能机构的监督之下，担心国外进口核技术可能会影响到印度的核自主开发能力。① 他们指责核协议出卖了印度的独立核计划，同时对政府与美国达成协议之前没有征求他们的意见也极为不满。另外，印度一些科学家写公开信表达对印美核能合作的担忧，包括印度原子能委员会前主席艾杨格博士（Dr. P. K. Iyengar）、印度核能管制单位前主席戈帕拉克里希南博士（Dr. A. Gopalakrishnan）、巴巴原子研究中心前主任普拉萨德博士（Dr. A. N. Prasad）等。② 他们在公开信中指出，在全国就印度向国际原子能机构提交的核安全保障协议草案做充分讨论之前，政府不应该寻求国际原子能理事会的批准。另外，他们还特别表达了对《海德法案》的不满，称根据该法案订立的协定不会符合印度的利益。普拉萨德表示，《海德法案》更多是有关印度哪里该做、哪里不该做的不扩散规定，目的是维护美国的利益、目标和政策。③

印度一些专家学者对印度政府所宣扬的核能利益也表示不赞同，指出加大核能利用对于印度摆脱国际石油市场的依赖不会发挥实质性的作用，并指出：

> 在过去的能源结构中，核电实际微不足道。核电只占有印度电量中的2.7%，大部分能源来自煤（55%）、水能（26.4%）、天然气（10.3%）、风能、太阳能和其他再生能源（5.2%），这些能源超过了石油与核能总和。印度不喜欢用石油来发电，而是将其另作他用，如交通。印度利用核能对于印度摆脱国际石油市场的依赖不会发挥实质性的作用。核能虽然可用来补充煤燃料不足，但是其成本较高。根据印度能源局报告显示，单就工业部分来说，提供能源效率将可能每年

---

① 蓝建学：《美印核合作：背后动因及潜在影响》，<http：//iaps. cass. cn/xueshuwz/content. asp? page =2>。转载张蕴岭、孙士海：《亚太蓝皮书：亚太地区发展报告（2006）》，社会科学文献出版社2007年版。

② "Full text of the nuclear scientists' letter", *Sify News Desk*, June 24, 2008.

③ Sudha Ramachandran, "India fears US nuclear trap", *Asia Times Online*, December 20, 2006.

节约 15GWE 电力。[①]

另一方面，印度国也有不少核科学家、技术专家对核协议表示支持。他们指出印方在谈判中提出的大部分关切和诉求在《123 协议》文本中都得到了体现，协议一旦生效，印度在国际核燃料和核技术舞台上的“孤立”状态将会结束。他们还特别指出印美核协议不会阻碍印度核武器的发展。印度原子能委员会、国家安全咨询机构的一名成员声称：假如印度不签署核协议，将表明印度的傲慢，因为即使是核不扩散条约成员国也不一定有这样的机会。[②] 另外，印美达成《123 协议》后，一些科学家（大部分来自巴巴拉原子研究中心）发起了保护核协议的运动，以表达对辛格总理的支持。值得一提的是，作为职业科学家的印度前总统阿卜杜勒·卡拉姆对核协议也表示支持，卡拉姆称印美核协议是独特的，有利于印度。[③]

值得一提的是，印度新闻媒体也影响到了印度国内获胜集合因素。新闻媒体影响印度国内获胜集合主要表现在，它能够塑造印度国内关于核协议的舆论。总体来说，印度媒体对获胜集合的影响较积极。印度媒体在核协议上基本塑造了一个正面的国内舆论，不少媒体甚至将核协议称为“突破性协议”、“印美战略关系里程碑”。根据佩尤全球态度调查 2006 年的调查结果显示：70% 的印度人相信近年来印美关系已经得到改善，而这些人中超过 91% 的人认为印美关系的改善是一件好事。[④] 当然，这些人群的态度存在区别。一部分人认为改善同美国的关系，印度可以付出任何的代价，做出任何的让步，因此这些人全力支持印美核协议，主要包括家族企业、商业巨头。另一部分人则相对保守，认为印度在发展印美关系的同时，应该坚定维护自身利益。具体就印美核问题来说，根据佩尤全球态度

---

① Narottam Gaan, *India and the United States: From Estrangement to Engagement*, New Delhi: Kalpaz Publications, 2007, p. 306.

② 《印度公布印美民用核能合作协议文本文件》，国际在线，2007 年 8 月 4 日，<http://news.xinhuanet.com/newscenter/2007－10/16/content 6889492.htm>。

③ “Signing nuclear deal will benefit India- Kalam”, *Financial Express*, Jun 26, 2008.

④ “Most Indians think improving relations with US is a good thing, Pew Global Attitudes Project Spring 2006 Survey of six nations”, A summary of the findings as officially released by Pew, US-India Friendship. Net.

调查，62%的印度人听说过该协议，而其中75%的人同意该协议获得批准。[①] 根据印度“雷迪夫”（Rediff）网站特派记者对印度各界人士进行的采访，大部分的民众支持辛格政府，认为核协议有益于印度，应该获得批准。一位被采访者说道：“我阅读的只有乌尔都和印地语报纸，这些报纸对印美核协议的评价是较积极的，如果有利于印度，我们应该和美国进行核交易，这没有害处。”[②] 另一名德里退休商人则说：“我不完全了解核协议的细节，但就我看来它是一个进步，印美关系需要加强，辛格总理称它具有历史意义，我同意这种说法。”[③]

当然印度国内也有少部分民众对核协议持反对立场，例如一位孟买的银行经理认为：“核协议总是具有争论，辛格总理顽固追求该协议的决定将有灾难的结果。”[④] 印度和平与裁减核武器联盟的苏克勒·森（Sukla Sen）先生也指出，“印美核协议是致命错误的，该协议将使保留自身核武库，为印度开发核武器提供更多的燃料。它与核不扩散以及核裁军的目标相违背，必将产生负面的全球影响”。[⑤] 不过，总体来说，印度国内民众反对声音所占的比例不大，甚至许多人认为左翼政党的批评更多的是政治游戏，与协议无关。[⑥]

诚然，印度相关利益集团也是影响印度国内获胜集合的因素之一。总体来说，这一部分力量对获胜集合的影响较小，为此本文不展开详细分析。

2. 印度政治制度

从影响获胜集合规模的第二个因素来看，印度国内的政治制度意味着

---

① “Most Indians think improving relations with US is a good thing, Pew Global Attitudes Project Spring 2006 Survey of six nations”, A summary of the findings as officially released by Pew, US-India Friendship. Net.

② Anand Mohan Sahay & Raja Sen, Shobha Warrier, “The UPA will survive the crisis”, August 20, 2007. <http://www.rediff.com/news/2007>.

③ Ibid.

④ Ibid.

⑤ Praful Bidwai, “Deceptions Surface in US-India Nuclear Deal”, *Inter Press Service*, *July* 11, 2008.

⑥ Anand Mohan Sahay & Raja Sen, Shobha Warrier, “The UPA will survive the crisis”, August 20, 2007. <http://www.rediff.com/news/2007>.

印度国内获胜集合规模较大。根据印度的法律，外交政策不需要议会的批准，议会几乎无权干涉政府的决定，因此印美民用核协议谈判的结果不需要考虑议会的批准。不过，正如我们上文提到的，鉴于核协议的重要性，协议获得议会的认可有其必要性。

3. 印度领导者策略考量

从影响获胜集合的第三个因素，即领导者策略考量来看，辛格政府采取了若干积极策略，在一定程度上扩大了印度国内的获胜集合。众所周知，辛格政府是属于低调行事的务实政府，在印美民用核合作一事上，辛格政府并没有制造大的舆论来试图影响国内选民的态度。但通过仔细考察，我们会发现辛格政府为扩大国内获胜集合所采取的策略也是可圈可点的。

首先，辛格政府运用了“问题界定”策略。自从印美核合作谈判开始，辛格政府就表明了与美国达成核协议的决心。辛格政府强调印美核合作谈判属于外交事务，因此对反对派政党要求核协议需获议会批准的主张表示反对。另外，辛格总理多次强调核协议符合印度的国家利益，对解决印度的能源问题至关重要，并表示他愿意承担未来可能出现的风险。辛格总理本人多次前往印度议会为核协议做辩护演说，声称印美核合作协议不会损害印度的核武器发展计划，不会牺牲印度的国防安全和国家利益，并强调印度的战略资产是维护国家安全的重要资源，不会纳入与他国的谈判范围。

另外，辛格政府也试图通过影响关键选区选民达成协议的成本和效益，提高不达成协议的成本，来扩大国内的获胜集合。辛格总理强调印美核合作有利于印度的利益，如果反对该项合作，事实上是背弃了印度的利益。印度国大党领袖索尼娅·甘地则说，反对签署印美核能合作协议的人不仅是国大党的敌人，也是印度进步与发展的敌人。她说，印度正在发展，各行业都需要能源，能源供应必须与印度的发展同步。[①]

其次，辛格政府还采取积极措施影响美国的获胜集合。首先，辛格政

---

① 《印度总理对布什说实施印美民用核协议有困难》，新华网，2007 年 10 月 16 日，http：//news. xinhuanet. com/newscenter/2007 – 10/16/content 6889492. htm。

府组织了强大的游说集团，开展了一场围绕印美核协议的游说外交。2006年以来，印度针对印美民用核问题，对美国白宫、国会和媒体发动了一场游说外交战役。印度政府构建了印度外交官、印度裔美国人、企业界和美国社会各界构成的强大游说团队，形成了对美国国会议员的强大压力。[①] 2006年5月，印度外交部模仿美国国务院建制，创建了一个崭新的机构——游说外交处，由一名副部长主管，具体负责在重要政策问题（比如伊朗核问题、印美核协议、邻国关系等）上塑造和影响全球及国内的公众舆论，全力塑造一个与崛起的印度地位相适当的国家形象。[②] 的确，核协议最后获得美国国会的批准，印度游说外交发挥了一定作用。[③] 另外，辛格政府还敦促印度议会于2005年通过了禁止非法扩散核技术的议案。该议案规定，从事核交易或传输核技术者将被判处五年至终身监禁，并会处以罚款。[④] 该议案的通过在一定程度上提高了美国的获胜集合，向美国表明“作为一个负责任的国家，印度从未将其成熟的技术能力转让给其他任何人”。

总体来看，由于印度的政治制度规定核协议不需要议会的批准，这在理论上决定了印度具有较大规模的获胜集合，不过从实际情况来看，印度国内获胜集合的规模要完全达到确保国内批准的程度（根据双层博弈理论，批准并不一定是指议员的批准，而是指国内满意的程度）并非易事。事实上，印度国内存在许多影响国内获胜集合的消极因素，这些因素主要来自印度国内对核协议持反对立场的行为体，包括印度人民党、支持辛格政府联合执政的左翼政党，以及部分核科学家等等。不过，辛格政府在印度国内采取的策略较为成功，在一定程度上扩大了国内的获胜集合，最终确保了印美核协议在印度国内的批准。

---

① 赵可金：《试论印度围绕〈美印核协议〉的对美游说外交》，《南亚研究季刊》2007年第4期。

② 同上。

③ 同上。

④ 《印度国会上院通过禁止非法扩散核技术的议案》，《国外核新闻》2005年第6期。

第五节　印美对《123 协议》的不同解读与辛格政府“非故意违约”

2007 年 7 月 20 日印美完成《123 协议》的谈判，但双方并没有立即对外公布协议文本内容，直到 2007 年 8 月 3 日才对外公布。协议文本长达 22 页，全文共写进包括说明、合作范围、信息交流、核贸易等 17 项条款。根据规定，协议有效期为 40 年，每次可延长十年，任何一方可以提前终止协议，但必须提前一年发出书面通知，并明确终止合作的原因，允许双方就此进行磋商。

上文已经提到，根据协议，美国同意向印度出口民用核技术和核燃料，并允许印度在国际原子能机构的监督下对乏燃料进行后处理和循环利用。美国还将支持和帮助印度建立战略燃料储备，以保证印度的民用核反应堆得到不间断的燃料供应。此外，美国还将和印度一起与国际原子能机构就保障监督事宜进行谈判和合作，并寻求获取核供应国集团的核贸易许可。[①] 值得一提的是，文本对于谈判中双方存在争议的印度核试验的内容未有涉及，但明确说明该协议不会“妨碍和干涉”印度发展用于军事方面的核计划。协议表示，印美两国的民用核能合作是全方位的，合作既可以在政府之间，也可以在经主管部门核准的个人和实体之间进行。协议提到，这是两个拥有先进核技术的国家之间的合作，双方拥有共同的利益和责任，有义务防止大规模杀伤性武器的扩散。

《123 协议》的达成说明印美双方第一层次谈判取得成功，协议达成后双方政府都表示满意，美国国务卿赖斯和印度外交部长普拉纳布·穆克吉就文本的达成发布联合声明表示，这项民用核协议是两国战略伙伴关系中一个“历史性里程碑”。美国副国务卿伯恩斯甚至称这个协议是“印美两国 60 年外交历史上达成的可能是最重要的协议”。[②]印度辛格总理也表示，

① 《美印达成民用核合作执行协议》，《国外核新闻》2007 年第 8 期，第 12 页。

② Robert Einhorn, “*Nuclear Deal With India May Be Near Collapse*”, *The Washington Post*, *October* 15, 2007.

这是印度所能得到的“最佳文本”。

的确，在谈判过程中印美双方都做出了一定让步，美国表现尤为明显：核原料稳定供应方面，美国同意将向印度提供不间断的核能供应，并帮助印度建立战略核能储备；剩余物质的回收利用方面，美国允许印度在国际原子能机构的监督下，对使用过的核燃料进行再处理；印度进行核试验方面，协议没有涉及印度进行核试验的内容，但明确说明该协议不会“妨碍和干涉”印度发展用于军事方面的核计划。这些承诺与 2006 年 12 月美国国会通过的《海德法案》的条款相比存在明显区别。当然，美国也并非单方面让步，根据协议美国有权要求印度退还美国所提供的核燃料和技术设备，但将参照市场价格对印度做出补偿；印度有权回收利用剩余的核燃料，但前提是印度在国际原子能机构的监督下安装先进的回收装置，该装置花费相当大。

一、印美对《123 协议》的不同解读

《123 协议》达成后，印美关于核协议的矛盾分歧并没有完全解决，核协议文本公开后，印美国内出现了不少反对声音。由于协议文本已经确定不可能再进行任何修改，印美为满足国内的政治需求，只好对文本进行不同的解读。印美之间的争议归结起来有两个：其一，印度未来能否进行核试验，即核协议是否“威胁印度主权”；其二，《123 协议》和《海德法案》的关系，即印美将来合作是以两国间的双边协定为准还是以美国的国内法《海德法案》为准。

关于第一个问题，印美双方一直“各说各话”、“各自表述”。美国方面，国务院发言人麦科马克明确表示，“一旦印度进行核实验，所有核合作必须终止，同时印度必须向美国返还所有的核原料”。① 在美国方面看来，《123 协议》虽没有明确提到《海德法案》，但协议中有这样的规定，“双方和平利用核能的合作需要遵守相应的国际条约、各自国内法律法规以及出口控制规定”，其中国内法规事实上就包含了《海德法案》的政策

① “N-deal will be scrapped if India tests：US”，*Rediffnews*，August 15，2007.

含义。但印度方面坚持认为，双方的核合作应以《123 协议》为准，而《123 协议》没有提到《海德法案》的字眼，因此印度未来是否进行核试验是印度的主权问题，不受两国政府间条约的限制。印度总理辛格 2008 年 8 月 13 日在印度人民院（下院）介绍核协议情况时指出："请让我在这里再一次重申：未来进行核试验的决定依然属于印度主权范围，将完全由印度政府决策。印美核协议不会以任何方式禁止、限制或妨碍印度的战略自主权或战略能力。"①

对于第二个问题，尽管在核协议的谈判中，美方向印方表示，美国总统独立执行外交政策，有权"免除"《海德法案》中对印度的一些限制条款，例如印度未能履行"与美国保持一致外交政策"时而应给予的"制裁"等。但印度的担心依然存在，在印度看来，现在布什政府需要印度这个"战略盟友"，可以做这样的承诺，一旦将来换了政府，这样的承诺就失去了效力。而且，美国谈判代表的言论也加深了印度的担心，美国副国务卿伯恩斯表示，"（协议）完全在《海德法案》的框架范围之内"。② 因此，印度强调双方的核合作只遵守双边协议，而不受美国国内法的制约。印度认为《海德法案》中诸多限制条款是印度不能接受的。例如，该法案第 103 条（B）款规定，"在重大国际问题上印度需要采取同美国一致的外交立场"；在核试验问题上，《海德法案》也明确规定，一旦印度进行核试验，美国将终止一切双边核合作，并将追索所有的核原料、技术和设施。另外，《海德法案》要求美国政府每年须审核印度的履约情况并在此基础上开展核合作等等，这些规定在印度看来侵犯了印度主权，损害了其利益。

二、辛格政府暂时性"非故意违约"及原因分析

《123 协议》于 2007 年 8 月由印美双方公布后，在印度政坛引发强烈震荡，几乎酿成难以收拾的政治危机。由于争议各方无法在这一涉及重大

---

① "PM's statement in the Lok Sabha on Civil Nuclear Energy Cooperation with the United States", *The Hindu* August 13, 2007.

② "N-deal will be scrapped if India tests: US", *Rediffnews*, August 15, 2007.

国家利益的问题上达成国内共识，辛格政府不得不宣布暂时冻结与美国的民用核能合作。2007 年 10 月，辛格总理亲自致电布什总统，表示由于印度联合政府中左翼政党的反对，印度政府实施印美民用核能合作协议存在困难，印度国内的批准需要时间。[①] 与此同时，原定印度与国际原子能的谈判也被迫推迟。

的确，辛格政府的此种行为正是双层博弈理论所界定的“非故意违约”，指的是因协议不能获得批准而无法履行诺言的代理人行为。[②]诚然，区分辛格政府行为是故意违约还是非故意违约并非易事，因为在某些情况下，特别是当有策略的谈判者试图把故意违约表现为非故意违约时，谈判的另一方以及外部的分析家很难区分故意和非故意。不过，通过对印美达成《123 协议》后印度国内获胜集合的考察，我们可以认定，辛格政府暂时冻结核协议的行为在很大程度上是非故意违约。

事实上，自印美谈判开始以来，印度国内就存在影响获胜集合的消极因素，印度国内包括印度人民党、左翼政党在内的多个行为体对核协议均持反对立场。《123 协议》公布后，印度国内更是引发激烈争议，核协议遭到来自左、右两翼政治力量及战略界人士的反对与批评，致使印度获胜集合规模不但没有扩大，反倒出现变小的局面。以印度人民党为首的反对党联盟议员们还强烈要求辛格“公开道歉”，指出辛格“误导”议员们对核协议做出错误判断，并威胁要把辛格政府赶下台。[③] 其次，由印度南部特鲁古之乡党、北方邦的社会人民党等党派拼凑而成的“团结全国政党联盟”也明确表示不能接受核协议对印度主权的威胁。[④]

当然，最令人瞩目的是支持“团结进步联盟”的印共（马）、印共等左翼政党对协议持反对立场，这也是辛格政府做出暂时冻结核协议的主要原因。左翼政党要求政府必须停止核协议的任何进一步动作，包括与国际原子能机构和核供应国家集团的谈判工作，并且先在国内充分讨论美国《海德法案》的影响，达成一致后再行定夺。左翼政党还警告说，如果政

① 《印度总理对布什说实施印美民用核协议有困难》，新华网，2007 年 10 月 16 日。
② 周启朋：《国外外交学》，中国人民公安大学出版社 1990 年版，第 252 页。
③ 任彦：《印度核协议引发政治危机》，《人民日报》2007 年 8 月 20 日，第 03 版。
④ 王耀东：《印美核协议引起分歧，可能绕不过印度议会》，《文汇报》2007 年 8 月 20 日。

府坚持与美国签署核协议，将撤销对政府的支持。众所周知，左翼政党一旦撤销支持，辛格政府将陷入信任危机、倒台以及提前大选的困境。正因如此，辛格政府出于“保阁”需要只好宣布暂时冻结核协议，并停止原定印度与国际原子能机构的谈判。

三、辛格政府“非故意违约”与美国的理解

辛格政府暂时冻结核协议的行为给印美核合作带来了严峻的考验。尽管辛格政府是出于“保阁”需要而被迫做出“非故意违约”的，但正如普特南所提到的，非自愿违约同故意违约一样，也是国际合作的致命障碍，双方因此可能产生不信任。的确，辛格政府宣布暂时冻结核协议后，美国官方就表示对这一事态发展感到失望。美国国务院发言人对媒体说：这项协议对美国、对印度以及对更广泛的反核扩散努力而言都是积极和良好的；要完成该协议，印度政府和美国政府都需采取某些重大步骤；协议的最后促成将等待一个对双方都适宜的时机。[①] 不过，值得一提的是，辛格政府此次违约行为并没有引起美方过多的怀疑，甚至在一定程度上得到了美方的理解。总体来说，布什政府希望印度能采取积极的行动，挽救核协议。另外，美国也未停止国际游说工作，继续在核供应集团成员国中帮助印度进行游说，希望核供应国集团最终能就取消对印度核出口限制达成一致。

应该指出的是，美国对印度“非故意违约”表示理解是基于以下前提：首先，辛格政府支持核协议的立场没有改变，也并未掀翻整个谈判棋盘，否认已有谈判结果。辛格政府只是表示印度需要更多的时间来获得国内的批准。另外，辛格政府一直未放弃改变国内获胜集合的努力。辛格政府一直试图劝说左翼政党放弃其反对立场，并与左翼政党就核协议举行过多次协商。辛格政府应印度共产党等党派要求，还成立了由 15 人组成的调查委员会，包括印度国会领导人、共产党以及其他执政联盟成员，以调查

① Sridhar Krishnaswami, “US still hopeful on implementation of nuclear deal”, *Hindustan Times*, October 16, 2007. 转引自张力：《印美民用核合作受挫及其对印美关系的影响》，《四川大学学报（哲学社会科学版）》2008 年第 4 期。

核能协议引发的担忧。与此同时，辛格政府还积极争取其他党派的支持，包括印度社会主义党等。除此之外，辛格政府于 2007 年 11 月重新开启了与国际原子能机构的谈判，并积极开展了对核供应集团成员国的游说工作。

第六节　印美国内对《123 协议》批准与印美核协议的执行情况

印度方面，印美政府达成《123 协议》后，尽管辛格政府一度因印度国内获胜集合规模缩小而采取了"非故意违约"行为，但事实证明，辛格政府随后在国内采取的谈判策略较为成功，最终在议会对政府信任投票中以 275 票赞成、265 票反对的结果赢得胜利，此举可视为印度国内对核协议的批准。随后，2008 年 8 月，辛格政府顺利完成与国际原子能机构的谈判，国际原子能机构同意为印度民用核设施提供核监督保障。同年 9 月，拥有 45 个成员国的核供应国集团就取消对印度长达 34 年的核出口限制达成一致，批准了美国的提议，解除对印度的核贸易限制。

美国方面，印美政府达成《123 协议》后，尽管国会有部分议员认为美国在《123 协议》中的让步过多，但这些反对的声音并没有使美国获胜集合规模发生大的变化。在布什政府的积极游说下，2008 年 9 月 27 日美国国会众议院最终以 298 票赞成、117 票反对一边倒的票数批准了美国与印度的民用核能合作协议。[①] 参议院于 10 月 1 日以 86 票对 13 票的表决结果批准了印美民用核协议,[②] 从而解除美国在印度于 1974 年进行核试验之后针对该国的民用核贸易禁令。

奥巴马总统上台后，印美核合作协议的落实等后续问题提上议程。诚然，由于各种原因，两国相关合作一度放缓，不过这种停滞不前的状态很快又得到了调整。

奥巴马上台后印美关系的开局并不十分顺畅，这在一定程度上影响了

---

① "House Approve Nuclear Trade Deal With India", *The New York Times*, September 28, 2008.

② Peter Baker, "Senate Approves Indian Nuclear Deal", *The New York Times*, October 2, 2008.

两国核协议的落实。事实上，印度对奥巴马南亚政策一开始就有猜忌，担心美国会在防扩散、高科技禁运、克什米尔等问题上向印度施加压力，并延缓实施印美民用核能合作的进程。[①] 印度的担心也并非没有道理，奥巴马任参议员时曾对核协议表示怀疑，虽然最后他为核协议投赞成票，但奥巴马表示仍然关注印度核试验问题，并公开指出："由印度政府决定进行这样的测试可能引发南亚地区的军备竞赛，这将是非常危险和不稳定的。他本人相信印度政府的承诺，将继续单方面暂停核试验，但若印度将来进行核试验，美国对印度出售的核燃料、设备及技术将会中止，美国还有权要求印度归还其提供的核燃料。"[②] 尽管奥巴马政府上台后一再表示，美国将坚持全面落实两国核协议，强调美印关系是 21 世纪的决定性关系，但奥巴马政府在战略上强调中国的重要性（2009 年 11 月访问中国时，奥巴马政府对中国的看法是，中国是亚太地区稳定的支点，所以很积极地恢复与中国在全球性问题上的合作[③]）以及试图在印巴问题上扮演角色，劝说印巴两国开展全面对话，通过谈判解决双方所有的问题，这些让印度有所不满。印美关系开局不顺利在一定程度上影响了双方核协议的具体落实。

另外，印美国内相关法律规定在一定程度上也阻碍了双方的合作进展。2010 年 8 月，印度议会通过了《核事故灾难赔偿法》，该法案虽然同意向私人投资者开放印度核能市场，但同时它对核设施的供应商设置了苛刻的条件，即一旦发生核事故，最高赔偿限额高达 3.2 亿美元。[④] 显然，法案规定为即将进军印度市场的美欧核电企业增加了困难，美欧核电企业担心会因为核损害而招致无限制的赔偿。尽管后来印度加入《核损害补充赔偿公约》，[⑤] 以确保美欧核能电厂供应商的所有责任和义务，但美欧核电

---

① 张力：《印度 2010 年大国外交述评——以印美关系中心》，《南亚研究季刊》2011 年第 3 期，第 1 页。

② In a colloquy with Sen. Richard Lugar（R-Ind.）on November 16, 2006, Obama sought to clarify that, under the terms of the implementing legislation, "in the event of a future nuclear test by the Government of India, nuclear power reactor fuel and equipment sales, and nuclear technology cooperation would terminate".

③ Harsh V. Pant, "India is wary as the US comes to terms with a rising China", *Yale Global*, January 26, 2011, <http://yaleglobal.yale.edu/content/us-chinese-relations-new-direction-part-ii>.

④ 刘洋：《核电：俄印能源合作关键词》，《中国能源报》2010 年 12 月 27 日。

⑤ 这项公约的宗旨是建立一套全球责任体制，补充和加强各国对核损害的赔偿措施，但也相应制定了核损害赔偿额度框架。

企业的担心依然存在。无疑，这在一定程度上延缓了印美核能合作协议的落实。另外，印美两国在美国提供的核技术能否再转让问题上出现阻碍，按照美国相关法律，印度政府必须承诺其公司不会把美国的核技术再出口，但印度政府至今仍未能作出相关承诺。[①]

此外，外界因素也是印美核协议迟迟未能得到落实的重要原因。一是印度与日本之间的核能合作进展缓慢在一定程度上影响了印美全面合作。据报道，印日能否达成该协议对印度与美国、法国企业的核交易而言至关重要，因为这些企业都要使用来自日本的零部件。假如印度与日本不能达成核协议，那阿海珐集团、通用电气或者西屋公司等核企业可能将无法与印度开展核贸易。[②] 虽然印日之间一直进行核能协议谈判，但两国之间存在不少分歧矛盾，日本希望印度尽快签署《全面禁止核试验条约》和《不扩散核武器条约》，印度则表示在其他核大国签署《全面禁止核试验条约》前不会签署该条约。[③] 二是2010年“核供应国集团”出台新的转让准则给印美核能合作增添不确定性因素。核供应集团新的转让准则禁止其成员国向《不扩散核武器条约》以外的国家提供核燃料浓缩和后处理技术转让。[④]尽管美国发表声明表示美国将坚守承诺，继续同印度全面开展民用核能合作，但印度表示担心美国很可能因此将不会向印度提供核浓缩与后处理技术。[⑤] 三是印伊能源合作让美国有所不满。印美核能协议签署之后印度对伊朗石油进口不但没有减少，反而大幅提升，美国对此有异议。虽然美国没有将伊朗问题与核能协议直接挂钩，但美国对印伊能源合作十分关注。伯恩斯撰文批评印度，称印度继续进口伊朗石油的决定相当于“在美国脸

---

① 荣鹰：《从印度加入“供应集团”问题看美印关系》，《和平与发展》2011年第4期，第38页。

② “India, Japan to finalise nuclear deal soon”, *Rediff News*, January 17, 2011, <http://www.rediff.com/news/report/india-japan-to-finalise-nuclear-deal-soon/20110117.htm>.

③ “Japan assures India on N-pact”, *The Indian Express*, Oct. 30 2011, <http://www.indianexpress.com/news/Japan-assures-India-on-N-pact/867652/>.

④ 荣鹰：《从印度加入“供应集团”问题看美印关系》，《和平与发展》2011年第4期，第36页。

⑤ 《核供应集团或将限制关键核技术销售》，核信息网，2011年6月21日，<http://www.caea.gov.cn/n16/n1100/n1313/372664.html>。

上打了一记耳光”。[①] 据悉，伯恩斯在《外交学者》杂志上撰文称，印度的决定令那些旨在捍卫美印紧密关系的人士感到“失望”。[②]

诚然，鉴于以上各种因素，印美核能合作一度进展缓慢，不过这种局面很快得到改善。随着印美关系的回升，印美核能合作步伐也开始加快。事实上，奥巴马政府很快意识到印度对其被降格为相对于北京的次等地位的担心，迅速表示印度是不可或缺的国家，并将印度称为亚洲的领袖。[③] 2010 年 6 月，印美举行战略对话，随后奥巴马总统对新德里进行首次访问，高度评价印美伙伴关系是“21 世纪最关键、最不可或缺的关系”。[④] 在印度的劝说下，美国开始取消对印度空间和国防机构出口技术的限制。美国还将一些印度科研机构从原先的管制清单上删除，其删除的九个实体名单包括：印度动力有限公司（BDL）；国防研究与发展组织（DRDO）的剩余四个下属组织：武器装备研究与发展局（ARDE）、国防研究与发展实验室（DRDL）、导弹研究与发展复合体（MRDC）和固体物理实验室（SSPL）；[⑤] 以及印度空间研究组织（ISRO）的四个剩余下属：液态推进系统中心（LPSC）、固体推进剂助推器空间（SPROB）、斯里哈里科塔航天中心（SHAR）和维克拉姆萨拉巴伊太空中心（VSSC）。[⑥] 在此之前几个月，印美双方已就源自美国的核乏燃料进行再加工的“安排与程序”等问题完成了谈判。在此协议下，印度将能够对从美国进口的核乏燃料进行再加工。2013 年 10 月，印度总理辛格与日本首相成功签署了一份推动核贸易双边谈判的协议，这在某种程度上消除了印美核合作的另一障碍因素。

---

① “India's decision to import Iran oil a slap on US face: Burns”, *Times of India*, Feb. 20, 2012, <http://articles.timesofindia.indiatimes.com/2012-02-20/us/31079173_1_strategic-relationship-iranian-oil-strategic-partnership>.

② “India's decision to import Iran oil a slap on US face: Burns”, *Times of India*, Feb. 20, 2012, <http://articles.timesofindia.indiatimes.com/2012-02-20/us/31079173_1_strategic-relationship-iranian-oil-strategic-partnership>.

③ “Remarks by President Obama and Prime Minister Singh of India during Arrival Ceremony”, <http://www.whitehouse.gov/the-press-office/remarks-president-obama-and-prime-minister-singh-india-during-arrival-ceremony>.

④ T. V. Padma, “Obama's India visit generates science collaborations”, November 9, 2010, <http://www.scidev.net/en/news/obama-s-india-visit-generates-science-collaborations.html>.

⑤ “US removes ISRO and DRDO from entities list”, *Indian Express*, Jan. 25, 2011, <http://www.indianexpress.com/news/us-removes-isro-and-drdo-from-entities-list/741974>.

⑥ Ibid.

值得一提的是，2015 年 1 月奥巴马再次对印度进行访问，在奥巴马访印前夕，印美宣布在关于取消核协议执行过程中的障碍问题上取得“突破性谅解”。据悉这份“突破性谅解”达成是因为双方在某种程度上做出了让步：美国方面，放弃先前依据《海德法案》坚持的跟踪监督核物质终端用户的要求，同意按《123 协议》由国际原子能机构负责监督（但提出美国有权掌握监督情况）；印度方面，则同意设立由国有保险公司和政府分别出资的核保险基金，解决运营商和供货商的赔付责任。[①] 无疑，这两项进展将推动印美双方合作。尽管印美存在某些分歧和矛盾，但战略上互有所求决定了两国在双边和地区层面的合作将继续保持发展态势。

第七节　印度多元化国际核能外交

印美在就民用核协议进行博弈的同时，印度针对其他国家开展的核外交正如火如荼，尤其是俄罗斯、法国。印度多元化国际核能外交有其自身利益的考量，对印美核关系产生双重影响。

一、印度与法国的民用核能合作

近年来印度与法国在核能领域的合作受人关注，印法核能合作可谓印度核能外交的成功案例之一。印法民用核能合作始于 20 世纪 50 年代，80 年代起法国代替美国向印度塔拉普尔核电站提供核燃料。不过，1993 年印美《塔拉普尔协议》终止后，印法之间的相关合作也随之终止。无疑，印美核协议的签署给印法再次合作带来机会。2008 年 9 月 30 日，印度和法国签署了民用核能合作协议，其中包括法国将向印度提供核反应堆和核燃料条款。2010 年 12 月 4 日，法国总统萨科齐访问印度期间，两国领导人就核能合作进行会谈，并宣布印度国有核能公司（NPCIL）和法国阿海珐

① 张力：《印美新一轮战略互动：观察与评估》，《南亚研究季刊》2015 年第 3 期，第 3 页。

集团（Areva）就核能合作签署了一份框架协议。[①] 根据协议，上述两家公司将展开合作，在印度西部马哈拉施特拉邦（Maharashtra）先行建造两座1650兆瓦的欧洲第三代压水核反应堆（EPR），其总价高达93亿美元。[②]此外，阿海珐还将同时负责这两座核反应堆25年的核燃料供应。鉴于法国企业对印度议会下院通过的核能责任法案提出担忧，印度还特别向其保证事故的赔偿一定会按照国际标准执行，并承诺与外企一同努力保障核能设施的安全。

二、印度与俄罗斯民用核能合作

加强与俄罗斯的核能合作也是印度核能外交的主攻方向，而且印俄核能合作相比印美合作更显顺畅。俄印核能合作最早开始于20世纪60年代。1961年10月6日，印苏两国在维也纳签署了关于和平使用原子能协议。苏联允诺向印度提供核反应堆，交换该领域的科学技术信息，并派出科学家帮助印度建设有关项目。[③] 不过，1974印度核试爆后，尽管印俄两国核能合作没有完全中止，但两国的合作一直受到“核供应国集团”出口限制的约束。诚然，印美核能协议签署让印俄相关合作也得以合法化。2008年12月5日，俄罗斯总统梅德韦杰夫（Dmitry Medvedev）访问印度，双方签署了一项民用核能合作协议。俄罗斯承诺将继续向印度提供民用核技术支持，帮助印度实施到2032年使核电达到63000兆瓦的计划。[④] 此外，俄罗斯核燃料产供集团（TVEL）与印度核电有限公司（NPCIL）之间签署了价值7亿美元的二氧化铀供应合同，该合同将确保印度马哈拉施特拉邦塔拉

① “India-France sign agreement on civil nuclear cooperation”, *Thaindian News*, Dec. 6, 2010, <http://www. thaindian. com/newsportal/india-news/india-france-sign-agreement-on-civil-nuclear-cooperation_100470031. html>.

② “KIM Chan-Wan, India's vast market is diplomatic and defense leverage”, <http://www. posri. re. kr/share/download. asp? strFileName = 2955. pdf& strFilePath = Data_ File%5CPosri_Mng%5C& DownFileName = 1102-08_ 02_ Issue. pdf>.

③ A. Appadorai & M. S. Rajan, *India's Foreign Policy and Relations*, New Delhi: South Asian Publishers, 1985, p. 273.

④ “N-power programme to follow highest safety standards: PM”, *Sme Times*, Mar. 27, 2012, <http://www. smetimes. in/smetimes/news/indian-economy-news/2012/Mar/27/n-power-programme-to-follow-highest-safety-standards-pm. html>.

普尔核电厂的燃料供应。①

三、印度与加拿大民用核能合作

众所周知，印加之间的合作早已有之，在国际社会对其实施国际核贸易禁令之前，印度曾从加拿大进口了坎杜（CANDU）加压重水堆。② 此后，印度正是以这种反应堆为基础发展了自己的反应堆设计。同样，印加的合作因 1974 年印度核试验而受到影响，随后也受到“核供应国集团”出口限制的约束。无疑，印美核能协议签署给印加合作带来机会。2010 年 6 月 27 日，印度总理辛格与加拿大总理哈珀在渥太华就两国核合作协议进行了商谈。据称，该协议将允许加拿大核工业企业在国际原子能机构（IAEA）的保障监督下与指定的印度民用核设施展开合作。③ 协议将按照相关国际条约的规定，确保有关的核材料、设备和技术仅用于民用、和平与非爆炸用途。值得一提的是，印度比较重视与加拿大的合作，一是由于印加两国反应堆堆型具有相似性，因此两国在相关技术、设备及材料领域具有广泛的合作空间。④ 二是加拿大是全球主要的铀出口国之一，而印度铀资源相对稀缺，因此需要进口铀来满足其宏大的核能发展计划需求。根据哈珀总理办公室的消息，印度到 2050 年将进入世界第三大经济体，是加拿大优先考虑的市场。⑤

四、印度针对其他国家的核能外交

事实上，除了上述国家外，印度核外交还积极拓展新的领域。印度与

---

① “After bilateral agreements, India’s NPCIL signs contracts”, *Nuclear Engineering International*, February 16, 2009, <http://www.neimagazine.com/story.asp? storyCode=2052169>.

② “After bilateral agreements, India’s NPCIL signs contracts”, *Nuclear Engineering International*, February 16, 2009, <http://www.neimagazine.com/story.asp? storyCode=2052169>.

③ “India, Canada sign nuclear cooperation agreement”, *World Nuclear News*, June 28, 2010, <http://www.world-nuclear-news.org/RS-India-Canada_sign_nuclear_cooperation_agreement-2806107.html>.

④ Ibid.

⑤ Ibid.

英国、阿根廷、哈萨克斯坦、蒙古和纳米比亚、越南、韩国、巴西、南非等国家签署了民用核合作协议，[①] 就连与澳大利亚的核能合作也有所进展。众所周知，澳大利亚的铀储量占世界的24%，[②] 这对铀资源相对稀缺的印度来说是一个较大的诱惑。印度一直表示希望能够与澳大利亚进行相关的合作，但澳大利亚坚持不向《不扩散核武器条约》非签字国出口铀矿，印澳合作也一直受阻。澳大利亚前总理陆克文（Kevin Michael Rudd）任期内就曾表明反对印澳之间的核能合作。不过，2011 年澳总理吉拉德（Julia Eileen Gillard）表示，澳大利亚愿意修改对印度出口铀矿资源的政策，并称印澳的合作对澳改善与这个正在崛起的经济大国的关系“至关重要”。[③]

五、印度多元化国际核能外交背后的利益考量

印度在与美国围绕核能合作进行博弈的同时，积极开展针对俄罗斯、法国等多元化国际核能外交，并有其自身利益的考量。

首先，核能外交是印度经济外交重要的一环。近年来印度对海外能源的依存度不断提高，这为印度的经济持续增长和战略安全构成了严峻的挑战。为此，印度大力开展经济外交，试图通过外交努力维护、保障和扩大外部能源的供应，这其中核能外交备受重视。其次，核能外交也是为印度正在力推的“大国外交”战略服务。印度通过核能合作，不仅可以进一步深化与法国、俄罗斯等大国的关系，还可以获取额外回报。例如印度期待获得这些国家对印度大国地位的承认或支持印度成为安理会常任理事国。的确，目前俄罗斯已经就印度入常和在国际事务中扮演重要角色表示支持。2010 年 7 月，英国首相卡梅伦在访问印度时也表示支持印度成为安理会常任理事国。法国也表示支持印度入常，总统萨科奇称，当今任何国际

① 2011 年 7 月 25 日，印度和韩国签署了一项和平利用核能的合作协定；2010 年 2 月 11 日印度和英国签署了“民用核合作宣言”；2009 年 10 月 14 日，印度与阿根廷联合声明，同意鼓励和平利用核能合作。

② Deepti Choubey, “Leadership Down Under”, *The Washington Post*, April 5, 2008, <http: //www. washingtonpost. com/wp-dyn/content/article/2008/04/04/AR2008040402967. html>.

③ “Gillard: Drop ban on uranium sales to India”, *World Nuclear News*, November 15, 2011, <http: //www. world-nuclear-news. org/NP-Gillard _ Drop _ ban _ on _ uranium _ sales _ to _ India-1511114. html>.

重大问题的解决都不能缺少印度的参与。[①] 另外，印度意识到这些国家都是“核供应国集团”的成员国，这些国家将会在印度参与国际核机制的进程中发挥相当重要的作用。

此外，印度还有一些具体的利益考量。事实上，印度与其他国家的核能合作与印美合作相比更加顺畅。印度和平与冲突研究所专家莱什米·卡奇（Reshmi Kazi）指出，俄印核协议与美印核协议有所不同，俄印核协议允许印度建立自己的“核燃料循环体系”，由印度自己处理乏燃料，这与美国通过的《海德法案》中关于“排除同印度就浓缩技术和核燃料后处理开展合作”的规定形成鲜明对比。[②] 此外，印度试图与其他国家合作也是一种外交策略，以增强自身在与美国交易中的筹码。印度战略家担心印美实现合作是一把双刃剑，印度可能将就此彻底失去与美国讨价还价的资本。事实上，印度这种外交策略早已有之，而且行之有效。冷战时期印度就多次向美国等西方国家表示，如果西方不为印度提供帮助，那印度将寻求苏联的帮助。例如霍米·巴巴就曾在《政治家》杂志上发文声明，西方国家要求印度接受国际原子能机构的监督与安全保障才愿意帮助印度，但苏联不会坚持印度接受安全保障。[③]

六、对印美核关系的影响

无疑，印度的多元核能外交对印美核关系产生影响：一方面，它不可避免地会给印美核关系带来一些负面影响。众所周知，美国积极推动与印度的核能合作的一个重要原因就是期待印度核能市场巨大的经济效益。目前美国通用电气等核能公司在进入印度市场方面远远落后法、俄等国的竞争对手，这让美国商界有所不满，并对美国耗费大量外交资源推动两国核

① 《收获百亿核能大单 萨科齐率先叩开印度核市场大门》，国际电力网，2010 年 12 月 6 日，<http://power.in-en.com/html/power-0916091649859051.html>.

② Reshmi Kazi, “India-Russia Nuclear Cooperation: A Balance of Interests”, IPCS Article, February 14, 2007, <http://www.ipcs.org/article/nuclear/india-russia-nuclear-cooperation-a-balance-of-interests-2207.html>.

③ “Setting up Nuclear Power Plant”, *Stateman*, Feb. 3, 1961, p. 1.

能合作产生一定质疑。美国国内战略界甚至开始反思美国的对印政策。[①]美国时任副国务卿伯恩斯称，“核协议落实过程中出现的问题，主要在于印度的政治投入不够，这在更深层次上反映了美印关系中的一个问题，即美印战略关系的发展，这是美国一味向印度让步妥协的结果”。[②]

另一方面，它在某种程度上也促使美国加快落实合作步伐。事实上，美国深知印度核能市场巨大，也不愿意放弃将来的商业机会。2011 年 7 月 19 日，美国国务卿希拉里·克林顿访问印度，与印方代表展开了第二轮美印战略对话，印美核协议落实等后续问题就是这次对话的重要议题。在此期间，美国试图安抚印度对核供应国集团限制转让铀浓缩和后处理技术的不满情绪。希拉里强调，“核供应国集团最近通过的新准则，不应该影响美印两国的核能合作”。[③] 美国还表示支持印度分阶段加入包括“核供应国集团”在内的四大出口控制机制，并表示美印两国应尽快推动解决相关遗留问题，使美印民用核能合作成果早日得到收获。此外，奥巴马两次访问印度期间，核能合作都是双方会谈的重要内容。正如有专家写道，尽管印美存在某些分歧和矛盾，但战略上互有所求决定了两国在双边和地区层面的合作将继续保持发展态势。

印美核合作不仅仅是场涉及核物质、核技术的交换，它有着更为复杂的利益牵连。虽然印美双方存在重和的获胜集合，但双方利益并非完全重合，这使得印美核谈判历经艰辛。双方较为曲折的国内批准过程以及核协议执行过程遭遇一波三折在一定程度上反映了印美核关系的复杂性。不过，总体来说，印美两国国内对核协议都有所期待，在两国政府的积极推动下，核协议获得两国国内批准，双方也积极努力实现期待中的核能合作。这让人们看到了印美核关系中积极发展的一面，其也可被视为印美关系改善的一大标志。

---

① 荣鹰：《从印度加入“核供应国集团”问题看美印关系》，《和平与发展》2011 年第 4 期，第 39 页。

② “US-IndiaNuclearDealDriftsDangerously”, *TheWashington Post*, July 16, 2011, <http://www.washingtonpost.com/world/asia-pacific/us-india-nuclear-deal-drifts-dangerously/2011/07/07/gIQAJTbeGI_story.html>.

③ “US commitment India's right to N-trade must be protected”, <http://www.tribuneindia.com/2011/20110721/edit.htm#1>.

核协议不仅是两国核互动过程中具有里程碑意义的事件，它在印美关系发展过程中也意义深远。美国前国务卿赖斯曾表示，“核协议是改变美国与印度伙伴关系的实质性步骤”。[①] 美国学者也曾说，“在过去的半个多世纪里，美国和印度这两个全世界最大的民主国家，在一起几乎占有全世界总人口的20%，这样的两个国家却保持着一种不够友好的关系，这种情形现在似乎要改变”。[②] 值得一提的是，2015 年美国副总统拜登出席在卡内基国际和平基金研究院举办的印美核能合作签署十周年的纪念活动时，赞扬了时任两国领导人的远见和决心，并强调了核协议签署后，印美两个国家在过去的十年中取得了的巨大进步。[③] 拜登说，“现在印度和美国进行军事演习比美国与世界上任何其他国家都多。诚然，有时候我们可能会忘记我们所做的事情，但它使两国领导人充满勇气共同前行。[④] 的确，印美核领域的互动是与整个印美关系紧紧相连的。不仅如此，它还牵涉全球核政治以及地区安全，这也是接下来我们需要重点探讨的话题。

---

① “US commitment India's right to N-trade must be protected”, <http://www.tribuneindia.com/2011/20110721/edit.htm#1>.

② Gautam Adhikari, “U.S-India Relations: Report on AEI's Roundtable Discussions”, *AEI Working Paper* 112. June 22, 2005, <http://timesofindia.indiatimes.com/india/10-yrs-since-nuke-deal-India-US-on-cusp-of-sea-change-Biden/articleshow/48063989.cms>.

③ “10 yrs since nuke deal, India-US on cusp of sea change: Biden”, The times of India, July 14, 2015, <http://timesofindia.indiatimes.com/india/10-yrs-since-nuke-deal-India-US-on-cusp-of-sea-change-Biden/articleshow/48063989.cms>.

④ Ibid.

第五章
印美核关系与国际核秩序

印度长期被国际核俱乐部排斥在外，20 世纪 90 年代起印度拒绝同意它所认为的一个不公平的国际核机制，从核裁军倡议者成为强调拥有“最低限度可靠核威慑”的挑战者。美国作为国际核秩序的主导者，则试图维护现有核秩序的稳定，尽管其自身有时出于利益的需要而破坏国际规则，但却不希望其他国家对其构成挑战。正是因为两国在国际核秩序中处于不同地位，加之对国际核秩序存在不同认知，[1] 印美两国关于国际核不扩散问题历来存在分歧。[2] 1998 年核试验后印度在强化“事实上的核武国家”身份的同时，也开始试图构建负责任核大国的形象，以寻求合法核国家身份。在此过程中，印度开始重新界定自身的利益及其与国际核机制的关系，对一些国际防扩散条约的反对立场有所缓和，甚至试图寻求与国际核机制达成一定程度上的和解，尝试与国际核机制进行新的互动。印度的这种尝试也得到了美国的相关回应。的确，印美围绕核问题的双边互动如何受其国际核形势的影响，以及印美核关系新的调整究竟给现有国际核秩序以及国际核机制产生了何种影响，这些都值得关注。

---

① 国际核秩序一般是指在某一较长的时间段内，国际关系行为主体在全球范围内对与核有关的活动进行规范，并按照这种规范运作而形成的一种稳定的有条理的状态。

② 国内学术界对于“核不扩散”与“核军备控制与核裁军”没有做严格的区分。有学者将核军备控制（核裁军）一起纳入到核不扩散问题中进行论述，例如国内国际政治学者李少军。另一部分学者则认为广义的军备控制包括不扩散，如清华大学军控专家李斌教授就持这种观点。但鉴于本书研究对象国印度多年来拒绝接受军备控制概念，所以本书采用核不扩散概念，并将核军备控制与裁军纳入其中。

第一节　冷战后时期的国际核秩序与印美各自角色扮演

冷战结束后，苏联原有的庞大核武器库遭到肢解，俄罗斯作为苏联的继承者也因国内经济状况欠佳，无力继续保有如苏联时期的庞大核武器库，也无力通过核军备竞赛来维持与美国对等的核力量。[①] 在此情况下，美国作为世界上唯一的超级大国，也顺理成章地成为现时国际核秩序中的主导国家。不过，值得一提的是，由于各种原因，冷战后时期的国际核体系结构与冷战时期的相比并没有发生颠覆性的改变，以《不扩散核武器条约》为核心的机制安排也继续发挥着作用。

一、冷战时期的两层核体系结构以及国际核不扩散机制得以保留

冷战时期，为了实现对核武器权力的垄断，防止更多的国家发展核武器，美苏两国联合其他国家缔结了一系列核军备控制条约，包括《部分禁止核武器试验条约》、《不扩散核武器条约》等，从而在防止核武器扩散问题上达成了一定程度的机制安排，并形成美苏为主导的两层核体系——一层是五个核大国，另一层是众多非核国家。

冷战结束后，美苏主导的国际核秩序不复存在，转而变成美国主导的核秩序，但国际核形势并不乐观。核扩散风险不但没有因冷战的结束而减少，反而更显突出了，尤其是海湾战争后，伊拉克所暴露出来的秘密研制核武器计划引起了国际社会的震惊和警省。除此之外，少数国家和一些国际恐怖主义集团也想方设法从苏联走私核材料、核技术甚至核武器，核扩散风险构成国际安全的严重威胁。[②]在此背景下，美国做出了维系原有的两层核体系以及相关机制安排的政策选择。正如兰德公司1993年报告中所提

① 王海凡：《国际核秩序演变研究》，延边大学2010年硕士学位论文，第31页。
② 田景梅：《冷战后国际安全形势与核不扩散问题》，《北方论丛》1999年第4期。

到的，在美国看来，尽管两层核体制存在问题，例如其合法性受到质疑，[①] 但维系两层核体制依然是一种利益最大化选择。它可以让美国在国际安全事务中继续发挥主导作用，并充分利用核优势。[②] 当然，必须承认，维系原有国际核机制安排不仅是美国的政策选择，也在一定程度上反映了有核武器国家与无核武器国家之间的利益交汇。1995 年《不扩散核武器条约》无限期延长以及 20 世纪 90 年代《全面禁止核试验条约》谈判取得重大进展就是较好的证明。

二、国际核不扩散机制面临的挑战

冷战后时期，国际社会出于防扩散目的，继续选择冷战时期所形成的国际核不扩散机制，让其发挥作用。不过，随着国际安全形势发生深刻复杂的变化，国际核不扩散机制也面临一系列挑战。

首先，国际核不扩散机制依然面临着主权国家核扩散的传统威胁。众所周知，在核不扩散机制中，一直存在着核大国与无核国、美国等西方国家和第三世界国家、防止核扩散与和平利用核能之间的矛盾。[③] 一些核大国在高喊反核扩散的同时，却不放松争夺核优势的步伐，不放弃核威慑政策。核军控成为大国推行自己政策、谋取利益的工具，这对有意发展核武器的国家缺乏说服力。[④] 不仅如此，由于核武器对于提升自身实力的巨大作用，一些国家也开始寻求发展核武。例如，伊拉克、利比亚和朝鲜等国就在和平利用核能的掩护下试图秘密发展核武器。此外，以色列拥有核武器更是公开的秘密。韩国也曾承认其工程技术人员背离了《不扩散核武器

---

① Roger C. Molander & Peter A. Wilson, *The Nuclear Asymptote: On Containing Nuclear Proliferation*, Santa Monica: RAND Corporation, 1993, p. 44.

② Ibid.

③ 楼晃：《冷战后的核扩散及防扩机制浅析》，《世界经济与政治论坛》2003 年第 2 期，第 72 页。

④ 郭新宁、卢柄池：《国际核不扩散机制的现状、挑战与前景》，《当代世界》2009 年第 6 期，第 28 页。

条约》的要求，在 IAEA 安全保障条款之外生产了高浓缩铀和核武器环。[①] 1998 年，印度和巴基斯坦则公开跨过核门槛。尽管印巴都不是《不扩散核武器条约》成员国，但是印巴公开核武化对该条约能够得到普遍遵守并具有合法性的期望是一沉重打击。甚至有学者指出，印巴成功拥有核武器的先例给朝鲜以重要的启示，即美国不敢向拥有核武器的国家发动战争，即使有制裁，最后也会不了了之，走核开发之路，利大于弊。[②]

另外，国际核不扩散机制面临非国家行为体的核扩散带来的新挑战。众所周知，国际核不扩散机制防止核扩散主要针对主权国家行为体，几乎没有包括非国家行为体，例如核恐怖主义。尽管国际社会采取了弥补这一缺陷的新措施，但新措施执行得较为缓慢。

此外，一些学者还特别提到美国的霸权用心和实行政策的双重标准对核不扩散体制构成挑战。有学者指出美国谋求绝对军事优势的防务政策和单边主义军控政策，既严重损害核不扩散机制的权威性，也刺激其他国家发展或加强核力量。[③]

总之，冷战结束后，国际核不扩散机制面临多方挑战，国际社会也开始担心国际不扩散机制是否能够有效地防止核武器的进一步扩散。[④]

三、印美在全球核秩序中不同的角色扮演

根据《不扩散核武器条约》第九条第三款的规定："本条约称核武器国家，谓于 1967 年 1 月 1 日之前制造并爆炸核武器或者其他核爆炸器械之国家。"[⑤] 由于印度不是 1967 年前公开核试验的国家，这样就决定了印美在现有国际核秩序中担任不同的角色，这种角色差异也在很大程度上决定

---

① George Perkovich & Jessica T. Mathews & Joseph Cirincione, ed, Universal Compliance: a Strategy for Nuclear Security, Carnegie Endowment for International Peace Report, 2007, < http://carnegieendowment.org/files/univ_ comp_ rpt07_ final1. pdf >.

② 姜龙范、王宇：《朝鲜核战略与东北亚地区的核扩散——兼谈对中国周边安全的影响》，《延边大学学报（社会科学版）》2010 年第 1 期，第 53 页。

③ 赵青海：《国际核军控形势及其前景》，《思想理论教育导刊》2007 年第 5 期。

④ 李宝林：《信任与遵守：〈不扩散核武器条约〉无核缔约国的核政策研究》，复旦大学 2011 年博士学位论文，第 3 页。

⑤ 《国际条约集 1966—1968》，商务印书馆 1978 年版，第 628 页。

了双方的不同地位以及享有的不同权利。美国是核武器国家，而印度尽管被认为是具有核能力的国家，但其核武器国家地位并不被承认。诚然，印度一直以来都不承认国际核秩序中关于有核国家与无核国家区别对待的合理性。印度也一直认为现有国际核不扩散机制不符合印度的利益，从而在政策上基本上是予以抵制的。

与此不同，美国作为国际核秩序主导者，掌握了军控与裁军的主动权，享受特有的权利。美国作为现有核秩序的主要受益者似乎也不愿意超越武器控制的范围，也不愿意接受核不扩散体系需要大修的现实。[①] 在美国看来，重要的是要维护全球核秩序的稳定，一旦印度认为必须发展核弹，那其他国家也会紧跟其后，世界将会变得更加不安全。[②] 为了维护自己主导的核秩序，美国试图通过一系列军备控制条约，尤其是《不扩散核武器条约》达到目的。

第二节　不对称理论与印美在国际核不扩散问题上的矛盾分歧

自 20 世纪 60 年代开始，印美关系在一定程度上受困于两国在核不扩散问题上的分歧。印度坚持保留核选择，除非全球核裁军得以实现。与此同时，美国决定防范其他国家获得核武器或者保留核选择，当然美国防范的目标并非仅仅针对印度，还包括广大的无核国家。印美两国对于核不扩散问题的认知与政策选择存在很大的分歧。20 世纪 90 年代，印度与美国就核不扩散问题进行了一系列的双边会谈，但“核大户”与“无核户”的矛盾分歧没有因此而消除。正如接下来我们借用不对称理论所分析的，这种分歧主要来自于印美两国在国际核秩序中权力的不对称以及两国对彼此身份认同存在的一定认知偏差。

---

① Bennett Ramberg, “The latest UN Resolution against Proliferation Offers More Bark Than Bite ”, *Yale Global*, November 9, 2009, <http://yaleglobal.yale.edu/content/how-halt-spread-nukes-part-i>.

② Strobe Talbott, *Engaging India*, *Diplomacy Democracy and Bomb*, Brookings Inst Pr, 2004, p. 4.

一、布兰特利·沃马克的不对称理论

布兰特利·沃马克（Brantly Womack）的不对称理论融合了结构现实主义和错误知觉理论，将权力关系结构与认知因素连接起来试图解释国际关系中权力不对称关系导致国家间紧张关系的原因。[①] 根据该理论，不对称权力结构可以导致国家间系统性的错误知觉，而这种错误知觉不是源于国家或者领导人的特征而是源于国家间实力不对称的模式。的确，印美不对称核权力的后果是，印美两国之间的错误知觉时有发生，且这种错误知觉进一步加大印美在核不扩散问题上的分歧。

20 世纪 90 年代，美国加紧努力使《不扩散核武器条约》期限无限延长，这在美国看来是其防扩散努力的基础。但印度认为美国试图将国家安全领域的全球永久不平等制度化，认为无限制的延长《不扩散核武器条约》同减少核国家或者平等利用核能项目等重大努力不相符合。的确，从印度立场来看，印美之间能够就核不扩散问题达成谅解关键在于美国是否有意愿尊重印度的战略利益与安全考量，[②] 但美国的政策和言论强化了印度这种信念，即美国的目标是在核竞赛中占据上风，削减以至于消除印度和巴基斯坦的核武器能力以及其他没有签署《不扩散核武器条约》的国家的核能力。1998 年印度公开进行核试验在一定程度上正是印度表达的自身对美国主导的国际核机制的挑战。[③]

同样，在美国看来，印度与其他国家不一样，是唯一一个反对美国不扩散政策根基的国家，而其他的地区和国家都有所行动。例如巴基斯坦宣布愿意单方面冻结核计划，准备参加任何《不扩散核武器条约》，前提是印度准备接受。除此之外，1995 年东南亚国家签署了《东南亚无核区条约》，1996 年非洲国家达成了《非洲无核国家条约》，1997 年哈萨克斯坦、吉尔吉斯斯坦、塔吉克斯坦、土库曼斯坦、乌兹别克斯坦五国也发表了建

---

① 林民旺：《沃马克的结构性错误知觉理论研究》，《国际政治研究》2009 年第 2 期，第 58 页。

② J. N. Dixit, *India's Foreign Policy*：1947_ 2003，New Delhi：Picus，2003，p. 298.

③ Mishra Jita，*The NPT and the Developing Countries Concept*，Publishing Co，2008，p. 45.

立无核区宣言。正如美国学者写道：

> 大多数的美国人并不完全理解为什么其他国家担心美国的首要地位且惊恐于特定的美国政策，尽管美国的官员意识到其他国家担心美国的权力，也知道一些国家或者组织对美国的抱怨有很深的敌意，但美国人依然低估了这些由它所挑起的恐惧、怨恨以及敌意的程度，并且完全不了解这些恐惧、怨恨以及敌意从何而来。[①]

在美国看来，印度是南亚支配性强国，它可以凭借占优势的常规武力对付没有核武器的巴基斯坦，而无需发展核武器来保护自己。但很显然印度的感知却是与此不同的，在印度看来，

> 印度置身于一个敌对的世界，它有大约1.5亿穆斯林少数人口，与穆斯林国家巴基斯坦接壤，在北面，是一个愈来愈强大的中国。在1971年印巴战争中，美国海军派遣航空母舰"企业号"进入印度洋，加剧了印度关于中国—巴基斯坦—美国轴心的担心。[②]

正如不对称理论指出，不对称权力结构下的强国和弱国对于彼此利益的考虑存在差别，[③] 在印美这对不对称关系中印美两国的利益考量存在很大差异。不过，正如不对称理论指出的，一些因素可能缓和结构性错误知觉的产生或者阻止这种错误知觉的螺旋上升，比方在不对称关系内部使政策领域的核心问题中立化，如建立制度化和常规化的议题领域的对话与沟通；其次，通过外部力量阻止错误知觉的产生，例如多边主义论坛、外交仪式和领导人互访等。[④] 实践证明，印美两国核互动过程中两国的沟通对话也是在某种程度上发挥了这种阻止错误知觉产生的功效。

---

① ［美］斯蒂芬·M. 沃尔特著，郭盛译：《驯服美国权力：对美国首要地位的全球回应》，上海世纪出版社2008年版，第76页。

② 同上。

③ 林民旺：《沃马克的结构性错误知觉理论研究》，《国际政治研究》2009年第2期，第58页。

④ 同上，第65页。

二、身份认知与印美在国际核不扩散问题上的不对称冲突

为了完善不对称理论，有学者引入了“身份认知”（指行为体对身份的认同与感知）这一核心变量，认为这是影响不对称冲突的关键因素。① 在不对称状态下，行为体对于身份的认知发生错误，容易导致双方陷入冲突的困境之中。印美围绕核问题的互动过程在很大程度上也存在两国对自身和他者身份认知的错误。印度与美国在一系列问题上的矛盾，固然在于利益分歧，但更在于彼此不能接受对方对待自己的方式。

其一，印美对彼此个体身份错误认知。作为后殖民主义的民主国家，印度坚持认为他们的政府应该追求国家关系中的平等权。不仅如此，由于受人口规模、资源禀赋、军事实力和文化影响力等多种因素的影响，印度甚至坚持对其身份和地位进行超越其实际影响力的定位。印度自我定位为重要的全球力量中心之一，并成为有声有色的大国。② 印度的领导层和国民认为，印度在国际社会管理方面具有特殊的权利和义务。印度认为自己是多极世界中独立自主的核心国家之一，核实力是彰显实力的标准之一。正如塔尔波特在谈及印度的核抱负时所说的，“核武不是军事武器，他们的逻辑是核武是国际政治的工具……印度想成为全球核秩序中的一员而非其作用的目标”。③ 然而，身为有核国家的美国没有给予新德里所期待的尊重，不管是正式的还是非正式的。正如美国前驻印度大使罗伯特·布莱克威尔（Robert Blackwill）在2003年发表卸任感言时表示的：“在解决重大国际问题时，印度并不是美国眼中一个至关重要的合作伙伴。相反，它是众多问题中的一个——它是一个‘核叛徒’，它的政策威胁着整个防扩散机制，应该让它的头脑清醒起来”。④ 的确，美国不愿承认印度的核国家合法性，试图要求印度以无核国家身份加入《不扩散核武器条约》，两者之

① 柳思思：《身份认知与不对称冲突》，《世界经济与政治》2011年第2期，第117页。

② ［印］贾瓦哈拉尔·尼赫鲁著，齐文译：《印度的发现》，世界知识出版社1956年版，第57页。

③ Sharif M. Shujam, “India's nuclear decision”, *Contemporary Review*, Dec., 2002.

④ Sultan Shahin, “US won't take India's ‘No’ for an answer”, *Asia Times Online*, Jul. 19, 2003, <http://www.atimes.com/atimes/South_Asia/EG19Df01.html>.

间的巨大落差成为印度挑战国际体系的心理动力，进而造就了印度作为现行国际体系主要挑战者之一的国家身份。

其二，印美关于集体身份认知偏差。在独立后的头几十年中，印度坚持不结盟的外交政策，在美苏两大阵营之外谋求领导世界第三种力量的地位。作为不结盟国家的领导者，印度从第三世界和“反对帝国主义”的角度审视国际和地区安全问题。① 印度原子能部的报告就指出，印度不仅在意自己的权利，而且还意识到那些依然屈从于殖民者强权统治之下国家的权利。② 为此，在国际核裁军谈判中，印度总是积极代表无核国家向有核国家发起挑战，③ 抗议有核国家的行为，认为他们没有遵守自己制定的游戏规则与规范。然而，美国对印度不结盟国家的身份很少认同，美国前总统杜勒斯就曾指出不结盟是缺乏道义。④ 不仅如此，在美国的眼中，印度总是试图挑战美国的强国身份，至少不愿意顺从或者承认美国主导的国际核秩序的现有安排。

无疑，印美关于集体身份认知偏差在一定程度上导致印美两国在核不扩散问题上的矛盾。1975 年举行的《不扩散核武器条约》第一次审议会议上，印度和其他第三世界国家一道反对加强对无核国家安全检查的建议，反对地下核试验，呼吁核国家进行裁军，并对无核国家的和平利用核能计划进行技术援助。显然，这些要求并没有得到美国等核国家的积极回应。⑤ 同样，1980 年举行的第二次《不扩散核武器条约》审议会议上，美国领导的工业国家要求通过“核供应国集团”对核技术和核原料实施严格控制，

① C. Raja Mohan, “India's New Foreign Policy Strategy”, *CEIP Paper*, May 6, 2006, p. 4, <http://carnegieendowment.org/files/Mohan.pdf>.

② Mario Esteban Carranza, *South Asian Security and International Nuclear Order: Creating a Robust Indo-Pakistani Nuclear Arms Control Regime*, Farnham: Ashgate, 2009, p. 37.

③ Ronald F. Lehman, “Deterrence, Denuclearization, and Proliferation: Alternative Visions of The Next Fifty Years”, in Francine R. Frankel, *Bridging the Nonproliferation Divide: The United States & India*, Konark, 1995, p. 40.

④ 刘青：《美国对亚洲不结盟国家态度与政策的变化，1953—1963》，《美国研究》2008 年第 1 期，第 103 页。

⑤ ［美］斯蒂芬·D. 克莱斯勒著，李小华译：《结构冲突：第三世界对抗全球自由主义》，浙江人民出版社 2001 年版，第 287 页。

印度与发展中国家对此极为不满。[①] 值得一提的是，冷战结束后印度对自身身份进行重新定位，“第三世界”领导者角色有所淡化，更强调“崛起中的一个大国”。不过，正如印度战略评论家所说，“印度忍痛放弃了不结盟的构想和依恋，但第三世界口号在印度依然流行，许多印度学者依然持这样的观点——印度应该坚持那些原先促使印度推动不结盟运动的观点。这些观点包括：团结新近摆脱殖民统治的国家以及反对强权政治和军事结盟、倡导民主化的国际秩序、强调真正的多边主义和促进全球集体安全”。[②] 正因如此，印美两国依然在某种程度上存在集体身份认同偏差，这也决定了印美两国在核不扩散问题上的矛盾很难在短时期内得到解决。

第三节　1998 年核试验后印度与国际核机制的互动关系[③]

20 世纪 90 年代，印度极力逃脱对于其核抱负的国际性约束，拒绝接受国际核不扩散机制的权威性，强调拥有“最低限度可靠核威慑”。然而 1998 年公开核试验后，印度不得不面对一些现实问题，它是否应该加入《不扩散核武器条约》签署国的行列中，步调一致地为防止核扩散做出努力？它如何回应国际社会关于核裁军的倡议？总体来看，印度宣示其核武器实力之后，对待国际核不扩散问题的态度有些调整。印度在发展“最低限度可靠核威慑”能力的同时，也试图寻求与国际制度获得暂时妥协，并开始考虑参加一些不是全面放弃核武器的核军控协议。必须承认，正是这种调整在一定程度上给印美两国缓和原有在不扩散问题上的矛盾分歧提供了机会。不过，值得一提的是，印度这种政策变化调整都时刻伴随着国内

---

① ［美］斯蒂芬·D. 克莱斯勒著，李小华译：《结构冲突：第三世界对抗全球自由主义》，浙江人民出版社 2001 年版，第 287 页。

② C. Raja Mohan, *Crossing the Rubicon: The Shaping of India's New Foreign Policy*, New Delhi: Penguin/Viking, 2003, p. 31.

③ 本小节内容已经发表于《建构主义视角下印度与国际核机制的关系》，《南亚研究》2013 年第 4 期。

传统核政策支持者的批评。事实上，印度在发展核武器以确保核威慑和对国际军控及裁军进程的支持之间依然存在矛盾心情。

一、印度与 CTBT

20 世纪 90 年代中后期，印度改变原有在核裁军大会上支持《全面禁止核试验条约》（CTBT）的决定，最终否决了 1996 年 8 月裁军大会 1 号条约的通过。1998 年核试验后，印度政府也开始逐步转变其毫不妥协的反条约的立场。为了缓和国际社会对印度的批评，瓦杰帕伊政府表示印度将考虑遵守 CTBT 条约规定的一些义务。[①] 瓦杰帕伊总理还表示印度准备将单方面暂停核试验的决定变为"正式义务"，条件是这种转变同一些未指明的互惠行动挂钩。与此同时，印度还表示不再坚持要求修改 CTBT 条约以使其包括要求五个核国家承诺限期裁减核武器的决定。[②]

的确，公开核试验后印度国内有一些支持《全面禁止核试验条约》的言论，比如要求以签署 CTBT 换取美国的好处。另外，印度国内一些战略家认为，印度签署 CTBT 能够证明印度最低威慑的有效性，从而远离那些关于 1998 年核试验失败的言论。除此之外，有人认为印度已经行使了核选择权，进行了核试验，继续反对 CTBT 已没有多大意义。印度原子能委员会主席 R. 奇丹巴拉姆曾公开表示没有必要进行更多的核试验。他相信通过五次核试验所获得的数据，印度现在能够建立不同的核武器，确保核武器安全，并支持进一步的高级研究。[③] 印度导弹和核项目设计者之一卡拉姆也公开宣称印度可以签署 CTBT，只要不威胁印度的国家安全，他表示，"科学和技术层面来看，我们认为印度将来没有进行核试验的必要"。[④]

---

① Judy Aita, "U. S. Praises steps by India, Pakistan toward signing CTBT", USIS Washington File, September 24, 1998; John M. Goshko, "India ready to sign nuclear treaty ban", *Washington Post*, September 25, 1998.

② 斯德哥尔摩国际和平研究所编，中国军控与裁军协会译：《SIPRI 年鉴 1999：军备·裁军和国际安全》，时事出版社 2000 年版，第 670 页。

③ Nirmala George's interview with the Chairman of the Atomic Energy Commission, Dr R. Chidambaram, "No-More N-Test Needed: AEC", *Inida Express*, Feb. 4, 1999.

④ News (Karachi), September 22, 1998.

当然，印度国内依然有许多反对签署条约的声音，尤其是现实主义者和民族主义者。反对者声称，CTBT 是霸权国家的工具，该条约永久地排除了印度核试验的选择，让它的核技术冻结在初级阶段，增加对美国的依赖，伤害了印度的战略自主性，所以应该拒绝签署。印度战略分析家巴拉特·卡南德就是一位民族主义者的代表，他十分反对印度签署 CTBT。他专门撰文表示，“印度一向对承诺加入不平等的核不扩散或裁减条约都持谨慎态度。印度的观点是，这些体系所做的，不过是让‘没有武器装备的人缴械’”。[①] 他还指出印度的不会承诺加入 CTBT 的两条理由是：

> 首先，1998 年核试验的项目主持人桑瑟兰姆（K. Santhanam）公开表示，试验中的热核装置失败。这些信息在试验十年后披露，目的就是要阻止印度政府签订条约。它成功地巩固了公众意见，支持国家获取安全可靠的热核武器装备。因此，问题不是印度是否会继续核试验，而是什么时候、在什么情况进行。辛格总理可能不会在任内命令进行核试。但他也不大可能排除核试的选择，因为执政联盟中的其他政党在核安全问题上坚决反对妥协，而执政的国大党十分不愿意因此而疏远其执政伙伴。[②]
>
> 另外一个原因是中国。中国自夸，其经测试的百万吨当量的热核弹头随时处于发射状态，而印度作为阻截的、在测试中的主要武器只有 20 吨当量，中国核力量超过印度。中国的常规军在数量上超过印度，而就质量而言，也配备了更好的大型武器。这种军事上的不平衡可能刺激了中国对印度不断增加的挑衅态度。它给巴基斯坦提供大量武器。在它原有的核扩散的罪恶之上，中国据称正向巴基斯坦转让与“加强原子弹”（boosted fission Device）相关的物质（氚）和技术。最令人担心的是，中国河流改道也会迫使它重新考虑印度没有经过充分试验的核聚变武器的问题。它不会希望印度处于一个在战略上和心理

---

① 巴拉特·卡南德：《如何阻止核武器扩散——下篇》，耶鲁全球在线，耶鲁全球化研究中心出版，2009 年 11 月 11 日。英语原文：Bharat Karnad，“How to Halt the Spread of Nukes-Part II”，*Yale Global*，November 11，2009，<http：//yaleglobal. yale. edu/content/how-halt-spread-nukes-part-ii>.

② 同上。

上都被中国所压制的位置上。①

的确，尽管核试验后印度官方关于《全面禁止核试验条约》表态出现一些积极的变化，但鉴于国内安全考虑，以及对国际机制的根深蒂固的抗拒，印度国内对条约看法不一。2009 年，印度核科学家桑瑟兰姆提出 1998 年印度核试验部分失败的言论，② 更是加深了印度国内的担心。2009 年 3 月，辛格政府核事务和气候变化特别代表在美国布鲁金斯学会举办的“印美核协议：期待与结果”主题研讨会时承认，“CTBT 已被看作印美关系中一个潜在的、有争议的问题，奥巴马政府已经明确表示将寻求国会批准 CTBT，美国已经签署，而印度还没有签署。”③

二、印度与 NPT

一直以来印度以《不扩散核武器条约》（NPT）的歧视性为由拒绝加入该条约，核试验后，印度对待 NPT 的态度总体来说没有根本的改变，不过印度国内的相关讨论以及印度官方的表态还是值得关注的。

2000 年 5 月 9 日，印度外长贾斯万特·辛格在印度议会发表了正式声明，阐述了印度对该条约的态度。“虽然印度不是 NPT 的成员，印度的政策是一直符合该条约对有核国家的规定的。”④ 从这一表态看，印度至少不愿意再扮演该条约的高调反对者。事实上，印度国内关于 NPT 的讨论也说明这点，尽管印度战略分析家依然指出 NPT 为核心的国际防扩散机制有很多的缺陷，但他们大多也倾向承认 NPT 所发挥的重要作用。⑤ 印度尼赫鲁

---

① 巴拉特·卡南德：《如何阻止核武器扩散——下篇》，耶鲁全球在线，耶鲁全球化研究中心出版，2009 年 11 月 11 日。英语原文：Bharat Karnad，“How to Halt the Spread of Nukes-Part II”，*Yale Global*，November 11，2009，< http：//yaleglobal. yale. edu/content/how-halt-spread-nukes-part-ii >。

② “India's Pokhran II was not fully successful”，*Oneindia News*，Aug. 27，2009，< http：// news. oneindia. in/2009/08/27/indias-pokhran-ii-was-not-fully-successful. html >.

③ “India hints at signing CTBT”，*Rediff News*，March 23，2009，< http：//news. rediff. com/report/2009/mar/23/india-hints-at-signing-ctbt. htm >.

④ “Response by India to Presiden Bush's Speech on Missile Defense” May 1，2001，< http：// www. meadev. nic. in/news/official/20010502official. htm >.

⑤ 《不扩散核武器条约》得到的支持度超过了除《联合国宪章》以外的任何条约。

大学教授拉贾戈帕兰（Rajesh Rajagopalan）就指出："NPT 目前的确遇到麻烦，事实上，这种麻烦一直存在，但不能否认它所发挥的作用。"① 另外，一些印度战略家甚至提出，印度在签署 NPT 问题上可以考虑显示一定的灵活性，因为这不仅使印度重返国际防扩散体系，而且更加彰显其拥有国际认可的核计划国家的特殊地位，以及通过寻求其他方式接纳印度的必要性。② 印度战略分析家拉吉夫·纳扬（Rajiv Nayan）分析指出印度加入 NPT、加入国际核不扩散机制的种种好处，比如可以有良好示范作用以及推动全面核裁军等等。③

值得关注的是，目前印度战略界的主流观点是希望印度能以核武器国家的身份加入 NPT。④ 印度前驻联合国裁军会议代表阿兰达蒂·戈斯（Arundhati Ghose）曾说："在印度没有人喜欢签署 NPT，以至于印度政府在核裁军的立场上也没有一个清晰的共识。不过，印度国内有一共识就是拒绝以一个非核武器国家身份加入 NPT。"⑤ 2009 年 11 月 29 日，印度总理曼莫汉·辛格在接受美国有线电视新闻网（CNN）周末栏目《法里德·扎卡里亚 GPS》（Fareed Zakaria's GPS show）专访时指出，印度希望作为核武器国家（NWS）加入《条约》，并希望成为该条约承认的第六个核大国。⑥ 辛格总理的讲话是印度高级别官员首次公开宣布印度想要以有核国家身份加入 NPT。根据印度媒体报道表明，尽管印度内部有反对的声音，但辛格

---

① Rajesh Rajagopalan, "Nuclear Non-Proliferation: An Indian Perspective", *FES Briefing Paper*, October 2008, p. 2, <http://library. fes. de/pdf-files/iez/global/05793. pdf>.

② Dilip Lahiri, "Obama's Global Zero Roadmap: Wake Up Call For India", *ORF Occasional Paper* 13, January, 2010, <http://www. orfonline. org/cms/sites/orfonline/modules/occasionalpaper/attachments/occa_ 1265017087344. pdf>.

③ Rajiv Nayan, "Is NPT Membership as a Nuclear Weapon State an Option for India?", *Strategic Analysis*, Vol. 31, Issue: 6, November 2007, <http://www. idsa. in/strategicanalysis/IsNPTMembershipasaNuclearWeaponStateanOptionforIndia_ rnayan_ 1107>.

④ "The Future of Nuclear Non-Proliferation Treaty: Implications for India", IDSA Conference Memo, March, 2010, <http://www. idsa. in/event/nptconfrence2010>.

⑤ Arundhati Ghose, "Who's afraid of the NPT?", *The Indian Express*, Sep. 30, 2009, <http://www. indianexpress. com/news/whos-afraid-of-the-npt/522972/0>.

⑥ David P. Fidler & Sumit Ganguly, "India Wants to Join the Non-Proliferation Treaty as a Weapon State", *Yale Global*, January 27, 2010, <http://yaleglobal. yale. edu/content/india-wants-join-non-proliferation-treaty>.

对此提案很在意。[①] 当然，目前看来，印度的要求不可能得到国际社会认可。事实上，在国际组织内和其他地方存有一种共识，即反对印巴以核武器国家身份参加 NPT 条约而修改条约。[②]

三、印度与 FMCT

公开核试验之前，印度对于签署《裂变物质禁产条约》（FMCT）[③] 表现积极，在印度看来，条约可以将本国生产核裂变物质的核项目合法化，从而变相承认印度核武器国家的地位。[④] 不过，随着 FMCT 谈判进行，印度积极性有所下降，还带头提出 FMCT 条约的谈判应包含在有时间限制的总体核裁军框架协议之内，这遭到了法国、俄罗斯、英国、美国的反对。公开核试验后，印度表示它不再坚持主张 FMCT 条约与限期裁减核武器框架协议挂钩，[⑤] 并公开表示支持条约早日缔结。

的确，核试验后，为了恢复因核试验而遭受的国际声誉损失，印度对 FMCT 的 公开表态有一些积极变化。但值得注意的是，目前来看，印度对参与 FMCT 谈判依然十分谨慎。2009 年，印度代表拉奥在日内瓦裁军谈判会议发言中表示，印度就参加该公约的谈判有一些先决条件。拉奥表示，印度将本着印度是一个有核国家，并且是国际社会的一个负责任的成员这一精神参加谈判，但印度不接受不符合或有悖于其国家安全利益，阻碍其

---

① David P. Fidler & Sumit Ganguly, "India Wants to Join the Non-Proliferation Treaty as a Weapon State", *YaleGlobal*, January27, 2010, <http://yaleglobal. yale. edu/content/india-wants-join-non-proliferation-treaty>.

② 斯德哥尔摩国际和平研究所编，，中国军控与裁军协会译：《SIPRI 年鉴 1999：军备 · 裁军和国际安全》，时事出版社 2000 年版，第 664 页。

③ “裂变物质禁产条约”是在核军备控制与防止全球核武器扩散两方面都有着重要地位和作用的国际条约。它是世界上第一个由美、俄、英、法、中 5 个核大国，并包括了印度、巴基斯坦和以色列等 3 个“核门槛”国家以及众多非核武器国家，共同参加谈判而达成的有关核军备控制与防止核扩散的一个具有普遍性的国际法律文件。条约包括了成立全面禁核试国际核查组织的内容，除此之外，条约对国家核查手段、国际监控系统和在出现争议情况下的现场核查办法等都做出了详细的规定。不过，目前该条约的谈判没有太大进展。

④ Mario EstebanCarranza, *South Asian Security and International Nuclear Order: Creating a Robust Indo-Pakistani Nuclear Arms Control Regime*, Farnham : Ashgate, 2009, p. 8.

⑤ 斯德哥尔摩国际和平研究所编，中国军控与裁军协会译：《SIPRI 年鉴 1999：军备 · 裁军和国际安全》，时事出版社 2000 年版，第 673 页。

战略计划、科研和三阶段核计划的义务。他同时指出，这一条约不应对军事非禁止活动造成不适当的负担。[①] 拉奥说："核武器是我们国家安全的一个不可分割的部分，在全球在一种普遍和非歧视基础上全面消除核武器之前，印度的这一核武器政策不会改变。"[②] 此外，印度国内对 FMCT 的积极性也不高。虽然国内一些专家已经开始从实际角度研究 FMCT，比如估算印度提前自动中止核材料生产前印度的核武库竞争究竟需要多少钚，但国内在此问题上看法不一。[③]

总之，印度与国际核机制的互动有一些积极变化，但其旧有模式没有发生根本转变。目前印度与国际核机制的共有知识和共有身份没有形成。印度发展核武器和其对国际军控及裁军进程的支持之间始终还是存在着一份焦虑不安的矛盾心情。印度虽有积极参与国际体系建设和调整的愿望，但印度在核不扩散问题上依然存在认知固化现象。在他们看来，现存的国际核机制并不符合印度的国家利益。的确，印度在涉及核争端和国际体系等问题上的立场和态度在某种程度上依然受到印度特殊民族心理，即大国心态和受害者心理的影响。印度"特殊核国家"身份认同在核不扩散问题上与其他多数有核国家依然没有一致的认同，印度在是否应该承担有关义务、特别是不扩散核武器的义务，承认现行的国际核不扩散机制等问题上犹豫踌躇。

第四节　美国国内安全、军控专家对印度核身份的认知调整与固化

1998 年印度核试验让美国震惊，但美国也开始反思，关于这点，美国国内安全、军控专家撰写的文献提供了许多迹象。美国国内专家倾向一种观点，即假如没有全球裁军的同步进行，印巴不会愿意销毁其核武器以降

---

① "日内瓦裁谈会：印度表示有条件地参加《禁止生产裂变材料条约》谈判"，联合国新闻，2009 年 5 月 29 日，<http://www.un.org/chinese/News/fullstorynews.asp?newsID=11709>。

② 同上。

③ "India and the Impending FMCT", IPCS Report, June, 2009, <http://www.ipcs.org/pdf_file/issue/SR73-CBRNRep-RajaramanInt.pdf>.

低核威胁，而且孤立印度将反而不利于美国的经济和战略利益。另外，美国国内专家也倾向表明这样的看法，全球核不扩散努力与核裁军如果没有印巴的参与将会极为艰难，但要求印度和巴基斯坦放弃核武器作为无核国家加入 NPT 是不现实的。不过，目前美国国内专家在美国对印度核身份的认知上既有调整的一面，也有固化的一面，尤其表现在处理印度核地位的相关政策意见方面。

一、美国国内对印度核问题的反思

1998 年印度公开核试验可谓是对美国的南亚政策及其全球防核扩散战略的重大打击。对此，美国国内政策界和学术界也开始反思，并得出结论，即假如没有全球裁军的同步进行，印巴不会愿意简单地通过销毁其核武器降低核威胁。事实上，这也是在某种程度上肯定了印度事实上核武国家的地位。卡内基国际和平基金会的一份研究报告《普遍履约》就指出，“有理由相信印巴不会愿意简单地通过销毁其核武器降低这种核威胁，不管国际社会在这方面施加多大的口头压力和外交压力。印巴不可能在全球核裁军进程外销毁自己的核武器，而美国、中国、法国、俄罗斯和英国也尚未为此设计出有关的机制”。[①]《普遍履约》还特别提到，“要求印巴放弃核武器作为无核国家加入 NPT 是不现实的。在公认拥有核武器的国家为销毁自己的核武器创造条件没有取得重大进展的情况下，力压印度、以色列和巴基斯坦使其作为此类国家进行核裁军，是不会产生结果的”。[②] 美国南亚问题专家 S. 科恩同样认为，“20 世纪 90 年代美国核不扩散政策没有能够阻止印度进行核试验并进而宣布自己为核国家。科恩还指出，美国必须正确地认识到南亚的核扩散已成定局，美国外交政策的重要任务在于控

① 美国卡内基和平基金会等编，中国军控与裁军协会译：《普遍履约：全新的核安全战略》，世界知识出版社 2005 年版，第 165 页。该报告英文原文：George Perkovich & Jessica T. Mathews & Joseph Cirincione, ed, Universal Compliance: a Strategy for Nuclear Security, Carnegie Endowment for International Peace Report, 2007, < http://carnegieendowment.org/files/univ_comp_rpt07_final1.pdf >。

② 美国卡内基和平基金会等编，中国军控与裁军协会译：《普遍履约：全新的核安全战略》，世界知识出版社 2005 年版，第 38 页。

制领域，而不是禁除。印度和巴基斯坦之间尚不确定的核均衡达到稳定、可靠的时候，极其需要引导，需要尽可能多地认识国际遏制体系”。[①] 此外，塔尔波特也解释说，“印度和巴基斯坦将成为无核武器国家加入 NPT 是不现实的，但两国达成关于防扩散和军备控制协议，实现两国的国家安全的最佳利益是可能的，而美国在这种关系中的作用尚不清楚”。[②]

二、相关政策建议

值得一提的是，美国国内专家在美国应该采取何种政策建议上有着不同看法，自由主义者与现实主义各持己见：

众所周知，自由军控学派学者强调集体安全和军备控制裁军管理安全困境的路径，在他们看来，尽管全面裁军计划不可能很快实现，但他们还是深信国际制度。为此，这些专家一般主张美国对于核不扩散和国际机制的承诺是不会立即改变的，在对待印度核问题上不应破坏规则或者妨碍加强不扩散机制的努力。[③]《普遍履约》作者们就是自由主义的典型代表，该报告指出，“印度要想在国际上发挥更大的作用的方法就应该显示为加强防止核扩散和可能使用核武器的国际准则和法规方面所做出的承诺。印度和巴基斯坦应该承诺不扩散核技术或者导弹技术。印巴两国还应该就影响南亚次大陆的政治和军控问题开展积极的外交活动，包括保护第二次打击能力和防止事故的发生”。[④] 报告还强调，“即使华盛顿承认印度发展核武器是基于国家利益的需要，即使条约义务没有禁止印度那么做，但美国不

---

① ［美］斯蒂芬·科亨著，刘满贵等译：《大象和孔雀——解读印度大战略》，新华出版社 2002 年版，第 338—339 页。

② “Arms Control and the India-Pakistan Relationship”, The Brookings Institution, May 9, 2011, <http: //www. brookings. edu/opinions/2011/0509_ india_ pakistan_ talbott. aspx>.

③ Ved Prakash (Col.) & Kulwant Rai Gupta, *Indo-U. S. civil nuclear deal*, Volume 1, Atlantic Publishers & Dist, 2007, p. 3.

④ 美国卡内基和平基金会等编，中国军控与裁军协会译：《普遍履约：全新的核安全战略》，世界知识出版社 2005 年，第 41 页。报告英文原文：George Perkovich & Jessica T. Mathews & Joseph Cirincione, ed, Universal Compliance: a Strategy for Nuclear Security, Carnegie Endowment for International Peace Report, 2007, <http: //carnegieendowment. org/files/univ_ comp_ rpt07_ final1. pdf>。

应该为了印度而修改全球防扩散准则和法规”。[①]

的确，自由主义派学者主张核不扩散机制亟须加强，美国应该为此努力，做出表率，而且防止核扩散的成败取决于美国是否能够展现促使其他国家跟随自己合法权威的能力。[②] 军控专家皮埃尔·戈德施密特（Pierre Goldschmidt）表示：“如果大多数国家都支持执行《不扩散核武器条约》，那么作为由一整套契约所组成的条约体系，必须保证其自身的公正性。这种努力是否能取得成功取决于美国将合法权威性集聚一身的能力，而这种合法权威性能够激发其他国家来支持美国所做的努力。”[③] 另外，值得一提的是，这派学者对印美核协议大多持怀疑或者批评态度。史汀生研究中心的克瑞朋就表示有效的核不扩散政策是建立在规范基础之上的，布什政府试图用好家伙、坏家伙的评判标准来取代原有的规范标准，这会让防扩散事业变得更加艰难。[④] 诚然，针对上述自由主义观点也有不少批评的声音，批评者认为它没有对变化的国际和地区环境做出回应，忽视了冷战结束后国际核不扩散机制面临的困境，忽视了伊朗和朝鲜对 NPT 的违背。

与自由主义学派观点不同，现实主义者较不重视国际社会而是更加信任单个国家的权力，从而强调均势和威慑。在现实主义看来，美国与印度还有其他共同利益，不应该过分强调核问题损害了其他利益。基辛格写道：

> 美国必须竭尽全力避免核武器扩散。然而一旦扩散成为现实，美国不应该做无谓的努力，而应当把不扩散问题与其他目标挂钩，弄清哪些国家的举动没有威胁到美国的利益或者世界和平；哪些国家发展核武器是为了打破平衡；哪些国家愿意参加一项不扩散制度；哪些国家对核扩散要么无动于衷，要么予以支持。[⑤]

---

① 美国卡内基和平基金会等编，中国军控与裁军协会译：《普遍履约：全新的核安全战略》，世界知识出版社 2005 年版，第 41 页。

② Francis Fukuyama, “The Neoconservative Moment”, *The National Interest*, June 1, 2004.

③ Pierre Goldschmidt, “The Urgent Need to Strengthen the Nuclear Non-Proliferation Regime”, *Policy Outlook*, January 2006, <http://www.carnegieendowment.org/files/PO25.Goldschmidt.Final2.pdf>.

④ Michael Krepon, “Proliferation: Then and Now”, The Henry L. Stimson Center, January 8, 2007.

⑤ ［美］亨利·基辛格：《基辛格美国的全球战略》，海南出版社 2009 年版，第 132 页。

美国战略与国际研究中心研究员特里斯达·C. 沙菲尔（Teresita C. Schaffer）则指出考虑印度的不扩散政策，应该放宽对印度的要求而不是一味地用现有的规则来打压印度。① 卡内基和平基金会研究员特里斯则指出，印度游离于NPT框架之外拥有核武的过程已经使得美印之间不可能有实质性合作，所以为了与印度发展战略伙伴关系，有必要解决双边关系中关于印度核身份的问题。②

同样，值得一提的是，美国现实主义者从基辛格到罗伯特·凯南无一例外地支持核协议，他们或许是基于认同印度在亚洲战略格局中的稳定作用以及反恐能力，或许是对印度制衡中国的前景预期。③ 特利斯就认为，印美核交易无论是对于印美两国的国家安全利益，还是对于防止国际核扩散来说都有好处，并指出特殊的问题需要特殊的解决办法。④ 特利斯指出，通过双边协议将新德里纳入到全球防核扩散组织中来，不仅能够加强美国阻止进一步核扩散的努力，也会增强美国的国家安全。他还表示：

> 总统与印度的协议用一种公平的和直接的方式将这些目标向前推进了。它承认，继续要求印度承担永久性地坚持全球防止核扩散组织的义务是不合理的，因为它是这一组织僵化而完全的制裁的受害者。因此，总统提议向印度提供核燃料、技术和知识的使用权，来换取新德里制度化地严格进行出口控制，将其民用反应堆置于国际监督之下，并积极协助美国在世界范围内减少核扩散。换句话说，他向印度提供了和平进行核合作的好处，来交换将印度目前的核不扩散单边承

---

① Teresita C. Schaffer, *Rising India and U. S. Policy Options in Asia*: *A Report of the Csis South Asia Program*, CSIS Panel Report, 2002, p. 27.

② Ashley J. Tellis, "The Merits of Dehyphenation: Explaining U. S. Success in Engaging India and Pakistan", *The Washington Quarterly*, 31: 4, August 2008, p. 30.

③ Paul Carrese, "The Ideal of Liberal —Democratic Partnership: Philosophies of International Affairs and the Indo—US Nuclear Accord", in Nalini Kant Jha, *Nuclear Synergy*: *Indo-U. S. Strategic Cooperation and Beyond*, New Delhi : Pentagon Press, 2009, p. 15.

④ Ashley J. Tellis, "Should the U. S. Sell Nuclear Technology to India? Part II", *Yale Global Online*, November 10, 2005, < http: //yaleglobal. yale. edu/content/should-us-sell-nuclear-technology-india-% E2% 80% 93-part-ii >.

诺变成它经过正式证实的和永久性的国际责任。[1]

另外，在现实主义阵营中，一些主张单边反扩散行动的新保守主义尤为引人注目，他们的观点在很大程度上也被小布什政府所采用。这派学者质疑现有的国际制度，并建议美国单独行动。他们指出现有军控条约和国际机制存在诸多缺陷，并认为现有防扩散方式只会束缚美国的行动自由，而对其他国家特别是那些流氓国家却没有影响。他们主张美国应充分利用其权力和优势地位来改造国际核秩序。[2] 布什政府负责军控与国际安全事务的副国务卿博尔顿（John Bolton）就指出："军备控制是美国外交政策的重要组成部分，但我认为，实际的问题在于如何才能促进我们的国家利益。例如，在军控条约缺乏效能，或者适得其反，或者已经过时的形势下，就不应该再让这些条约成为我们推进外交政策的障碍。"[3] 值得一提的是，这派专家似乎更加愿意以特殊的方式来处理印度核问题。

第五节　2005 年印美签署核协议：重塑国际核秩序？

2005 年 7 月，印美核能合作协议的签署在某种程度上就是印美两国围绕国际核不扩散问题进行积极对话与协调的结果。但核协议不仅仅是印美双边的核博弈，它还涉及国际核机制相关运作，尤其是"核供应国集团"。美国同意与印度的核协议事实上承认了印度核武国家的法律地位，这对现存的国际核秩序无疑是一种冲击。也正因如此，印美核协议也引起国际社会不少担心。

众所周知，"核供应国集团"是为应对印度 1974 年核试验而建立的。该组织曾于 1992 年规定禁止向未与 IAEA 签署全面保障监督协定（INF-

① 艾西利·特利斯，于勇译：《美国是否应该向印度出售核技术?》，美国卡内基中国透视，<http://chinese.carnegieendowment.org/publications/?fa=23679>。英文原文：Ashley J. Tellis, "Should the U.S. Sell Nuclear Technology to India? Part II", *YaleGlobal Online*, November 10, 2005, <http://yaleglobal.yale.edu/content/should-us-sell-nuclear-technology-india-%E2%80%93-part-ii>。

② 梁长平：《美国国内对核不扩散政策的反思》，《理论界》2009 年 1 月，第 197 页。

③ "John Bolton Interview"，<http://www.acronym.org.uk/dd/dd59/59docs11.htm>.

CIRC / 153）的国家出口核材料，包括进口国的所有核设施。① 印美核协议的达成以及实施前提之一是印度获得“核供应国集团”的无条件豁免令，即一项不包括任何关于印度核交易的附加条件的豁免令。2008 年 9 月 6 日，拥有 45 个成员国的“核供应国集团”就取消对印度长达 34 年的核出口限制达成一致，批准了美国的提议，解除了对印度的核贸易限制。“核供应国集团”的主要成员国家，如法国、俄罗斯对于印美核协议保持了认可，不过国际社会依然存在不少担心，认为印度的“例外”会对核不扩散机制造成冲击。

事实上，据报道，2006 年 3 月 23 日美国官员向“核供应国集团”成员提供美印核合作决定草案，请求给予印度作为特殊情况时，该草案并没有获得集团全体的支持。部分“核供应国集团”成员反对稀释国际核机制的严格原则，如瑞典和爱尔兰等国家。② 另外，巴西、阿根廷、南非、日本、德国、澳大利亚也都对印度的“例外”持有保留意见。他们的考虑是：印美达成的民用核协议虽然也能够在一定程度上缓解印度能源供需矛盾，并且为一些国家核能企业带来商机，但不能忽视协议的副作用。③ 因此，在“核供应国集团”举行的会议上，这些国家对印度不再进行核武器试验的立场，以及印度给生产核材料设定限额并且不会将那些根据协议从美国购买的铀用于发展核武器的意愿提出了疑问。另外，国际社会一些防扩散团体和个人也表达了这种担心，曾有一个接近 150 人（包括不同各国防扩散派军控专家以及非政府组织）的团体公开对印美核协议表示不满，并致信游说“核供应国集团”成员国领导人拒绝给予印度特殊豁免。④

的确，国际社会的担心并非没有道理，美国因重视与印度的战略关系，不惜打破国际核机制的制约，让“核供应国集团”从一个为了限制印度成为核国家的条约变成只给印度例外豁免的条约。与此同时，美国对其

---

① 斯德哥尔摩国际和平研究所编，中国军控与裁军协会译：《SIPRI 年鉴 2008：军备・裁军和国际安全》，时事出版社 2009 年版，第 499 页。

② K. Alan Kronstadt, “India: Chronology of Recent Events”, CRS Report, the Library of Congress, March 31, 2006.

③ 斯德哥尔摩国际和平研究所编，中国军控与裁军协会译：《SIPRI 年鉴 2008：军备・裁军和国际安全》，时事出版社 2009 年版，第 499 页。

④ Daryl G. Kimball, “Decision Time on the Indian Nuclear Deal: Help Avert a Nonproliferation Disaster”, *Arms Control Today*, September 2008, <http://www.armscontrol.org/node/3302>.

他一些国家则采取不同政策，例如美国认定伊朗秘密发展核武器，极力扩大对伊朗的制裁。无疑，美国对待国际防扩散的双重标准对国际核机制构成严峻挑战。巴基斯坦学者穆斯塔法（Malik Qasim Mustafa）在《印美民用核能合作协议：国际核不扩散制度的影响》一文中指出，印美协议将破坏《不扩散核武器条约》，这项协议将可能鼓励《不扩散核武器条约》的成员国退出该条约，并寻求拥有核武器计划以适应他们的安全关切。①

值得一提的是，美国国内这方面的担心也很多，事实上，本书在讨论美国国内对印美核协议的态度时已经有所涉及。下边这封信是美国国会议员给一名印裔美国学者的回信，我们从中可以看出美国在核不扩散方面的担心。②

> 核协议是一个例外，这也许是出于我对核扩散方面的恐惧担忧，尤其是考虑到目前我们正在向伊朗方面施加压力。我想如果我们用不同的方法对待印度和伊朗可能会带来许多的负面影响。当然必须承认，印度和伊朗是不同的国家，正如我所强调的印度是民主国家，而伊朗则是一个暴政好战的国家。但正是出于这种理由，我相信现在还不是我们与印度签署核协议的时候，因为在我看来它会削弱我们对伊朗有效施压的能力。

此外，美国智库战略与国际研究中心太平洋论坛执行主任葛罗斯曼（Brad Glosserman）也表示说："不管美国试图改善美印关系的愿望多么合理，对于核扩散者来说，美印协议都树立了糟糕的、令人不安的坏榜样。"③ 军控协会的执行主任金博尔（Daryll G. Kimball）说，美印协议和中巴合作都能通过提供关键的核燃料，分别帮助这两个对手国家扩充核武计

---

① Malik Qasim Mustafa, "Indo-US Civilian Nuclear Cooperation Agreement: Implications for International Nuclear Nonproliferation Regime", *Strategic Studies* (*Pakistan*), Winter 2006, < http://www.issi.org.pk/journal/2006_files/no_4/article/a6.htm. >.

② Bal Ram Singh, "Role and Involvement of the Indian Diaspora in Indo -US Nuclear Cooperation", in Nalini Kant Jha, Nuclear Synergy: Indo-U. S. Strategic Cooperation and Beyond, New Delhi: Pentagon Press, 2009, p. 173.

③ Sanjeev Miglani, "Analysis — India's Nuclear Ambition Runs Up Against China's", *Reuters*, July 5, 2010.

划。他呼吁，即便 NSG 同意解除对印度的核贸易禁令，各成员国也应再度做出努力，以中止与印度的核贸易。[①] 美国学者乔纳森·席尔（Jonathan Schell）也指出："由于忽视印度拥有核武器这一事实，布什政府不仅仅犯了战略方面的错误，与此同时破坏了以 NPT 为核心的全球核秩序，开启新的全球核秩序，区别好的扩散者与坏的扩散者。如果以 NPT 为核心的全球核秩序瓦解，取而代之的将会出现一种核无政府状态。"[②]

第六节　新身份构建？——印度成为 NSG成员国的前景分析

正如上文中已经提出的，印度与一般核国家不同，并没有完全将现有核体系的规范和规则内化。那么，未来印度能否在实践中重新界定自身与国际核体系的关系？近年来，印度国内开始探讨未来印度与国际核机制的关系以及印度在国际核秩序中的地位与角色扮演。未来印度能否在国际核秩序中拥有新的身份还有待于观察。诚然，印度参与国际核机制互动是一个连续不断的参与实践过程，实践主体不断在参与实践中学习、借鉴、创新，可能形成新的身份。但在此过程中，自我定位或他者认可能否发生改变十分重要。

一、关于自身定位

对于印度来说，崛起中的大国这一定位可能在相当长时间不会发生改变，但未来印度以何种身份参与国际核机制还是充满未知数。可以确定的是，印度以无核国家身份加入国际核机制概率不大。[③] 在印度看来，无核

---

① Sanjeev Miglani, "Analysis — India's Nuclear Ambition Runs Up Against China's", *Reuters*, July 5, 2010.

② Jonathan Schell, *The Seventh Decade: The New Shape of Nuclear Danger*, Metropolitan Books, Henry Holt and Company, New York, 2007.

③ G. Balachandran, "India's Membership of the NSG: Possible Options", Institute for Defence Studies and Analyses, June 16, 2011. <http://www.idsa.in/issuebrief/IndiasMembershipoftheNSG>.

国家身份不仅与印度现有的“事实上核武国家”身份不符，也与印度的大国身份定位不相符。众所周知，印度一直希望自身核身份得到合法承认，但这与现有国际核机制存在结构矛盾。2005 年 7 月印美签署的民用核能合作协议似乎让印度看到这种希望，即为协调印度实际拥有的核地位与现有国际核机制的内在冲突提供了可能。未来，印度可能继续实施这种政策选择，即在确保自身核威慑战略的同时，根据其自身利益在某种程度上与现有国际核机制达成谅解。此外，印度也可能期待国际核机制自身改革，并谋求在新机制中扮演新的角色。值得一提的是，无论印度将来拥有何种选择，国内认知因素都会是重要的影响因素。印度的立场将依然在某种程度上受到印度特殊民族心理，即大国心态和受害者心理的影响。尽管目前印度为了获取 NSG 特殊豁免，同意将用于民用和军用的核设施进行分离，并签署一份附加议定书，允许国际原子能机构对民用核设施进行安全监督，[①] 但印度国内不少现实主义者和民族主义者认为印度应该强调核威慑战略，而不是加入充满歧视性的国际核机制。此外，印度国内还有一种认知，即防止核武器扩散本身并不是目的，而是实现全面禁止和彻底销毁核武器过程中的措施和步骤。

二、关于他者认可

目前看来，印度公开核武化以及印度的崛起在某种程度上迫使世界重新界定印度与国际核机制的关系，不过国际社会对于印度以何种身份参与国际核机制互动意见不一。值得关注的是，随着印美核关系改善，美国在某种程度上默认了印度合法的核身份。目前美国已经表示支持印度分阶段加入 4 个出口控制机制，印度也试图为成为 4 个出口控制机制的正式成员而努力，但这些机制是否可以改变他们的会员资格标准而接纳印度为成员国还有待观察。

的确，印度能否获得其所期望的新身份是一个艰巨而复杂的问题，涉

① Ashley J. Tellis, “Should the U. S. Sell Nuclear Technology to India? Part II”, *Yale Global Online*, November 10, 2005. <http://yaleglobal.yale.edu/content/should-us-sell-nuclear-technology-india-%E2%80%93-part-ii>.

及制度承认问题。制度承认具体来说，一方面是国际制度在拓展非成员国的时候面临何时承认、以何种方式承认、承认条件等具体的战略问题考量；另一方面是印度对国际制度的态度，涉及印度对国际制度公正性的认知。以印度能否成为“核供应国集团”（NSG）成员为例，虽然2010年美国已经公开表示支持印度加入NSG,[①] 国际社会一些国家如法国和德国也表示支持，印度国内亦尝试努力，但由于各种原因，印度在短时期内成为NSG组织成员国并不乐观。

三、印度成为NSG成员国前景分析

正常情况下，一国申请加入“核供应集团”必须满足以下标准：

1. 能够提供“核供应国集团”的控制清单上的项目；
2. 坚持“核供应国集团”准则并按照准则行事；
3. 支持国际社会防止大规模杀伤性武器及其运载工具扩散的努力；
4. 完全遵守以下义务中的一项或者多项：（“不扩散核武器条约”、“佩林达巴条约”、“拉罗通加条约”、“特拉特洛尔科条约”、“曼谷条约”或一个类似国际核不扩散条约）；
5. 与国际原子能机构签署全面保障协定。

显然，印度与上述标准中的最后两点不相符。这样NSG接纳印度为成员国的关键一步是，在印度没有签署《不扩散核武器条约》的情况下，组织以何种方式接纳印度。目前，NSG组织内部对于接纳印度为新成员有不同的意见。2010年，美国就印度加入NSG问题提出两种解决方案：一是根据印度的实际情况，修改该组织相关条款；二是考虑到加入该组织的条件非强制性情况，直接讨论印度的成员国问题。不过，美国的做法并没有得到NSG组织46个成员国的一致赞同，这也说明印度成为该组织成员并

① 2015年美国总统奥巴马访问新德里，在与印度总理莫迪会晤之后发表的联合声明中再次表示，美国支持印度申请并最终成为“核供应国集团”成员国。

非容易之举。值得一提的是，2010 年“核供应国集团”在解决印度的加入问题之前，还出台了新的“转让准则”，禁止其成员国向《不扩散核武器条约》以外的国家提供核燃料浓缩和后处理技术转让，① 这可谓给印度加入组织带来更多不确定因素。印度外交秘书拉奥琪明确表示，印度不接受该出口控制组织准成员身份的安排，任何导致“核供应国集团”停止向印度提供铀浓缩和后处理技术的做法，都是该组织立场的倒退。②

值得一提的是，目前印美国内对于印度加入 NSG 的态度都十分谨慎，这在一定程度上也说明印度加入 NSG 短时期不会有理想的结果。

美国国内不少学者对印度立即加入 NSG 持有保留态度，并提出美国应明确要求印度做到以下几点：其一，印度应该把全部新增的核反应堆置于国际原子能机构保障监督之下，防止其核武库扩大与升级；其二，印度应该承诺在五个核大国批准《全面禁止核试验条约》后自动批准该条约；其三，继续暂停核试验，并努力与国际社会一道推动核裂变物质禁产条约的签署。

2011 年美国卡内基国际和平基金会学者甚至还详细列出印度需满足非 NPT 国家加入 NSG 的 14 条标准：③

1. 承诺遵守《不扩散核武器条约》的规定中第一条、第三条第二款以及第六条的规定，这些也得到五大核国家缔约国的遵守。
2. 与国际原子能机构签署一份自愿提供安保协议，承诺将所有新的核设施（原有的军用核设施除外）接受国际原子能机构 INFCIRC/66 型保障协议（其持续时间和覆盖范围与 1973 年 8 月国际原子能机构 GOV/1621 文件相一致）；
3. 批准一份保障协定的附加议定书（五个核武器国家已经完成）；

① 《印度成为供应国集团成员遇到障碍》，中国核信息网，<http://www.atominfo.com.cn/newsreport/news_detail.aspx?id=04D116225.00001EA3.3D6C>。

② 荣鹰：《从印度加入“核供应国集团”问题看美印关系》，《和平与发展》2011 年第 4 期，第 36 页。

③ Pierre Goldschmidt & Toby Dalton, “Conditions on Indian NSG Membership”, CRIP Report, June 14, 2011, <http://carnegieendowment.org/2011/06/14/conditions-on-indian-nsg-membership/ds4>.

4. 不实质性违反国际原子能机构保障监督协定；
5. 承诺不出口或转让 INFCIRC/254 / 1 和 2 中指定的项目给无核国家，除非该国已与国际原子能机构签订全面保障监督协定（CSA）和附加议定书（AP），并遵守防扩散领域的国际义务。这份出口控制规定已经得到绝大多数 NSG 成员国认可，因此也应该得到新成员国的遵守。
6. 让相关法律措施生效以确保有效执行“核供应国集团”准则（第 1 和第 2 部分），包括出口许可证管理规定、强制执行措施和对违法行为的处罚力度；
7. 承诺一旦截获违约行为将与国际原子能机构和“核供应国集团”的成员方面共享信息；
8. 签署和批准《全面禁止核试验条约》，具体要求印度和巴基斯坦根据联合国安理会第 1172 号决议，使其理解他们的批准将自动促使美国和中国完成《全面禁止核试验条约》的批准。如果该地区某一个国家进行核试验，这可能构成作为《全面禁止核试验条约》第九条第二款中定义的事件，从而被要求退出组织。
9. 承诺《全面禁止核试验条约》生效之前，根据 2000 年《不扩散核武器条约》审议大会最后文件中 13 个步骤的第 2 步要求，坚持单方面暂停核爆炸试验；
10. 根据“联合国宪章”有关核武器扩散或恐怖主义（第 1540 号决议，特别是第七章）全面贯彻落实所有联合国安理会通过的各项决议；
11. 遵守“导弹及其技术控制制度”（MTCR），并制定相应的出口管制立法；
12. 批准 2005 年修订的核材料实物保护公约（实物保护公约）；
13. 缔结（2005 年 4 月）由联大决议大会 A/RES/59/290 通过的“制止核恐怖主义行为国际公约”；
14. 完成一个正式的《核裂变物质禁产条约》之前，承诺认真实施“13 个步骤的工作方案”中第 3 步骤，包括立即开始条约谈判，并期望五年内有所进展。

同样，印度国内对印度加入 NSG 一事也展开激烈讨论，[①] 总体来看，印度国内看法是印度不会屈服而加入 NSG。印度国内专家学者甚至就印度的加入开出相关条件，印度战略分析家巴拉钱德拉（G. Balachandran）就明确指出印度不能以无核国家身份加入。[②] 巴拉钱德拉认为，印度加入 NSG 既然对于双方都有好处，那么就不应彼此为难对方，双方都不应提出无理的要求。他指出：

> 印度认为加入《不扩散核武器条约》不能成为印度加入“核供应国集团”成员的必要条件。[③] 很明显，印度不能够被要求承担所有无核国家应该承担的义务，比如要求无核国家放弃所有与核试爆有关的活动，以及所有的核物质和核设施都必须接受国际原子能机构的安全保障。当然，这不会阻止印度自愿接受或者提供一些优惠，比如印度签订和批准国际原子能附加协议书，尽管这并不是无核国家在进行核贸易时所必要的条件。
>
> 关于加入和批准《全面禁止核试验条约》。NSG 首先可以针对核武国家的标准要求印度遵守规则履行其义务，到目前为止，它们已经涉及核战略领域。NSG 可以与印度讨论如何才能做到这些。目前并不是所有的 NPT 的核国家都批准了 CTBT，因此签署 CTBT 不应该成为印度加入 NSG 的前提条件。当然，如果所有 NPT 的核国家都签署了 CTBT，那可以合法地要求印度也接受 CTBT。[④]

---

① 自印美核能合作谈判开启后，印度国内关于 NGS 的讨论明显增加。鉴于 NSG 已经同意给予印度豁免权，目前印度国内的探讨话题主要集中在这些方面：印度是否应该加入 NSG、印度成为 NSG 成员国的可行性与条件、NSG 新规定对印度的潜在影响等等。

② G. Balachandran, “India's Membership of the NSG: Possible Options”, Institute for Defence Studies & Analyses, June 16, 2011, <http://www.idsa.in/issuebrief/IndiasMembershipof theNSG>.

③ “NSG Revises Rules on Sensitive Exports”, *Arms Control Today*, June 27, 2011, <http://www.armscontrol.org/20110627/NSG_ Revises_ Rules_ on_ Sensitive_ Exports>.

④ G. Balachandran, “India's Membership of the NSG: Possible Options”, Institute for Defence Studies & Analyses, June 16, 2011, <http://www.idsa.in/issuebrief/IndiasMembershipof theNSG>.

巴拉钱德拉得出结论，从短期来看印度加入 NSG 对于印度来说或者对 NSG 来说都不会有额外的收益，除非“核供应国集团”愿意修改它的相关规则，否则印度不应该寻求加入。[①] 巴拉钱德拉还指出，既然印度准备承担相关责任与义务，那印度应该被授予相同的权利和特权：

> 许多美国的基金会智库以及学术机构，比如布鲁金斯学会发表研究报告鼓励印度这个崛起中国家承担更多的全球责任。当印度准备承担这些责任的时候，为它设置那些不可能逾越的障碍是不公平的。假如印度被要求与其他国家分担责任，那印度应该被授予相同的权利和特权。[②]

目前来看，国际社会并没有做好准备接受印度成为 NSG 成员国。据悉目前在这一问题上，“核供应国集团”存在分歧。路透社报道说，支持印度加入的国家认为，印度已是一个掌握先进核能且将成为重要的核能出口的国家，让它加入“核供应国集团”能更有效约束它。持怀疑态度的国家认为，这将削弱《不扩散核武器条约》的效力，“使其齿轮倒转，因为印度在历史上从来没有坚决地执行它承诺的责任”。[③] 诚然，冷战结束后，国际核不扩散机制面临多方挑战，国际社会也开始担心国际核不扩散机制是否能够有效防止核武器的进一步扩散。[④] 但作为一种近乎普遍的机制，该条约仍然是全球不扩散制度的基石，将继续保持其在全球核事务中的主导地位。因此，在当前伊朗核问题和朝鲜核问题较严重时期，对国际核不扩散机制进行实质性的修正并非易事。总之，印度与国际核不扩散机制的关系调整还有待接受来自国内以及国际社会的各种考验。

---

① G. Balachandran, “India, ENRand NSG”, IDSA Issue Brief, July 5, 2011, < http://www.idsa.in/issuebrief/IndiaENRandNSG >.

② Ibid.

③ 《印度加入核供应集团落空 中国维护核秩序受埋怨》，《环球时报》，< http://world.huanqiu.com/hot/2015-06/6683134.html >。

④ 李宝林：《信任与遵守：〈不扩散核武器条约〉无核缔约国的核政策研究》，复旦大学 2011 年博士学位论文，第 3 页。

第七节 奥巴马“无核世界”构想以及核裁军倡议：印度的回应

奥巴马政府上台后，美国军控政策进行了相关调整，奥巴马“无核世界”演讲以及其核裁军方面的新措施激起印度国内的辩论。“无核世界”是否符合印度安全利益？如果美国与中国签署和批准CTBT，印度是否应该做出跟进的选择？印度国内相关专家学者就这一系列问题进行了探讨。尽管，后来实践证明，奥巴马政府的相关政策倡议大多没有得到落实，但是深入解读印度当时的回应和讨论，有助于我们了解印美两国在相关问题上的不同认知和利益诉求。

一、奥巴马“无核世界”构想出台

2009年4月5日，奥巴马在捷克首都布拉格发表演讲宣布，美国将致力于推动建立一个无核武器的世界，并计划召开关于世界核安全的全球峰会。[①] 奥巴马还宣布了美国实施无核武器世界计划的具体步骤包括：与俄罗斯尽快通过谈判达成《第二阶段削减战略武器条约》，大幅削减美俄核武器；美国政府将力争国会尽快批准《全面禁止核试验条约》；与其他国家一道寻求强化《不扩散核武器条约》，包括加强核查、强化对违反条约国家的制裁以及寻求建立一个关于和平利用核能的新机制。争取在4年内确保可用于核武器生产的核裂变材料不会被扩散；在1年内主持召开关于

---

① 事实上在此之前美国国内一些战略学者已经开始撰写文章，宣传发展“无核世界”的主张。可参见 George P. Shultz, William J. Perry, Henry A. Kissinger, and Sam Nunn, “A World Free of Nuclear Weapons”, *The Wall Street Journal*, January 4, 2007; George P. Shultz, William J. Perry, Henry A. Kissinger, and Sam Nunn, “Toward a Nuclear-Free World”, *The Wall Street Journal*, January 15, 2008; George P. Shultz, William J. Perry, Henry A. Kissinger, and Sam Nunn, “How to Protect Our Nuclear Deterrent: Maintaining Confidence in Our Nuclear Arsenal is Necessary as the Number of Weapons Goes Down”, *The Wall Street Journal*, January 19, 2010。

世界核安全的全球首脑会议。[①]

为了履行承诺，2010 年 4 月 8 日奥巴马与俄罗斯总统梅德韦杰夫在捷克首都布拉格签署了《俄美关于进一步削减和限制进攻性战略武器措施的条约》。此外，2010 年 4 月 12—13 日奥巴马在华盛顿主持召开了世界核安全峰会，全球 47 个有核能力国家的领袖出席，共商核安全。2010 年 9 月 24 日，奥巴马在联合国安理会举行的核不扩散与核裁军峰会上主持通过了第 1887 号决议，呼吁各国致力于推动防扩散与核裁军，为在全世界范围内全面消除核武器创造条件。[②] 11 月在华盛顿举行了美国—欧盟首脑会议，美国和欧盟成员国纷纷表示对国际安全承担义务，支持国际原子能机构为防止核扩散所做的种种努力，愿意为创造无核武器世界创造条件，全面支持国际社会依据各种条约规定，为防止核扩散及实施军控与裁军而采取的各项行动。[③]

尽管"无核世界"中的一些内容并非奥巴马的独特主张，但此倡议在世界范围引起强烈反响，被媒体称之为核军控领域的"布拉格之春"。有学者认为这些变化是奥巴马政府军控与防扩散政策的重要调整，而且可能在未来几年持续下去。有学者认为美国的政策并没有发生根本性的变化，"无核世界"倡议的意义被夸大了，其主要目的是为了向俄罗斯施压，推动俄进一步裁减核武库。[④] 例如有美国学者就指出，奥巴马总统提出的方案最多不过是解决核挑战很小的一步。[⑤] 有学者指出，"如果美国总统奥巴马能达成一项全面禁止核武器试验的条约，其诺贝尔和平奖可能才是实至名归，但此间困难重重，新的核武国家、武器技术转移，以及需要平衡美

---

① The White House, Office of the Press Secretary, "Remarks by President Barack Obama", Hradcany Square, Prague, Czech Republic, April5, 2009, <http://www.whitehouse.gov/the_press_office/Remarks-By-President-Barack-Obama-In-Prague-As-Delivered/>. 转引自：《奥巴马欲建无核世界》，《扬州日报》2009 年 4 月 6 日，第 4 版，<http://www.yznews.com.cn/yzrb/html/2009-04/06/content_532670.htm>。

② Bennett Ramberg, "The latest UN Resolution against Proliferation Offers More Bark Than Bite", *Yale Global*, November 9, 2009, <http://yaleglobal.yale.edu/content/how-halt-spread-nukes-part-i>.

③ Ibid.

④ 樊吉社：《美国军控与防扩散政策研讨会综述》，《美国研究》2010 年第 1 期，第 153 页。

⑤ Bennett Ramberg, "The latest UN Resolution against Proliferation Offers More Bark Than Bite", *Yale Global*, November 9, 2009, <http://yaleglobal.yale.edu/content/how-halt-spread-nukes-part-i>.

国军事干涉可能性的战略紧急情况，都是核武裁减的主要障碍。”①

二、印度的回应

总体来说，印度辛格政府对奥巴马“无核世界”构想以及核裁军倡议的回应是十分谨慎的。一方面，印度宣称认可奥巴马关于加强核控制的努力，表示印度支持国际社会防止核扩散的努力。辛格总理表示印度是最早提出“无核世界”口号的国家之一，在保持核安全与核不扩散方面有着良好记录，印度愿意推动世界无核化进程。② 2009 年 9 月 26 日，印度外交部长克里希纳在第 64 届联合国大会一般性辩论发言时说，印度高度重视核不扩散与核裁军，并愿与国际社会一起推动在这一问题上的谈判。③ 印度也积极参加了美国倡议的核安全峰会。④

另一方面，印度对美国的行为有所防范，担心美国有可能进一步施压印度签署《不扩散核武器条约》。印度对美国的行为担心也反映在印度国内相关讨论中。奥巴马新的军控政策出台后，印度国内智库以及相关研究机构都专门召开研讨会，讨论印度可能的对策。印度国防战略分析研究所就邀约了多名前政要、核战略家和核科学家参与专题讨论会。不少专家认为，奥巴马的“无核世界”倡议可能是真诚的，但尚未看到美国会采取实质性行动。专家们指出，如果“无核世界”真的来临，印度的安全环境不会因此而发生实质性变化，但印度可能将面临签署《不扩散核武器条约》

① Bharat Karnad, “How to Halt the Spread of Nukes-Part II”, *Yale Global*, November 11, 2009, <http://yaleglobal.yale.edu/content/how-halt-spread-nukes-part-ii>.

② 胡维敏：《印度总理表示确保核安全非常重要》，国际在线，<http://www.tianjinwe.com/rollnews/gj/201004/t20100410_741328.html>。

③ 《印度愿与国际社会一起推动核不扩散与核裁军谈判》，新华网，<http://topics.huanqiu.com/border/updates/2009-09/589344.html>。

④ 目前核峰会已经举行三届，2010 年 4 月首届峰会在美国华盛顿举行，主题为“通过加强国际合作来应对核恐怖主义威胁”，峰会就核恐怖主义威胁以及通过多边合作采取应对措施等进行了讨论。2012 年 3 月 26—27 日第二届峰会在韩国首尔举行，此次峰会主要议题包括应对核威胁、安全保卫核原料和设施、防止非法核走私、强化放射性物质的管理等。2014 年 3 月 24 日第三届峰会在荷兰举行，以“加强核安全，防范核恐怖主义”为主题，与会各方就全球核安全体系建设、国际原子能机构作用、核材料、放射源、核安全与核能安全等问题展开了广泛讨论。第四届核安全峰会将于 2016 年在华盛顿举行。

和《全面禁止核试验条约》的更大压力。此外，印度和平冲突研究所专家也进行相关探讨。该机构研究员维斯瓦纳坦（Pradeepa Viswanathan）还撰写专题文章，指出全球对“无核世界”的诉求会对印度裁军立场产生影响。

的确，印度国内对美国相关政策的防范和担心也并非没有道理，事实上印度是美国推进核不扩散议程的主要国家。美国国务卿希拉里·克林顿访问印度时指出，《全面禁止核试验条约》是目前美国政府的头等大事，并敦促印度政府也依此行事。[①] 2009 年希拉里在美国和平研究所做防扩散政策讲话时也表示：“我希望印度成为我们全面防扩散工作中的一部分。并且，我们想让印度成为会议桌上的主要参与者，也就是尝试弄清楚，从我们现在所处的位置开始，如何朝着一种有效的、可以核查的方式，恢复一种防扩散体制，以阻止其他国家获得核武器甚至是在无保障监督下的和平核能力。因此，我们把印度视为这项工作的全面参与者，并期望在拿出 21 世纪的 NPT 版本的事情上与印度合作。”[②]

三、印度国内对核裁军的立场

印度的对奥巴马裁军倡议的反映呈现两面性：一方面表示印美有合作的空间，另一方面对美国的倡议表示出防范与怀疑。印度这种充满矛盾的态度在一定程度上缘于国内在核裁军上的立场上没有统一意见。事实上，目前印度国内在核裁军上的立场可以分为现实主义、理想主义以及介于两者之间的实用主义三种。现实主义认为核威慑将持续存在，现实主义者主要是来自军方的人士，比如印度军方人士卡普尔（Deepak Kapoor）、退休准将格米特·坎瓦尔（Gurmeet Kanwal）等。他们指出印度将可能面临同时应对中国和巴基斯坦的两面作战的情况，这对印度来说是致命的。理想主义则是甘地主义和尼赫鲁主义思想的继承者，他们将无核世界视为印度

---

① Bharat Karnad, “How to Halt the Spread of Nukes-Part II”, *Yale Global*, November 11, 2009, <http://yaleglobal.yale.edu/content/how-halt-spread-nukes-part-ii>.

② “Hillary Rodham Clinton Remarks at the United States Institute of Peace”, <http://www.state.gov/secretary/rm/2009a/10/130806.htm>.

文化和非暴力思想的象征。理想主义试图坚守印度应该为全面无歧视性的核裁军奋斗。[①] 当然，正如印度学者维斯瓦纳坦所说，印度国内有一派观点是处在现实与理想之间，可称为实用主义者。实用主义者认为印度核武器主要用于威慑地区竞争对手中国与巴基斯坦，尤其是中国，但鉴于中国"不首先使用"核武器的原则以及印度对巴基斯坦在传统军事力量方面有优势，所以印度面临的核威胁并不急迫，因此"无核世界"可能符合印度的利益。[②] 总之，目前印度国内在核裁军立场上没有统一意见，这样在一程度上也解释了为何印度对美国核裁军倡议采取既支持又防范的两面政策。

① Pradeepa Viswanathan, "Nuclear Disarmament Post-Prague: Understanding Indian Perspectives", IPCS Article June 13, 2011, < http://www.ipcs.org/article/india/nuclear-disarmament-post-prague-understanding-indian-pers pectives-3402.html >.

② Ibid.

第六章
印美核关系与南亚地区安全

印美核关系的探讨自然离不开南亚地区安全这一场域，冷战结束后，印度努力确保自己在南亚地区的大国地位，与此同时也试图向全球大国迈进，但正如有专家所言，印度依然没有成功打破在南亚与巴基斯坦对抗的两级模式。1998 年印巴双方先后公开其核能力，深刻影响了双边关系和地区安全。印度和巴基斯坦之间军事对抗的“核武器化”使得两级结构得到了进一步巩固。印巴双方形成事实上的核威慑以后，双边关系持续复杂和动荡，先后发生包括 1999 年卡吉尔冲突、2001—2002 年印巴军事对峙、2008 年孟买恐怖袭击多起重大事件，尽管这些事件的诱因并非南亚公开核武化，但印巴危机中的核因素是显而易见的。这些危机给印美核关系带来考验，并对其产生了复杂影响。美国在印巴关系中一直发挥独特的作用，印度如何解读美国的南亚政策，尤其是美国在印巴危机中施展的外交行动，以及美国如何理解印度的南亚地区安全的政策行为都直接关乎印美核关系的发展与走向。除此之外，印美核关系互动对南亚地区安全产生的影响也值得关注。

第一节　冷战后南亚地区安全环境

冷战结束后，南亚地区传统的军事政治模式没有发生明显的变化，印巴权利之争依然主导该地区大国的安全议程。印巴两国围绕克什米尔问题的对抗依然持续，由于该问题关乎印巴两国国家主权、民族尊严和民族感情，而且与两国国内的党派政治纠缠在一起，因此很难在短期得到解决。

尽管冷战后印度的自我定位除了充当南亚地区大国之外，其还希望朝全球大国的方向迈进，印度的决策者也认识到要在国际舞台上扮演更重要角色，印度有必要处理好与邻国关系，摆脱狭隘南亚观念束缚，而其中必须处理好与巴基斯坦的关系，但印度始终没有成功打破在南亚与巴基斯坦对抗的两极模式。[①] 冷战后初期，印巴双边关系依然紧张，1990 年印巴危机使得国际社会开始更认真地将印度和巴基斯坦视为随时都会发生战争和危机，并很可能会拥有核武器的两个国家。[②] 此外，冷战后时期，南亚各国面临各类非传统安全威胁的挑战，例如教派冲突、地区分离主义、恐怖主义、人口控制、贫困问题、能源安全等，这些问题不仅影响着该地区各国国家内部安全，同时也影响着国家之间相互关系。值得一提的是，冷战结束后，美国的南亚政策做了一定调整，重视改善和发展与印度的关系，但印巴局势持续紧张，冲突不断，给印美关系带来一些考验。美国对印巴两国坚持发展核军备计划十分警惕，核不扩散问题成为美国在这一地区政策的重点。[③]

一、1990 年印巴危机

冷战结束后，印巴关系依然紧张，虽然两国之间没有爆发大规模战争，但双方在克什米尔地区的小规模武装冲突不断。1990 年春天，在印控克什米尔地区爆发穆斯林反政府武装斗争后，[④] 印巴两国关系多次出现过紧张和危机，印巴双方部队甚至在克什米尔控制线一带相互炮击。虽然这次印巴危机中的核因素表现得不是特别明显，但南亚地区潜伏的核扩散风险让人们产生担心，美国也给予极大的关注与担心。

---

① ［英］巴里・布赞、［丹］奥利・维夫，潘忠岐等译：《地区安全复合体与国际安全结构》，上海人民出版社 2010 年版，第 101 页。

② 参见 Devin T. Hagerty，"Nuclear Deterrence in South Asia：the 1990 Indo-Pakistani Crisis"，*International Security*，Winter 1995；Seymour M. Hersh，"On the Nuclear Edge"，*New Yorker*，March 29，1993，pp. 56 – 73。

③ ［美］斯蒂芬・科亨著，刘满贵等译：《大象和孔雀——解读印度大战略》，新华出版社 2002 年版，第 320 页。

④ 可参见 SumitGanguly，"Explaining the Kashmir Insurgency：Political Mobilization and Institutional Decay"，*International Security*，Vol. 21，No. 2，Fall 1996，pp. 76 – 107。

事实上，1990 年印巴危机的起因可以追溯到 1987 年 4 月印控克什米尔地区的选举。当时，甘地的国大党计划在当地克什米尔邦议会（Local Kashmir National Conference）的协助下赢得选举，但选举过程充满了威胁、骚扰和贿赂。国民会议联盟（Congress-National Conference Alliance）虽然只以稍低于 50% 的选票胜出，但还是获得了 80% 的议会席位。① 接下来几年，这个区域暴乱连连，不断有反政府武装、罢工和对政府机构的袭击，从 1990 年 1 月起穆斯林武装活动范围不断扩大至印控克什米尔各地，当地政府进行了残酷的镇压。巴基斯坦对克什米尔动乱进行了介入。1990 年 1 月，印度政府对克什米尔实行邦长治理并增派军警对穆斯林反政府武装进行镇压后，巴基斯坦向印度表示严重关切。② 同年 3 月，巴基斯坦总理贝·布托到巴控克什米尔视察，并扬言为了支持穆斯林武装，巴基斯坦将不惜打一场战争。同年 4 月，印度总理 V. P. 辛格警告巴基斯坦不要设想不通过战争就能取得克什米尔，并一度表示要求印度人民做好战争心理准备。③

印巴双方的冲突引起了美国极大的关注，美国对于双方是否发生核战争表示担心。当时美国获得情报，巴基斯坦已下令装配一枚核武器。④ 为了防止印巴发生新的战争并导致核冲突，5 月美国派遣特使前往印巴劝说两国和解。美国对印巴两国有一定影响力，美国的介入也确实对危机的解除起到了一定作用。⑤ 最后，美国提出了一套信任建立措施在 6 个星期内解除危机，才使得风波初见平息。⑥

值得一提的是，尽管这次印巴危机中核因素不是特别明显，但双方在危机中发出了核威胁的信息。印度不断向克什米尔增派军队，印度领导人一度确信巴基斯坦是在威胁对印度实施核打击。这次印巴危机使得国际社

---

① "India's Nuclear Weapons Program: The Momentum Builds: 1989-1998", < http: //nuclearweaponarchive. org/India/IndiaMomentum. html >.

② 程瑞声：《南亚的热点——克什米尔》，国际文化出版公司 2007 年版，第 136 页。

③ 同上。

④ George Perkovich, *India's Nuclear Bomb: The Impact on Global Proliferation*, Berkeley: University of California Press, 1999, p. 308.

⑤ "India's Nuclear Weapons Program: The Momentum Builds: 1989 - 1998", < http: //nuclearweaponarchive. org/India/IndiaMomentum. html >.

⑥ 程瑞声：《南亚的热点——克什米尔》，国际文化出版公司 2007 年版，第 136 页。

会开始更认真地将印度和巴基斯坦视为随时都会发生战争和危机，并很可能会拥有核武器的两个国家。[①]

二、关于核扩散与南亚地区安全关系的争论

冷战结束后，印巴两国核计划发展以及印巴危机的核因素引起人们的关注，不过人们关于核扩散对南亚地区安全的影响有不同看法，乐观派与悲观派之间进行了争论。

众所周知，在核武器领域的扩散究竟是否有助于和平这一问题上，学者中间一直存在分歧和争论。以华尔兹为代表的乐观派学者认为，核武器通过极大地提高战争代价使得国家更加谨慎，消除了它们发动战争的欲望，减少了战争发生的风险，核武器的扩散有助于世界的稳定，而且有益于国家的安全。[②] 不过，另一派学者则持反对核武器扩散的观点，认为一国实行核武器发展计划或维持采用这一选择的权利，既不符合整个国际安全利益，也不符合自身的国家安全利益。[③] 斯科特·萨根就认为："新的扩散行为将会受到这些国家内部军事组织的强烈影响，这些军事组织的偏见、刻板程序、狭隘私利将导致威慑的失败以及意外使用核武器，尽管国家利益的要求与此相反。"[④]

同样，20 世纪 90 年代这两派专家学者就核扩散与南亚地区安全关系也展开了激烈争论。乐观派认为，核威慑理论既适用于核大国之间的关系，也适用于地区核国家之间以及地区核国家和核大国之间的关系。在乐观派看来，核武器在地区国家中的扩散，也能促进地区的稳定，减少核国

---

① 参见 Devin T. Hagerty, "Nuclear Deterrence in South Asia: the 1990 Indo-Pakistani Crisis", *International Security*, Winter 1995; Seymour M. Hersh, "On the Nuclear Edge", *New Yorker*, March 29, 1993, pp. 56 –73。

② Kenneth Waltz, "The Spread of Nuclear Weapons: More may Be Better", *Adelphi Papers*, No. 171, London: International Institute of Strategic Studies, 1981.

③ 朱明权：《核扩散：危险与预防》，上海科技文献出版社 1995 年版，第 86 页。这派观点还可以参见 Lewis A Dunn, *Controlling the Bomb*, *New Haven*, *Connecticut*, Yale University Press, 1982; Sagan, Scott, "The Perils of Proliferation: Organization Theory, Deterrence Theory, and the Spread of Nuclear Weapons", *InternationalSecurity*, Vol. 18, No. 4, spring 1994, pp. 83 –99。

④ Scott Sagan & Kenneth Waltz, *The Spread of Nuclear Weapons: A Debate*, New York: ww Norton, 1995, pp. 85 –86.

家陷入地区冲突的可能。他们强烈反对西方批评家“核武器向‘第三世界’扩散要比向其他地区扩散危险得多”的观点。[①] 有学者就指出如果印巴两国离核武器越来越近，或者说都已宣布为核国家的话，那么在南亚次大陆就不会再出现军事危机。[②] 印度前空军上将桑塔吉就认为印巴形成最低威慑具有维持稳定的作用。[③] 值得一提的是，桑塔吉的看法很大程度上反映了印度主流的战略观点，即引入核武器可以增强印巴的平衡，还可以阻止这两个老对手间的常规战争。[④] 此外，美国国内也有部分学者认同南亚核威慑能有效阻止常规战争的观点，并认为南亚核扩散是不可避免、不可逆转的。[⑤] 戴文·哈哥特（Devin T. Hagerty）就从 1990 年印巴危机考察中得出相对乐观的结论，在他看来，正是因为双方意识到核较量升级的风险，印巴双方才采取谨慎行动。[⑥]

诚然，悲观派并不认同乐观者的观点。悲观派认为即使南亚地区对抗的核武化在局部意义上具有稳定作用，但从总体上看，核武化肯定为地区对抗和竞争增添了新的内容、动力和手段，从而加剧了地区局势的紧张。悲观者指出印巴核武化将使冲突的破坏性大大超过以往的常规战争，加剧政治上本来就不够稳定的地区国家内部的斗争，导致“核政变”出现的可能。他们还强调印巴在核设施有关的技术和管理水平方面无法与那些先进的核大国相比。因此，随着印巴发展核武器努力的加强以及核武器的获得，它们的核设施发生故障或者核武器发生意外的危险肯定会迅速加剧，如放射性泄漏、载有核弹的飞机失事等等。一些西方学者，包括不少美国学者就认为印巴核威慑并不稳定，将给南亚地区安全带来隐患。美国的一位学者就曾指出：

---

① 朱明权：《核扩散：危险与预防》，上海科技文献出版社 1995 年版，第 86 页。

② 同上。

③ Krishnaswami Sundarji, “Changing military Equation in Asia: the Relevance of Nuclear Weapons”, in Francine R Frankel, *Bridging the Nonproliferation Divide: The United States & India*, Konark, 1995, p. 126.

④ C. Raja Mohan, Crossing the Rubicon: The Shaping of India's New Foreign Policy, New Delhi: Penguin/Viking, 2003, p. 178.

⑤ Mario Esteban Carranza, *South Asian Security and International Nuclear Order: Creating a Robust Indo-Pakistani Nuclear Arms Control Regime*, Farnham: Ashgate, 2009, p. 90.

⑥ Devin T. Hagerty, *The Consequences of Nuclear Proliferation: Lessons from South Asia*, London: BCSIA Studies in International Security, 1998.

> 随着冷战的结束，为改善与印度和巴基斯坦的关系，有人支持美国增加对印度军售，接受所谓印巴核威慑稳定论，并试图通过武器和技术的转让来加强印美“战略伙伴关系”。不幸的是，目前有充分的理由相信南亚核威慑并不稳定，而美国的武器转让已经使问题变得更糟。印巴关系仍然是地区强国和对现状不满的弱国之间的关系。值得注意的是，巴基斯坦的核武器能力实际上可能有引发战争的危险，因为巴基斯坦领导人认为核战争的危险可使得常规冲突的可能性极小。[①]

值得一提的是，悲观派学者大多主张对印巴施加压力使其放弃核计划。[②] 另外，20 世纪 90 年代美国官方公开表态的立场也倾向悲观派，认定南亚地区公开核武化是危险的。在美国看来，印巴在克什米尔的紧张局势最后可能升级为核战争。为此，美国的政策制定者试图采取一系列行动遏制该地区的核扩散，并且促进达成解决克什米尔问题的方案。

第二节 印巴冲突中的核因素与美国外交：1999 年卡吉尔冲突与2001—2002年印巴军事对峙

1998 年印度由“核门槛国家”变为事实上的核武器国家，使南亚地区的安全态势发生变化。巴基斯坦为了改变对自己的不利局面，也不惜代价发展自己的核力量，以便形成核威慑的相对平衡。巴基斯坦分别于 1998 年 5 月 28 日和 30 日在俾路支省查盖地区共进行了 6 次核试验。1998 年南亚地区公开核武化以及印巴双方随之展开的核军备竞赛，使南亚地区成为世界上最容易引发核对抗的地区，受到全世界关注。诚然，印巴两国随后展开和平对话在一定程度上缓解了国际社会的担心。例如 1999 年 2 月，印度

---

① 参见 Eric Arnett，“Nuclear Stability and Arms Sales to India：Implications for U. S. Policy”，*Arms Control Today*，Vol. 27，No. 5，August，1997；Kathleen C. Bailey，*Doomsday Weapons in the Hands of Many*：*The Army Control Challenge of The* 1990*s*，Urbana：University of Illnois Press，1991。

② 可参见 Testimony of Norman Wulf，Acting Assistant Director，US Arms Control and Disarmament Agency before the House Foreign Affairs Committee。

总理瓦杰帕伊前往巴基斯坦拉合尔对巴进行访问，双方签署《拉合尔宣言》（the Lahore Declaration），同意立即采取措施减少意外使用或未经授权使用核武器的风险，并加强核武器和常规武器领域内建立信任措施，以防发生冲突。[①] 不过，这一切并没有防止印巴新危机的出现，随后 1999 年的卡吉尔冲突和 2002 年印巴边界武装对峙表明印巴对话和解努力的脆弱。无疑，这些危机也给印美关系带来各种考验。

一、1999 年卡吉尔冲突

1999 年 5 月初，印巴在克什米尔的卡吉尔地区爆发了自第三次印巴战争以来规模最大的武装冲突，[②] 引起国际社会的高度关注。美国在这场危机中展开了一系列外交行动，这些行动对缓解印巴紧张关系有一定积极作用。值得一提的是，印美两国在这场印巴危机中进行了一系列互动，这对印美核关系产生了较大影响，甚至有学者指出印度和美国在这场印巴危机中进行的互动在一定程度上标志着印美关系的“范式转换”。

这次印巴冲突的最初起因是，一批武装分子进入印占克什米尔卡吉尔地区，占据了一些制高点。印度称巴基斯坦武装人员入侵印度，印方陆军立即展开清除行动，双方发生冲突，导致印巴双边关系紧张。卡吉尔冲突可谓是印巴公开宣布核武化一年后发生的最严重的武装冲突。[③] 虽然这次冲突的直接起因并不是南亚公开核武化，但这场危机引起了国际社会的担心，国际舆论也聚焦在印巴两国是否爆发核战争的探讨上。的确，美国有情报表明巴基斯坦军队曾准备使用核武器。当时巴基斯坦的原子弹之父卡迪尔汗也表示，巴基斯坦已经发展了非常有效的武器，巴基斯坦的国防是

---

① “The Lahore Declaration”，<http：//www. pakistani. org/pakistan/lahore_ declaration. html>.

② 陈继东：《印巴核对抗及其双边关系的发展态势》，《国际观察》2002 年第 3 期，第 41 页。

③ 关于卡吉尔冲突的研究有：Praveen Swami，*The Kargil War*，New Delhi：Signpost，2001；Maj. Gen. Ashok Krishna & P. R. Chari，eds.，*Kargil*：*The Tables Turned*，New Delhi：Manohar，2001；Jasjit Singh，ed.，*Kargil* 1999：*Pakistan's Fourth War for Kashmir*，New Delhi：Knowledge World，1999；A K Verma，*Kargil*，New Delhi：Manohar，2002；Shireen Mazari，*The Kargil Conflict* 1999：*Separating fact from Fiction*，Islamabad：Institute of Strategic Studies Islamabad. Ashley Tellis，*Limited-Conflicts Under the Nuclear Umbrella*：*Indian and Pakistani Lessons from the Kargil Crisis*，Rand，2001。

不可战胜的，如果巴基斯坦遭到入侵，它所拥有的核武器足以摧毁敌人。[①] 与此同时，据一些印度科学家说，当时印度有4枚大地导弹和至少1枚烈火导弹已做好了发射准备，处于“国家三级戒备状态”，弹头随时可完成与弹体的对接。而且当时印度科学家们在一枚部署在印度西部某地的烈火导弹上已经安装了核弹头。[②]

美国对印巴紧张的局势表示出极大的关注和担心。的确，卡吉尔冲突对美国来说是一次重大而困难的考验。这次冲突表明次大陆的核武化事实上并未减少战争的可能性，之前一些美国专家关于南亚核威慑能有效阻止常规战争的观点也遭受质疑。[③] 据报道，1999年6月16日印度国家安全顾问米什拉在日内瓦同美国国家安全顾问伯格尔会面时曾表示，印度的耐心已达到了极点，除非巴基斯坦的入侵在几个星期内得以逆转，否则印度将会还以颜色。[④] 鉴于形势严峻，美国很快派遣助理国务卿卡尔·英特弗斯和副国务卿皮克林（Thomas Pickering）进行积极外交。美国一方面要求巴基斯坦担负起结束克什米尔对抗的责任，立即将其部队撤回到实控线后面，一方面要求印度保持克制。[⑤] 克林顿总统亲自打电话和写信给印巴领导人要求巴基斯坦撤退。对此，时任美国总统特别助理布鲁斯·利德尔在事后的一份报告中这样写道：

> 1999年7月4日或许是美国外交史上最不寻常的一天。克林顿总统参与了对任何行政当局来说都是最敏感和高风险的外交行动，成功地劝说巴基斯坦总理纳瓦兹·谢里夫撤回与印度发生冲突的巴基斯坦所支持的士兵。此次冲突有可能升级为两个世界上最新的核国家之间

---

① 程瑞声：《南亚的热点——克什米尔》，国际文化出版公司2007年版，第167页。

② ［印］桑加·B. 马哈伊、A. 维斯瓦卡马，李海译：《印度核威慑力量的核心——湿婆神的三叉戟 印度烈火弹道导弹家族》，《国际展望》2005年6月，第66页。

③ 张贵洪：《超越均势：冷战后的美国南亚安全战略》，浙江大学出版社2007年版，第98页。

④ C. Raja Mohan, *Crossing the Rubicon: The Shaping of India's New Foreign Policy*, New Delhi: Penguin/Viking, 2003, p. 192.

⑤ Bruce Biedel, "American diplomacy and the 1999 Kargil Summit at Blair House", in Peter R. Lavoy, *Asymmetric Warfare in South Asia: The Causes and Consequences of the Kargil Conflict*, Cambridge University Press, 2009, p. 131.

> 的核战争。这些事件也促使印度和美国这两个世界上最大的民主国家走向基本和解，但也形成损害了巴基斯坦民主的一系列军事政变。[①]

卡吉尔冲突对美国核外交可谓一次大考验，不过美国此次南亚核外交较为成功，7 月 4 日谢里夫在华盛顿同克林顿举行了 3 小时会晤，美国成功地劝说谢里夫同意撤退。

无疑，卡吉尔冲突给印美核关系也带来一些考验，不过美国的外交行动以及印美两国在这场危机过程中的互动让印美关系经受住了考验。不仅如此，它在一定程度上可以说是对印美核关系产生了积极影响。

的确，虽然印度政府在国内并未大力强调美国的外交斡旋作用，因为这会掩盖印军凭借自身力量将侵略者驱逐出去的事实，但印度国内不少战略学者对美国提供外交努力的作用表示肯定。除此之外，印度对美国此次外交行动中显示出的“印度倾向”较为满意。在印度看来，卡吉尔冲突中，美国要求巴基斯坦立即将其部队撤回到实控线后面，却只要求印度保持克制；克林顿还通过电话告诉印度总理瓦杰帕伊美国不会支持巴基斯坦的侵略，不会奖赏违反实控线的行动坚持，这些举动说明美国政策的印度倾向，甚至有人认为这是美国有史以来第一次在印巴交锋中明确表示对印度的支持。[②] 此外，美国关于克什米尔问题的表态也让印度较为满意。美国表示印度和巴基斯坦之间的直接对话是解决克什米尔问题的唯一途径，而不是第三方的干涉。在印度看来，美国的这番表态在很大程度上预示着美国关于克什米尔问题立场发生了有利印度的转变。[③]

---

① Bruce Biedel, “American diplomacy and the 1999 Kargil Summit at Blair House”, in Peter R. Lavoy, *Asymmetric Warfare in South Asia: The Causes and Consequences of the Kargil Conflict*, Cambridge University Press, 2009, p. 131；此段翻译参考了张贵洪：《超越均势：冷战后的美国南亚安全战略》一书中的对照翻译，请见该书第 97 页。

② 甚至有学者指出这是 50 年来美国第一次公开站在印度的一边，共同应对巴基斯坦。Stephen Philip Cohen, “The United States and South Asia: Core Interests and Policies and Their Impact on Regional Countries”, Paper presented to the Conference on Major Powers and South Asia, August 11 – 13, at the Institute for Regional Studies, Islamabad, Pakistan (revised for publication on 1 October 2003), p. 3。

③ Bruce Biedel, “American diplomacy and the 1999 Kargil Summit at Blair House”, in Peter R. Lavoy, *Asymmetric Warfare in South Asia: The Causes and Consequences of the Kargil Conflict*, Cambridge University Press, 2009, p. 131.

当然，印度在这次危机中相对克制的行动也赢得美国的认可。正如有学者分析指出，由于巴基斯坦军队先渗入实控线印度一侧，从常情判断印度应采取的战略是越过实控线，占据巴控克什米尔领土以扩大冲突，但印度表现出极大的克制，始终将主要军事行动限制在实控线印方一侧。① 美国两名资深南亚问题专家特里斯达·C. 沙菲尔以及哈沃德·B. 沙菲尔（Howard B. Schffer）写道：美国对事件的认识与印度一样，美国只是在追求其国家利益。美印两国利益重合，这并不是偶然的。世界局势已经改变，印美两国需要在双方利益重合处寻求合作机会……是巴基斯坦的玩火行为挑起了事端，印度谨慎而克制地处理了这一问题，因此没理由要求印度采取通常情况下应采取的对等措施。"②

印美此次积极互动对改善印美关系发挥了积极作用，正如一些学者认为，卡吉尔冲突中印美双方建立了相互信任，这对印美关系改善发挥了积极作用。③ 不过值得一提的是，巴基斯坦在美国的战略利益中依然有重要的地位，尤其是"9·11"事件之后，美国对巴基斯坦重视更是大幅提高。

二、2001—2002 年印巴军事对峙

与卡吉尔冲突相比，2001—2002 年印巴危机形势更为严峻。印度的"战争边缘"政策和核冲突风险致使国际社会对印巴之间的争端显现出高度关注和担忧。美国为减少紧张局势，避免冲突升级，再次施展了积极外交行为。不过值得一提的是，美国在这场危机中所扮演的角色相比卡吉尔冲突时期更加复杂，由于印美有其各自的利益考量，两国围绕这场冲突的互动和卡吉尔冲突时期相比有所不同，这次互动更加凸显印美关系的复杂性与特殊性。

2001 年 12 月 13 日，恐怖分子袭击了位于新德里的印度议会大厦，随

---

① 张力：《冷战后时期印度的外交与战略安全》，四川大学 2006 年博士学位论文，第 148 页。

② Teresita C. Schahher & Howard B, Schaffer", "Inidia and U. S. : Finding Common Interests", *Hindu*, Aug. 10, 1999.

③ John H Gill, "Dissuasion and Confrontation: U. S. Policy in India-Pakistan Crises", *Strategic Insights*, Volume III, Issue 10, 2004.

后印度在克什米尔的军营也遭到袭击。事件发生后，印度做出强烈反应，总理瓦杰帕伊说，“这不仅仅是对一幢大厦的袭击，它也是对整个民族的一个警告，我们接受这挑战，我们将击退他们所有的进攻。[①] 印度认定这次恐怖袭击是由以巴基斯坦为基地的两个克什米尔分离主义激进组织发起的，即拉卡什民兵组织和穆哈迈德圣战组织。为此，印度撤回了驻巴高级专员；停开从德里至拉合尔的巴士；在印巴边界及克什米尔实控线进行大规模军事集结，准备在边界附近举行规模空前的军事演习，并勒令巴基斯坦采取措施清除对印度进行恐怖袭击的伊斯兰武装组织，否则将向巴境内发动先发制人的进攻。巴基斯坦则反驳印度的相关指责，对印度行动的回应也十分强硬。“12·13”事件使印巴关系骤然紧张，从2002年1月到9月，印巴两国百万大军对峙，局势十分紧张。[②]

值得一提的是，核战争的风险在这次危机中甚至超过卡吉尔冲突。众所周知，卡吉尔冲突中印度保持了极大的克制，但“12·13”袭击事件后，印度的态度有所不同，甚至表现出执意要冒与巴基斯坦全面开战的风险，以达到根除“越界恐怖主义”的政治目的。[③] 印度国防部长费尔南德斯还大力鼓吹越境还击的有限战争理论。据美国前国务卿赖斯回忆，向来冷静的前印度国家安全顾问米什拉当时异常激动，声称“战争狂热正在印度升温”。[④] 赖斯在其备忘录中写道，印度当时实际上已经把核弹转移至印巴边境，而且拒绝撤离。当然，巴基斯坦方面也不甘示弱，总统穆沙拉夫的电视讲话针锋相对：“我不想讨论核问题，作为政治家谈论核武器是很不负责任的行为。现在军事正紧张，战争的阴霾在迫近。没有人希望战争。双方都不可能轻易取胜。我们确信印度人心知肚明。理智要求避免战争，但是追求和平不能以荣誉和尊严为妥协代价，我们需要在维护荣誉和尊严与追求和平之间保持平衡。”[⑤]

---

① 梅景：《印巴真的会动武吗》，《当代世界》2002年第2期，第18页。

② 张力：《冷战后时期印度的外交与战略安全》，四川大学2006年博士学位论文，第139页。

③ C. Raja Mohan, “The Time is Now”, *The Hindu*, Jan. 13, 2002.

④ 《国会袭击事件后印度曾在印巴边境部署核弹》，<http://www.24mil.com/2011/1031/6906.shtml>。

⑤ ［英］爱德华·卢斯著，张淑芳译：《不顾诸神：现代印度的奇怪崛起》，中信出版社2007年版，第205页。

鉴于印巴局势的紧张，美国展开了外交行动。美方派遣副国务卿阿米蒂奇与国防部长拉姆斯菲尔德前往印巴进行斡旋，国务卿鲍威尔也多次同巴基斯坦总统穆沙拉夫和印度外长辛格联系。美国极力敦促穆沙拉夫彻底阻断恐怖组织对克什米尔实控线的渗透活动，同时要求印度保持高度克制，直到美国有机会判断渗透活动是否停止。[①] 美国要求巴基斯坦正视“印度对‘跨界恐怖主义’的合理关切”，同时要求印度政府在采取行动前必须将外交置于首位，并对巴基斯坦采取包括恢复对话在内的步骤。[②] 美国还敦促印巴双方依据 1999 年《拉合尔宣言》实施信任建设措施。

值得注意的是，虽然美国对印巴之间可能爆发战争极为担心，但这种担心的背后还有其复杂的利益考量。当时美国正在对“基地”组织和塔利班的余党进行追剿，担心印巴冲突将转移反恐的视线，一旦印巴开战，就将干扰美国的战略部署。正因如此，如果说卡吉尔冲突中美国做出了偏向印度的政策选择，那么美国在此次印巴冲突中则更加注重平衡外交，在确保印巴冲突不全面升级的同时，也尽可能确保美巴反恐合作不受影响，并强调美印之间的战略伙伴关系。

必须承认，印度对美国平衡外交行动的解读也是复杂的，一方面印度对美国外交行动的介入表示一定认同。印度在某种程度上期待美国的外交介入，以避免南亚的危机升级而引发核危机。除此之外，印度希望美国正视克什米尔恐怖主义活动源自巴基斯坦的目的也部分得以实现。美国开始将这次事件与“9·11”袭击相提并论，也将“拉什卡民兵组织”（Lashkar-e-Taiba）、“穆哈默德圣战组织”（Jaish-e-Mohammand）定为国际恐怖主义组织。另一方面，印度对美国行动并不十分满意，在印度看来，美国虽然将巴境内另一些极端组织纳入国务院的“接受观察名单”，但与此同时华盛顿始终坚持认为，“拉什卡民兵组织”和“穆哈默德圣战组织”等恐怖团体的活动并非仅针对印度，同时也针对巴基斯

① 张力：《冷战后时期印度外交与战略安全》，四川大学 2006 年博士学位论文，第 142 页。

② Malini Parthasarathy, “India should give the Anti-terror campaign more time: Rice”, *The Hindu*, May 3, 2002.

坦。[①] 除此之外，印度对于“9·11”事件后美国重视和加强巴基斯坦战略合作也较为失望。

总之，通过对这两次危机中的印美两国互动考察，我们可以看出印美在维护地区安全稳定方面有一定共同利益。印度在一定程度上认可美国在地区危机冲突中扮演的积极作用，比如鼓励减少核风险和共享战略情报，以防止该地区不牢靠的战略均势恶化。美国方面也意识到在地区安全事务中加强与印度对话与合作的必要性。不过，值得一提的是，印美两国对南亚地区安全有不同理解，在一些具体行动中有不同政策选择，这点在2001—2002 年印巴边界冲突中表现得尤为明显。如果说，1999 年卡吉尔冲突中，印美之间进行积极互动，这让印美核关系在一定程度上走出核试验阴影，那 2001—2002 年印巴边境冲突中印美之间的复杂互动则说明印美核关系依然存在不稳定因素，尤其是巴基斯坦因素。

第三节　关于印巴核威慑稳定性评估

1998 年印巴核试验后，南亚核安全就一直牵动着国际社会的神经。冷战时代的美苏经验是否适应南亚？印巴将如何合理利用核武器以实现有效的核威慑？印巴两国的核军备竞赛是否将导致相互冲突升级甚至引发核冲突。总体来看，军控专家关于印巴核威慑稳定性做出了不同的评估，稳定论与不稳定论各抒已见。这也说明，即使核试验后印巴没有爆发全面核战争，但印巴核威慑的可靠性还需要验证。此外，南亚核稳定也依然是美国南亚政策的关注重点。

一、南亚核不稳定论

南亚核不稳定学者指出印巴之间的核威慑并不稳定，是地区安全局势不稳定的诱因。以斯考特·D. 萨根为代表的不稳定论学者认为印巴核历史

---

① 张力：《冷战后时期印度外交与战略安全》，四川大学 2006 年博士学位论文，第 143 页。

正有力支持组织理论家们的悲观预言。[①] 斯考特·D. 萨根表示："鉴于稳定核威慑有几个方面要求，如在一方拥有暂时优势的转变期间预防战争；形成可存活的第二次打击力量，避免事故性核战争，而这些困难现在已经见于印度和巴基斯坦。"[②] 总体看，不稳定论者大多倾向强调印巴核关系与美苏核关系的不同：

其一，强调南亚的核武库比美苏的核武库小，而没有美苏的精致复杂，这将使得印巴各自的核武库既更加容易受军力目标袭击毁伤，又不那么能够发动军力目标袭击，因而核能模糊不定。

其二，印巴两国关系敌对，有着直接的、根本利益的冲突，两国核力量的不平衡容易导致战略关系的不稳定。[③]

其三，印巴两国的核战略具有过于鲜明的针对性，有可能诱发一方冒险先发制人取得"先手"优势，降低了核威慑的稳定性，因此存在偶发核战争的危险。[④]

其四，印巴与美苏两个案例中军政关系方面有重要的差异，美苏双方都具备高层文职专断的控制体系，致使军方对核武器政策的直接影响甚微。然而与此不同，巴基斯坦的核武器基本上由军方控制。[⑤]

其五，印巴与美苏相比，在彼此互相了解与邻近性上有重要差异。印巴两国领土相邻，爆发核战争的预警时间只有3—5分钟，双方的反应决策时间很短；相反，美苏两国相距遥远，而且彼此视对方神秘难解，往往不可预测对手。

---

① 例如卡兰萨主编的《南亚安全与国际核秩序》一书就指出核武库给印巴关系带来的风险远远超过稳定的因素，尤其是在该地区缺乏相应的军备控制与裁军机制的情况下。作者对次大陆核威慑的有效性持一种怀疑态度。参见 Mario Esteban Carranza，*South Asian Security and International Nuclear Order*：*Creating a Robust Indo-Pakistani Nuclear Arms Control Regime*，Farnham：Ashgate，2009。

② ［美］斯考特·D. 萨根：《南亚的核不稳定》，［美］罗伯特·J. 阿特 、罗伯特·杰维斯编，时殷弘、吴征宇译：《国际政治——常在概念和当代问题》，中国人民大学出版社2007年版，第271页。

③ 周学海：《核威慑的条件——兼论南亚核威慑的前景》，《世界经济与政治》1999年第4期，第46页。

④ 程晓勇：《国际核危机的控制与管理——南亚核危机案例研究》，《南亚研究》2010年第3期。

⑤ ［美］斯考特·D. 萨根：《南亚的核不稳定》，［美］罗伯特·J. 阿特、罗伯特·杰维斯编，时殷弘、吴征宇译：《国际政治——常在概念和当代问题》，中国人民大学出版社2007年版，第272页。

其六，印巴没有采取有效建立信任的措施，如设立热线等。因此偶然事件和误解导致核战争的概率较大。与此对照的是，1963 年美苏就设立白宫与克里姆林宫之间的电话热线。

其七，南亚地区存在着恐怖势力、分裂势力和极端宗教势力，各类危机此起彼伏，这使核材料、核技术及核武器的管理与掌控面临着更为复杂和严峻的形势。①

另外，一些学者从印巴核关系实践中得出不稳定结论，在他们看来，虽然南亚核武器的存在使印巴两国政府在 1999 年卡吉尔冲突中在使用常规军事力量方面较为谨慎，但印巴两国领导人都曾发出核威胁信息。这些学者指责稳定论者仅在乎结果，而忽视冲突过程中的危险因素。斯考特 · D. 萨根就提到：

> “1999 年的卡吉尔冲突令人不安，不仅仅因为它显示核国家之间可能交战，也因为巴基斯坦军方的组织性的偏向构成冲突的一大缘由。更有甚者，这样的偏向继续存在，可以在将来引起危机的作用。这增大了爆发一场预防性战争和先发制人打击的危险——如果战争被认为不可避免的话，也增大了战场上蓄意但是有限地使用核武器的风险。”②

另外，在不稳定论者看来，2001—2002 年印巴危机也表明南亚的核武可能产生巨大危险。此外，有学者特别提到，2004 年 4 月印度陆军总参谋长公布全新的“冷启动”作战理论，③ 并指出如果“冷启动”理论付诸实践，它极有可能激发并促使南亚次大陆的危机升级，甚至还会引发一场核

---

① Scott D. Sagan, “Nuclear Safety and Security in South Asia”, Occasional Paper No. 4, Monterrey Non-proliferation Strategy Group, Center for Non-proliferation Studies, California, September 2000, pp. 37 – 39. 亦可见陈一鸣：《印巴签署协议　互信远胜核竞争》，《人民日报》2007 年 3 月 5 日。

② ［美］斯考特 · D. 萨根：《南亚的核不稳定》，［美］罗伯特 · J. 阿特、罗伯特 · 杰维斯编，时殷弘、吴征宇译：《国际政治——常在概念和当代问题》，中国人民大学出版社 2007 年版，第 275 页。

③ 这种有限战争战略的目标是：在国际社会的斡旋实施之前，对巴基斯坦进行报复性常规军事打击，在严重削弱巴基斯坦的军事力量的同时又不至于使伊斯兰堡认为冲突逐步扩大到核战争级别。

战争。[①] 南亚核问题专家卡普尔悲观地指出印巴双方核武化并非南亚和平的先兆，它实际上可能增加风险行为，并导致双方交战。卡普尔引进了战略悲观主义的新概念（即决策者为了达到预期的目标可能故意做出破坏核稳定战略的选择，这种选择可能对他们来说完全合理。这情况尤其适用那些对现有权力分配不满，并寻求挑战现状的修正主义国家）来分析印巴核稳定性。卡普尔指出，“核武器为那些理性国家采取激进危险战略提供强大的动力，而且如果权力分配混乱与冲突型国家身份交织在一起，那问题可能会更加复杂。在南亚次大陆的核局势中，巴基斯坦绝对适合在这一标准”。[②]

二、南亚核稳定论

南亚核稳定论学者则对不稳定论提出质疑，在他们看来，核武器的威慑作用在印巴危机期间得到了验证。有学者指出，“1999 年巴基斯坦突入克什米尔可能有点轻率，但卡吉尔冲突中印度从未派其部队越过边境线，巴基斯坦随后示意不愿意升级的尝试表现出了成熟冷静的一面，核武器的威慑作用在印巴危机期间得到了初步验证。”[③] 印裔美国学者特利斯通过对核对峙下印巴关系的仔细观察后得出结论：“南亚地区目前存在着相当高程度的威慑性稳定；有理由期待双方公开拥有核武器的现实将避免将来任何可能导致威慑完全失败的互动结果。[④] 美国学者安妮·阿普尔鲍姆将印度与巴基斯坦之间的核角逐与当年美国和苏联的核角逐进行对比后指出，印巴之间的核威慑并非注定要失败。[⑤] 此外，印度国内主流的战略观点也

---

① 《专家：印度陆军“冷启动”战略损害印战略利益》，中国网，2010 年 12 月 31 日，<http://www.china.com.cn/military/txt/2010-12/31/content_ 21654634.htm>。

② S. Paul Kapur, *Dangerous Deterrent Dangerous Deterrent Nuclear Weapons Proliferation and Conflict in South Asia*, Stanford University Press, 2007, p. 139.

③ ［美］肯尼思·N. 沃尔兹：《南亚的核不稳定》，［美］罗伯特·J. 阿特、、罗伯特·杰维斯编，时殷弘、吴征宇译：《国际政治——常在概念和当代问题》，中国人民大学出版社 2007 年版，第 287 页。

④ Ashley J. Tellis, *India's Emerging Nuclear Posture: Between Recessed Deterrent and Ready Arsenal*, Rand Corporation, 2001, p. 743.

⑤ 安妮·阿普尔鲍姆：《憎恨的根》，美国微软——全国广播公司网站，<http://inter.qianlong.com/4420/2002-5-31/47@266773.htm>。

认为，引入核武器可以增强印巴的平衡，还可以阻止在印巴的常规战争。他们相信，印巴可以像苏联和美国在冷战期间那样建立广泛的军事互信机制，就可以解决由核武引起的争端。①

稳定论者与不稳定论者各抒己见，两派似乎没有分出明显胜负。②2008 年，即印巴核试验十周年，印度国防战略分析所同时刊登了稳定论与不稳定论的代表文章。不过，尽管两派学者没有明显分出胜负，但笔者发现不少学者还是倾向承认南亚核军备化的现实在危机关头对防范冲突升级的积极意义。美国学者甘古利对 2001—2002 年印巴危机考察后表示："我认为，正是由于印巴都拥有核武器，所以他们现在才没有爆发战争。但是，我得出这样的结论，决不是赞同核扩散。"③ 佩尔科维奇也指出："印巴之间的核威慑对印巴局势有着重大影响，双方都认识到，有爆发核战争的危险，因此双方也都特别小心。"他还指出："如果不是知道巴基斯坦也拥有核武器，过火行为可能引发核战争，那么印军可能早就跨过巴国控制的克什米尔边界了。所以，对于巴基斯坦来说，核威慑已经起了作用，至少短期看来是这样的。美国可允许它们拥有'最低限度核威慑'的能力。"④ 此外，也有中国学者肯定了这种积极意义，并在论文中写道：

> 印巴两国从 2002 年的战争边缘转向和平进程，似可表明核威慑实际上增强了双边关系的稳定，对防范冲突的升级有重大意义。印巴双方都意识到冲突无限扩大可能导致的严重后果，因此必须务实地寻求

---

① 中国学者夏立平也指出，长期以来，巴基斯坦在核问题上主要考虑的因素是印度。巴基斯坦首先使用核武器政策与印度"不首先使用"核武器政策看似差异很大，但二者处于一个相辅相成的矛盾统一体中。正因为印巴在实际拥有核武器后分别采取这样的政策，在客观上形成相互威慑，因而大大降低了两国发生常规战争的可能性。（夏立平：《巴基斯坦核政策与巴印核战略比较研究》，《当代亚太》2008 年第 3 期。）

② S. 甘古力和 S. 卡普尔合作主编的《印度、巴基斯坦与核试爆：南亚核稳定评估》（India，Pakistan and the Bomb：Debating Nuclear Stability in South Asia）一书中前者对南亚核稳定进行了乐观评估，而后者则提供了较为悲观的评价以及理由。两位作者使用了同样的案例研究［分别为 1987 年 Brasstacks 危机、1991—1992 年印巴克什米尔危机、1999 年卡吉尔战争和 2001 年印度发动的"帕拉克拉姆行动"（Operation Parakram）］，但他们得出的结论是截然相反的。。

③ 《印度巴基斯坦分歧由来已久，印巴是否会爆发战争》，<http：//news. sohu. com/83/14/news147611483. shtml。

④ 同上。

和平途径，解决包括克什米尔问题在内的所有争端。2002 年印巴军事对峙有惊无险的结局证明了核威慑普遍化有助于保持和平与稳定。[①]

另外，有学者特别提到核试验后印巴通过自身学习提高了印巴核稳定性。[②]

诚然，印巴相互核威慑的可靠性还需要验证。事实上，鉴于目前印度和巴基斯坦之间的和平进程中出现反复，美国依然极为关注两国核稳定。美国五角大楼做的印巴战争模拟总是以彼此投掷核武器而告终。美国内一些专家也仍表示，在印度占有传统军事力量优势，并倾向利用这种优势，而巴基斯坦可能青睐核能力的背景下，我们很难在南亚的下一个危机中于威慑与危机稳定之间划上完美的等号，因此预防危机至关重要。[③] 2011 年，麦克阿瑟基金拨款美国史汀生中心 650000 美元，资助该中心对南亚核态势的研究，并就印巴建立威慑的稳定性提出建议。[④] 必须承认，南亚的核稳定依然是美国南亚政策关注的重点。

第四节　印巴核信任建设

建立信任与安全措施是指，国家之间为了消除猜疑和恐惧，缓解紧张局势，以及防止爆发战争而采取的措施。这类措施虽不直接涉及核军备控制与裁军，但是有利于消除核国家之间的疑虑和恐惧，有助于核国家之间达成互信的机制与信念，从而减少或者消除敌意，进而可以使得现役核武器的预警级别降低，防止意外的发生，更有利于达成核军备控制与裁军协议，增强军事稳定性。[⑤] 这些措施包括各大国之间建立热线、核国家之间

---

① 张力：《“9 · 11”事件后美国反恐战略对南亚安全格局的影响》，《四川大学学报（哲学社会科学版）》2006 年第 6 期，第 28 页。

② 章节根：《核学习与印巴核威慑的稳定性分析》，《南亚研究季刊》2004 年第 4 期。

③ Michael Krepon, “Learning from South Asia's Many Crises”, *Stimson Report*, April 15, 2011, <http://www.stimson.org/summaries/learning-from-south-asias-many-crises/>.

④ “Stimson receives MacArthur Grant for nuclear stability research in South Asia”, <http://www.stimson.org/about/news/stimson-receives-macarthur-grant-for-nucear-stability-research-in-south-asia/>.

⑤ 滕建群主编：《国际军备控制与裁军概论》，世界知识出版社 2009 年版，第 240 页。

的核导弹互不瞄准。

南亚公开核武化后，印巴两国对核信任建设积极性有所提高。无疑，印巴两国在核领域加强信任措施建设，通过对话谈判解决两国悬而未决的问题，对避免印巴爆发核冲突，维护南亚地区的和平稳定具有十分重要的意义。不仅如此，印巴加强信任措施建设在一定程度上也符合美国的期望。在美国看来，它有利于次大陆的核稳定。

众所周知，印巴两国在核领域的安全与信任措施始于20世纪80年代。1985年，印度和巴基斯坦经过协商同意互不攻击对方的核设施。1988年2月，双方正式签署了《禁止攻击核设施协议》的协议，并于1991年起生效，成为两国间仅有的几项互信协议和措施之一。[①] 值得一提的是，印巴公开核试验之前两国对于核信任建设并不十分热心。虽然双方自1992年1月1日第一次交换各自的核设施清单后，[②] 这种交流一直得以持续，但印巴之间的互信措施没有太多进展。事实上，在整个20世纪90年代，很多印度人认为互信措施是美国消除印度核武器和导弹能力的一个阴谋，这些措施也被看作解除印度核武器的第一个圈套。[③] 不过，南亚公开核武化后，印度的态度有所调整，印度开始意识到在核问题上加强信任措施建设的重要性，以此推进印巴两国的核稳定。

1999年，印巴签署一项协议，规定两国今后进行任何导弹试验事先都要通知对方，以避免核军备领域的过度竞赛和对对方意图的猜测。印巴两国还同意立即采取措施，降低意外或非授权使用核武器的风险，并在核武器和常规武器方面采取信任措施，以避免双方的冲突和防止爆发核对抗。[④] 诚然，1999年印巴卡吉尔冲突以及2001—2002年印巴边界冲突让双方信任建设一度中断。不过，即使是两国关系十分紧张的时候，印巴也照样做

---

① "Agreement between India & Pakistan on Prohibition of Attack Against Nuclear Installations and Facilities", <http://www.indianembassy.org/South_ Asia/Pakistan/Prohibition_ Attack_ Nuclear_ Dec_ 31_ 1988.html>.

② "South Asia Confidence-Building Measures (CBM) Timeline1988 - Present", <http://www.stimson.org/research-pages/south-asia-confidence-building-measures-cbm-timeline-/>.

③ C. Raja Mohan, *Crossing the Rubicon: The Shaping of India's New Foreign Policy*, New Delhi: Penguin/Viking, 2003, p. 20.

④ 谅解备忘录具体内容可参见："Mermorandum of Understanding", February 21, 1999, <http://www.indianembassy.org/South_ Asia/Pakistan/mou (lahore01211999).html>。

到了过去达成的某些信任措施，例如双方互不攻击对方的核设施、每年年初交换核设施清单、试射导弹之前互相通报对方等。2003 年随着两国关系的好转，建立信任措施被重新提上日程。2003 年 1 月 1 日，印度与巴基斯坦全面恢复了核信任措施建设会谈，双方分别在伊斯兰堡和新德里同时“通过外交途径”交换了包括各自核设施具体地理位置在内的核设施清单。① 2004 年 6 月，印巴两国举行了专家级的核信任措施会谈，同意在两国外秘之间设立电话热线，以防止核冲突（意外和未经授权动用核武器）的风险，双方还重申继续暂停核试验。同年 12 月，印巴举行了第二轮核信任措施会谈，但未就互相通报试射导弹情况中提供参数的问题达成协议。双方同意今后继续就常规与核武器的信任措施一起讨论。② 双方还同意开通政府间热线电话。2005 年 10 月，双方签署了相互提前通报弹道导弹试验的协议，该协议意在防止因意外而爆发核冲突。③ 2007 年 2 月，印巴签署了减少核武器意外风险协议。2008 年 1 月，两国在 1991 年生效的《禁止攻击核设施协议》的基础上交换了核设施清单。④ 至今两国交换核设施清单项目从未停止。（详情请见表 6—1）

表 6—1　南亚信任建设措施时间表⑤

时间	内容
1988 年 12 月 31 日	双方在伊斯兰堡签署互不攻击对方核设施协议
1992 年 1 月 1 日	双方根据《1988 年互不攻击对方核设施协议》交换了各自的核设施清单
1992 年 8 月 19 日	双方联合声明禁止使用化学武器

① “South Asia Confidence-Building Measures（CBM）Timeline1988 - Present”，< http：//www. stimson. org/research-pages/south-asia-confidence-building-measures-cbm-timeline-/ >.

② 郑瑞祥：《南亚地区核扩散、核对抗及地区安全形势走向》，中国军控与裁军协会：《2005：国际军备控制与裁军报告》，世界知识出版社 2005 年版。

③ “South Asia Confidence-Building Measures（CBM）Timeline1988 - Present”，< http：//www. stimson. org/research-pages/south-asia-confidence-building-measures-cbm-timeline-/ >.

④ Ibid.

⑤ 可参考“South Asia Confidence-Building Measures（CBM）Timeline1988 - Present”，< http：//www. stimson. org/research-pages/south-asia-confidence-building-measures-cbm-timeline-/ >.

续表

时间	内容
1993 年—1999 年 1 月 1 日	两国在每年的第一个工作日交换关于彼此核设施的情报，这种交换即使在印巴关系紧张时也未停止过
1999 年 2 月 20 日	印度总理瓦杰帕伊开展“巴士外交”，两国签署《拉合尔宣言》，同意立即采取措施，降低意外或非授权使用核武器的风险，并在核武器和常规武器方面采取信任措施，以避免双方的冲突和防止爆发核对抗
2000 年—2003 年 1 月 1 日	双方继续交换各自的核设施清单
2004 年 1 月 1 日	双方交换了各自的核设施清单
2004 年 6 月	两国通过谈判签署联合声明，规定各自在进行弹道导弹试验前应通知对方，并建立电话热线以避免意外核冲突
2004 年 12 月 14—15 日	印巴两国举行了专家级的核信任措施会谈
2005 年 1 月 1 日	双方交换了各自的核设施清单
2005 年 8 月 5—6 日	印巴两国举行了专家级的核信任措施会谈
2005 年 10 月 3 日	双方签署了相互提前通报弹道导弹试验的协议，以免因意外而爆发核冲突
2006 年 1 月 1 日	双方交换了各自的核设施清单
2007 年 2 月 21 日	双方签署了减少核武器意外风险协议
2007 年 10 月 19 日	作为印巴综合对话进程中的一部分，双方就核设施以及导弹相关信任措施建设举行第五轮对话
2008 年 2 月 5 日	印巴达成协议准许军方资助印度国防战略分析研究所与巴基斯坦智库战略研究所定期交流，建立学者交流渠道
2007 年—2015 年 1 月 1 日	双方交换了各自的核设施清单

诚然，印巴积极加强核信任措施建设的主要原因是印巴双方对待信任建设的态度发生了变化。但值得注意的是，美国在推动两国核对话以及核信任措施建设方面也扮演了重要的角色。美国不仅通过官方渠道鼓励印巴改善核关系，还积极推动印巴二轨道交流，资助印巴民间战略对话，商谈

双边关系。[①] 的确，在美国看来，印巴加强信任措施建设有利于次大陆的核稳定，符合美国的利益。当然，目前印巴之间的互信措施还很不完善，远未达到机制化的程度。正如印度学者所说，印巴核信任建设仅仅停留在对话层面是不够的。[②] 美国卡内基和平基金会军控专家托普克诺维（Peter Topychkanov）也提出，虽然印度和巴基斯坦已经签署了一些军控协议，但两国没有明确的检证性措施，以确保双方遵守或建立信任。为此，双方应该采取行动实施检证性措施，以帮助改善安全动态。[③]

第五节 印美对核恐怖主义的防范

冷战结束以来，非国家行为体、特别是恐怖主义势力谋取化学、生物、放射性武器、核武器以及杀伤力大的爆炸物的可能性不断增加，人们越来越担心大规模杀伤性武器扩散和国际恐怖主义两者结合会给国际社会安全带来巨大威胁。虽然到目前为止国际上还没有恐怖分子进行核弹或“脏弹”袭击的案例，但“9·11”事件发生后，核武器和核材料落入恐怖主义分子手中的可能性大增。国际社会意识到核恐怖主义的潜在危害，开始努力加强相关防范工作，这为印美相关合作带来机会，尽管合作过程中两国利益并非完全一致。

一、美国对核恐怖主义的评估与政策

2001年“9·11”事件造成了美国近3000平民伤亡，“9·11”事件

---

① Suba Chandran, “Building Trust and Reducing Risks: Nuclear Confidence Building in South Asia”, *SASSU Research Report*, No. 2, July 2005, <http://kms1.isn.ethz.ch/serviceengine/Files/ISN/99916/ipublicationdocument_singledocument/a7a33d90-6189-489b-90cf-cf7a69929992/en/RR+No+02.pdf>.

② Ali Ahmed, “Indo-Pak Nuclear CBMs: Mere Dialogue will not Suffice”, *IDSA Research Articles*, June 20, 2011, <http://www.ipcs.org/article/india/indo-pak-nuclear-cbms-mere-dialogue-will-not-suffice-3410.html>.

③ Peter Topychkanov & George Perkovich, “Nuclear Security and Nonproliferation in South Asia: Engaging India andPakistan”, *CEIP Report*, Nov. 17, 2010, <http://carnegieendowment.org/2010/11/17/nuclear-security-and-nonproliferation-in-south-asia-engaging-india-and-pakistan/2d4>.

突破了恐怖分子既往的道德底线，引发了人们对恐怖分子可能利用大规模毁伤性武器等非传统手段发动更严重的恐怖袭击的担忧。美国能源部官员马特鲁·布兰提交国会的报告称，在今后10年内，恐怖分子使用核弹发动恐怖袭击的概率可达5%—10%。[①] 美国核事故研究小组也曾经针对类似情形进行过分析和研究，并在《科学和全球安全》上公布了他们的研究成果：全球40多个国家的民用核设施防护措施不能完全应对恐怖袭击。[②]

正是因为意识到核恐怖主义的潜在威胁，"9·11"事件后美国将非国家行为体的核扩散特别是恐怖主义组织获取核武器及其他大规模杀伤性武器视为其国家安全最严重的威胁。美国提出并实施了一系列新措施加以防范，例如国内出台完善反核生化恐怖袭击的政策立法，包括《大规模毁伤性武器防御法》、《爱国者法》、《国土安全法核废料恐怖主义威胁评估与保护法》、《情报改革与恐怖主义预防法案》、《生物防御法》、《极端危险材料铁路运输法案》以及相关的国家安全战略和国土安全战略、反恐战略和军事战略；[③] 继续执行在苏联地区的合作以减少威胁；提出并推动集装箱安全倡议、防扩散安全倡议、全球减少威胁倡议和全球打击核恐怖主义倡议；加强苏联和其他国家边境控制和美国边境安全；推动联合国安理会通过1540号决议等等。[④] 2010年，美国倡议召开了世界首届核安全峰会，各国就加强核安全和减少核恐怖主义威胁达成广泛共识，明确提出核恐怖主义是对国际安全最具挑战性的威胁之一。

二、印度对核恐怖主义的认知

诚然，印度对核恐怖主义可能带来巨大的威胁也有清醒的认识，尤其是"9·11"事件后，美国在南亚邻国阿富汗发动了清剿恐怖分子的战争，大大提高了恐怖分子利用核、生物、放射性和化学武器来报复和恐吓的可能性。印度国内政策专家也开始撰写文章呼吁印度加强对核恐怖主义的防

---

① 《全球核反应堆散布43国，安全问题值得关注》，新浪网，2005年7月15日，<http://news.sina.com.cn/w/2005-07-15/10276442613s.shtml>。

② 同上。

③ 储召锋：《美国对核生化恐怖主义的评估与政策》，《和平与发展》2011年第3期。

④ 田景梅：《试析非国家行为体核扩散》，《现代国际关系》2007年第10期。

范，尤其是重视那些非常容易成为恐怖组织袭击的软目标的民用核电站反应堆和研究用反应堆。这种风险的确可能存在，正如有专家提到，恐怖组织可能经过培训的破坏小分队，通过知情人的援助，进入到一个核电站，并在敏感点引爆炸药，造成里面的放射性物质被释放；或者恐怖主义组织可以携带自杀式汽车炸弹从核电站最弱的一个入口点潜入，并攻击至关重要的核电厂设施等等。[①] 此外，印度官员也曾表示对巴基斯坦核武库安全的担心。[②] 印度国防部长 A. K. 安东尼就曾表示："我们时刻担心核武器落入坏人之手，一旦出现那样的情况，后果不堪设想。"[③]

事实上，印度国内已经开始采取相关防范措施，包括建设安全水平相对较高的机场和其他重要设施、动用武装部队打击武装叛乱、颁布反恐怖主义法律等等。[④] 具体到核安全保障方面，2003 年印度政府宣布建立一个两个层次的机构，成立核指挥局来管理核、导武库。核指挥局由总理任主席的政治委员会和总理的国家安全顾问任主席的执行委员会执行，而在此之前，由于印度的政治权力比较分散，而陆军、空军以及国防部内部存在官僚争斗，印度的核武器指挥控制系统相对落后。[⑤] 2005 年，印度议会还通过了禁止非法扩散核技术的议案，该议案规定，从事核交易或传输核技术者将被判处 5 年至终身监禁，并会处以罚款。其他措施还包括：在国内各主要机场部署了快速反应部队；增强核能、炼油厂和电力设施等重要设

① Rajesh M. Basrur & Hasan-Askari Rizvi, "Nuclear Terrorism and South Asia", *Cooperative Monitoring Center Occasional Paper*, February 2003, pp. 68 – 69.

② "Safety of Pakistan's Nukes a Global Concern: India", *Indo-Asian News Service*, May 25, 2011.

③ "Nations need to work together to combat danger of WMDs: Antony", *The Economic Times*, Feb. 13, 2012, < http://articles.economictimes.indiatimes.com/2012-02-13/news/31055204_1_drug-trafficking-antony-weapons >.

④ "9·11"事件发生后，印度议会通过了《防范恐怖主义条例》（POTO），后来 2002 年被《防范恐怖主义法案》（POTA）所取代。POTA 允许政府在未提出任何指控前将嫌疑人拘禁 180 天，但这与印度宪法对基本人权的保障相抵触而遭到废止。2008 年 11 月，孟买恐怖袭击案发生后，印度国内制定一部专门的反恐法的问题再次成为印度国内政治的焦点。政府强调现有的《国家安全法》（NSA）和《禁止非法活动法》（UAPA）足以打击印度的恐怖主义活动。

⑤ Rajesh M. Basrur & Hasan-Askari Rizvi, "Nuclear Terrorism and South Asia", *Cooperative Monitoring Center Occasional Paper*, February 2003, p. 55.

施的安保措施；提升对重要的商业、宗教和历史中心的保安工作。[①]

不过，据2014年核武器倡议组织发布的核安全指数，[②] 印度表现最好的项目是符合国际规范程度，但印度在安全与管控措施、风险环境等方面分数很低。[③] 报告指出，尽管印度已承诺建立独立监管机构，但印度的官僚作风也会让这一问题的解决进展缓慢。[④] 的确，印度国内也意识到了这一问题的存在，2013年印度议会委员会指出，印度核安全体制“充满极大的风险”，该国的核管理部门非常虚弱、资源不足，并且“在核和辐射操作领域采用国际基准和良好实践方面非常缓慢”。[⑤]

三、印美相关合作

核恐怖主义的潜在风险给印美相关合作带来机会，尽管两国利益并非完全一致。事实上，在“9·11”事件前美国方面就拒绝援助印度和巴基斯坦改善核武器的安全和保险，华盛顿官员认为在此领域的任何援助都会奖赏伊斯兰堡和新德里搞核试验，并向其潜在的核武器发出信号即美国并非认真对待自己的核不扩散目标。“9·11”事件导致美国政府的立场发生改变，2004年巴基斯坦“原子弹之父”卡迪尔·汗和其他一些科学家涉嫌出卖核机密的事件曝光进一步加深了美国的担忧。美国专家纷纷建议为了不使恐怖分子获得核武器，美国应该与巴基斯坦和印度进行秘密的合作，保证两国使用最先进的技术和做法来确保核实施材料和技术的安全。[⑥]

的确，美国在公开场合对巴基斯坦的核安全表示放心，但事实上，美

---

① Rajesh M. Basrur & Hasan-Askari Rizvi, “Nuclear Terrorism and South Asia”, *Cooperative Monitoring Center Occasional Paper*, February 2003, p. 55.

② 该指数的评估指标包括核材料数量与存放地、安全与管控措施、符合国际规范程度、国内承诺与处理能力、风险环境等。

③ “2014 Nuclear Threat Initiative Nuclear Materials Security Index”, Jan., 2014, <http://ntiindex.org/wp-content/uploads/2014/01/2014-NTI-Index-Report1.pdf>.

④ Ibid.

⑤ “Nuclear Power in India”, July, 2015, <http://www.world-nuclear.org/info/Country-Profiles/Countries-G-N/India/>.

⑥ George Perkovich & Jessica T. Mathews & Joseph Cirincione, ed, Universal Compliance: a Strategy for Nuclear Security, Carnegie Endowment for International Peace Report, 2007, <http://carnegieendowment.org/files/univ_comp_rpt07_final1.pdf>.

国对巴基斯坦的核计划和和核材料安全并不放心，担忧巴基斯坦的核材料（包括武器级和非武器级）和核设施可能会落入伊斯兰极端组织，落入核恐怖主义手中。根据维基解密材料显示，2009 年 2 月 4 日时任美国驻巴基斯坦大使帕特森就表示，“我们主要担心的不是伊斯兰激进分子偷盗整件核武器，而是担心巴基斯坦政府内有人有机会一点一点地偷运核材料，最后足够制成一枚核武器”。① 此外，美国不少智库专家也认为巴基斯坦的核设施和核武器不安全、最容易被偷走。美国布鲁金斯学会南亚问题资深研究员布鲁斯·利德尔（Bruce Riedel）指出，如果极端宗教主义者控制了巴基斯坦，那么核武器将不可避免地会落入恐怖分子手中。② 防核扩散专家伦纳德·斯佩克特（Leonard Spector）也提到塔利班给巴基斯坦的核资产带来的危险。斯佩克特指出，塔利班或基地组织不需要攻占全部核基地就可以拥有大规模杀伤性武器，进而实现他们的狂热目标或造成严重的破坏。③

据美国官员透露，奥巴马已要求巴基斯坦采取严厉的措施打击旁遮普省的武装组织巴基斯坦虔诚军，以防止核设施落入武装分子之手。另外，据《纽约时报》报道，实际上，美国有一个保卫巴基斯坦核武库的绝密计划。④ 该计划始于“9·11”事件发生后不久，由美国前国务卿鲍威尔访问巴基斯坦时正式敲定。具体内容包括：在美国本土培训巴基斯坦核武库的安保人员；帮助巴基斯坦建立一个核武库安保训练中心；协助巴基斯坦保证核材料、核弹头和试验室的安全；向巴基斯坦核武库安全保卫机构提供直升机、夜视镜、侦测系统和核材料探测仪等仪器装备等。⑤

诚然，印美之间也有一些具体合作，例如印美反恐怖主义联合工作组定期举行会议。此外，两国还出台了反恐培训（包括对大规模杀伤性武器

---

① “US worried about Pakistan's nuclear material ”, <http://www.jpost.com/International/Article.aspx? id = 197488& R = R4>.

② 《巴基斯坦誓保核武安全，派 7 万士兵严密守护》，《时代周报》，<http://news.qq.com/a/20090514/000176.htm>。

③ Leonard S. Spector, “Pakistan, Taliban and Global Security-Part I”, *Yale Global*, May 8, 2009, <http://yaleglobal.yale.edu/content/pakistan-global-security>.

④ “U. S. Secretly Aids Pakistan in Guarding Nuclear Arms”, *The New York Times*, <http://www.nytimes.com/2007/11/18/washington/18nuke.html? pagewanted = all>.

⑤ 《美国保卫巴基斯坦核武库秘密被曝光》，《中国青年报》2007 年 11 月 20 日。

的印度高级官员研修班）计划，[1] 尽管印美相关合作面临着美国在防扩散问题方面的障碍，但两国合作日益密切。据报道，印度已表现出对引进美国流量传感器用以监测印巴跨界恐怖分子的浓厚兴趣。[2] 此外，美国国务院的外交安全反恐怖主义协助项目（DSATA）已经决定提供对印度安全和执法官员培训的支持。该项目还向印度提供相关课程的设备与培训，这些课程的内容涉及爆炸物的发现与应对、和人质谈判、反恐立法、克什米尔地区的反恐警察培训及反对大规模杀伤性武器等。印度政府可以模仿并修改这些课程以培训国内执法官员。[3] 美国联邦情报局（FBI）还为印度警官开设"监视与侦查"课程，为印度中央调查局（CBI）开设"发现、保存并利用证据"的课程。FBI 和 CBI 还就恐怖主义分子的相关信息进行交流。[4]

印美在打击恐怖主义、防止核扩散方面确实存在一定共同利益。2009年，辛格访美期间，奥巴马就表示："美印作为核国家，我们可以在防止世界最致命武器传播、确保失散的核材料不被恐怖分子得到以及寻求我们对'无核世界'的共同愿景上成为全力合作的伙伴。"[5] 辛格则称："印美应共同应对打击全球恐怖势力，治理环境污染，推动世界无核化进程。"[6] 目前，核安全成为美国南亚政策关注之一，为了防止核武器落入恐怖分子或宗教极端主义分子手里，也试图加强与印巴两国的互动。同样，印度国内对核安全问题也日益重视，愿意推动该领域的国际合作，从而确保核材料及核设施安全，有效防范核恐怖主义。不过，值得关注的是，印美对一些问题的认知并非完全一致，比如对于美国倡导的大规模杀伤性武器防扩散安全倡议（PSI），印度国内就有不同看法。印度国内不少专家认为该倡议跟印度奉行的独立自主对外政策不一致。另外，印度也很担心巴基斯坦

---

① "US to Help India in Border Vigil", *Hindustan Times*, January 22, 2002.

② "India to Install Advanced American Ground Sensors on LoC", *Hindustan Times*, June 19, 2002，转引自邵育群：《美国与印度的反恐合作：内容、问题与前景》，《南亚研究》2009 年第 1 期，第 19 页。

③ 邵育群：《美国与印度的反恐合作：内容、问题与前景》，《南亚研究》2009 年第 1 期，第 19 页。

④ "India to Install Advanced American Ground Sensors on LoC", *Hindustan Times*, June 19, 2002.

⑤ 《印度媒体称美国首次公开承认印度为"核国家"》，中国新闻网，2009 年 11 月 26 日，<http://news.163.com/09/1126/09/5P1NC55J000120GU.html>。

⑥ 同上。

以核政治从美国获得更多的好处。

第六节　印美对地区核军控的不同理解

20 世纪 90 年代印美核关系相对紧张，其中重要表现之一就是两国对地区核军控有着不同理解，美国坚持要求印度参加一系列地区核安全会议，但遭到拒绝。在印度看来，核武问题不能仅仅限制于南亚，因为印度面对的核威胁不仅仅来自巴基斯坦，还有拥有大量核武的中国。[①]印度公开核试验后，印美双方在对待南亚地区核军控方面的立场都有所调整，但两国的分歧矛盾依然没有完全消除。

一、认知固化与印度对美防范

印度长久以来就反对地区军控谈判，认为核武问题是全球性而非区域性问题。诚然，随着环境变化，印度对地区军控的认知有一些调整。例如上文中已经提到，南亚公开核武化后，印度开始重视与巴基斯坦核信任建设以稳定两国核关系。除此之外，印度也开始认可在一些地区建设无核区的观点，尤其是在东南亚和非洲地区。印度甚至向一些无核区发出信号表示愿意发挥有核国家的责任，准备向这些地区提供安全保证。印度专家指出，印度支持无核区虽然在近期没有什么重要意义，但它反映出印度对待核问题立场的改变。[②] 除此之外，印度对地区军控态度的微调也反映在印度国内军控专家的探讨中，一些专家开始指出地区军备控制的种种好处。印度军控专家塞西（Manpreet Sethi）在探讨地区军控与印度的关系时就指出："目前核军备控制还没有受到印度的政策制定者的重视，虽然这种情况并非令人惊讶，但现在是重新评估的时候。"她还特别强调印度积极从事核军备控制的六个具体的好处，比如有助于印度和其核武邻国增加核稳

---

① 周煦：《冷战后时期美国的南亚政策》，生智文化公司 2003 年版，第 78 页。

② C. Raja Mohan, *Crossing the Rubicon: The Shaping of India's New Foreign Policy*, New Delhi: Penguin/Viking, 2003, p. 32.

定性，有助于印度树立负责任的核武器国家形象等等。[①]

必须承认，鉴于印度对军备控制措施的传统反感，目前印度对核军备控制十分敏感。例如，印度对美国企图限制印度核能力的要求就表示反感。“9·11”恐怖事件后，美国试图劝印巴采取战略克制措施，包括限制发展和部署弹道导弹以及在前沿部署能载核武器的飞机等，但这努力没有成功。[②] 此外，印度依然拒绝南亚无核区建设。2002 年 1 月巴基斯坦总统穆沙拉夫发出南亚无核区倡议时，印度就以“印度主张全球核裁军，印巴非核化无意义”为由公开拒绝。2003 年 5 月，印度总理的瓦杰帕伊再次表示拒绝接受巴方关于共同放弃核武器，实现南亚无核化的提议。[③] 除此之外，印度对有关印巴核裂变物质停产协议的谈判也十分敏感。在印美民用核能谈判过程中，美国国会试图促使印度和巴基斯坦尽快终止核裂变物资的生产，但这些条款被印度所否决。印度表示只同意参加有关裂变物质中止协议的谈判，但应推动有助于实现全球核裁军的所有措施，包括签署《核裂变物质禁产条约》，反对它只针对某一地区或部分国家。[④] 印度也拒绝美国关于印度提供其裂变材料贮存和布置地点详情的要求。的确，诚如特利斯指出：

> 卡吉尔冲突之后，鉴于巴基斯坦在危机期间发起了默认的核威胁，印度决策者认识到巴核武库对印度安全的真实威胁，印度意识到必须认真对待核问题。但是目前对印度决策者来说，接受地区军控或者裁军倡议并不是一项可选政策。事实上，印度决策者决定增加“最低限度可靠威慑”的能力。[⑤]

---

① Manpreet Sethi, “Nuclear Arms Control and India: A Relationship Explored”, *Arms Control Today*, September 2010, <http://www.armscontrol.org/act/2010_09/Sethi>.

② 斯德哥尔摩国际和平研究所编，中国军控与裁军协会译：《SIPRI 年鉴 1999：军备·裁军和国际安全》，时事出版社 2000 年版，第 666 页。

③ 夏立平：《巴基斯坦核政策与巴印核战略比较研究》，《当代亚太》2008 年 3 期，第 75 页。

④ Siddharth Varadarajan, “Safeguards, End to U.S. Rest Rictions Must be Interlocking Actions”, *The Hindu*, July 27, 2006.

⑤ Tellis, Ashley, *India's Emerging Nuclear Posture: Between Recessed Deterrent and Ready Arsenal*”, Santa Monica: RAND, Project Air Force, 2001, pp. 56-57.

二、印巴核军备竞赛与美国的担心

事实上，印度核试验后美国已逐步认识到，在全球裁军取得进展之前，南亚地区的军控很难取得大进展。对此，美国南亚核政策也做了相应调整，其主要目标是避免印巴之间的全面战争和核战争，避免大规模毁伤性武器落入恐怖主义分子或组织手里。不过，美国依然担心印巴核军备竞赛。

尽管印巴双方都否认有军备竞赛，但分析家却认为，1998 年印巴核试后，“两国继续进行缓慢的、却是稳步发展的军备竞赛，包括在数量上和质量上发展核武器和逐步巩固核武器的基础设施”。斯德哥尔摩国际和平研究所（SIPRI）主任丹尼尔就表示，“南亚是世界上唯一仍然有核武器军备竞赛的区域”。[①] 2011 年斯德哥尔摩国际和平研究所公布的报告显示，印度和巴基斯坦的核武力量近年来一直在扩大。2010 年印度的核武器数量为 60—80 件，但 2011 年已经增至 80—110 件；[②] 巴基斯坦的核武器数量，也从 2010 年的 70—90 件增至到 2011 年的 90—110 件。[③] 2015 年 6 月，SIPRI 公布的报告称印度拥有 90—110 枚核弹头，巴基斯坦的数量在 100—120 枚之间。[④]（详细数据请见表 6—2）不仅如此，印度和巴基斯坦还继续研发可投放核武器的新式弹道和巡航导弹。与此同时，两国还在扩大用于军事意图的裂变物质的生产规模。[⑤]

---

① “South Asian Nuclear Arms Race Seen Heating Up”, *NTI Analysis*, June 8, 2011, <http://www.nti.org/gsn/article/south-asian-nuclear-arms-race-seen-heating-up/>.

② “SIPRI Yearbook 2011 “Deployed” Means Warheads Placed on Missiles or Located on Bases with Operational Forces”, <http://www.sipri.org/media/pressreleases/2011/yblaunch11>.

③ Ibid.

④ “World nuclear forces, 2015”, June, 2015, <http://www.sipri.org/media/pressreleases/2015/yb-june-2015.

⑤ “South Asian Nuclear Arms Race Seen Heating Up”, *NTI Analysis*, June 8, 2011, <http://www.nti.org/gsn/article/south-asian-nuclear-arms-race-seen-heating-up/>.

表 6-2　2010—2015 年世界核力量

国家	已部署核弹头	其他核弹头	2015 年总数	2014 年总数	2013 年总数	2012 年总数	2011 年总数	2010 年总数
美国	2080	5180	7260	7300	7700	8000	8500	9600
俄罗斯	1780	5720	7500	8000	8500	10000	11000	12000
英国	150	65	215	225	225	225	225	225
法国	290	10	300	300	300	300	300	300
中国		260	260	250	250	240	240	240
印度		90—110	90—110	90—110	90—100	80—100	80—100	60—80
巴基斯坦		100—120	100—120	100—120	100—120	90—110	90—110	70—90
以色列		80	80	80	80	80	80	80
朝鲜	…	…	6—8	6—8	…	…	…	…
总数	4300	11545	15850	16350	17270	19000	20530	22600

说明：2010—2013 年朝鲜的核力量数据未标注，但据悉该国拥有 6—8 枚核弹头，但未计算在全年总数之中。

数据来源：SIPRI 公布的 2015 年报告和 2014 年报告。①

当然，一直以来印巴双方都否认有军备竞赛，印度对外宣布的“核理论”也表示只是建立和维持最低限度的、可信赖的核威慑。但美国专家就曾质疑地指出，印度专家并没有清晰地界定“最低限度核威慑”的标准，虽然印度表示“不首先使用”核武器，但是印度追求“三位一体”核打击能力说明它同时确保首先使用核武器选择的第二次核打击能力。② 2006 年，美国负责南亚和中亚事务的助理国务卿 R. 鲍彻（Richard Bou Cher）就公开要求印度进一步明确阐述“最低限度核威慑”政策，并表示这对于减轻南亚紧张局势是绝对有必要的。③

① “World nuclear forces, 2010 -2014”, June 16, 2014, http: //www. sipri. org/media/pressreleases/2014/nuclear_ May_ 2014; “World nuclear forces, 2015”, June, 2015, http: //www. sipri. org/media/pressreleases/2015/yb-june-2015.

② 司乐如：《中印安全认知变化的比较研究——以美欧出口管制调整为中心》，清华大学 2010 年博士学位论文，第 222 页。

③ 《美国要求印度阐述可靠的最低限度核威慑政策》，国际在线，2006 年 4 月 8 日，<http: //news. sina. com. cn/w/2006-04-08/00008642493s. shtml>。

近年来，印度国内一些言论更是加深了美国方面的担心。2011 年印度人民党议员贾斯万特·辛格公开呼吁改变印度长期奉行的“不首先使用”核武器政策。辛格称：“我认为全国民主联盟在 1998 年制定的政策框架需要大幅修改。因为情况证明‘首先不使用’或‘不向非核武器国家使用’，‘最低限度的可靠威慑’等政策阐述的合理性早已时过境迁。”虽然辛格的言论并非官方表态，但印度国内关于这方面的讨论还是引起美国的关注。[①] 此外，值得一提的是，2014 年印度大选期间，莫迪领导的人民党承诺，如若当选，它将“研究印度核武器（使用）原则细节，并将其修改、更正，使它适应当今时代所面临的挑战”。[②] 同时表示，它将“维持一个可靠的最小威慑，对现实中不断变化的国土压力做出调整”。[③] 这种宣言也引起美国国内安全与军控学者对印度核政策未来走向的研究，他们普遍担心印度可能放弃不首先使用核武器的承诺，从而给南亚核稳定带来更加不确定的因素。

诚然，南亚地区军备竞赛很大程度上是次大陆安全困境导致的结果。近几年，印度军费开支大增，不仅购买了 T－90 坦克、苏－30MKI 战斗机、“费尔康”预警机和 P－8I 反潜机等先进的常规装备，其导弹实力也大为提升，并正在积极打造海陆空“三位一体”的核打击部队。[④] 根据瑞典斯德哥尔摩国际和平研究所（SIPRI）发布的《2013 年国际武器转让趋势》报告，印度武器进口几乎是排名分别位列第二和第三的中国和巴基斯坦的 3 倍。据悉，与 2004—2008 年相比，印度主要武器进口量在 2009—2013 年增长了 111%，其在国际武器进口总量的份额从 7% 增至 14%。[⑤] 印度核能和常规军事力增加的客观结果就是增加了巴基斯坦的不安全感，于

---

① 《印度反对党领导人要求改变“不首先使用”核武器政策》，中国核信息网，<http://www.atominfo.com.cn/newsreport/news_detail.aspx?id=04D86B331.00001FCC.0029>。

② Zachary Keck, “Is India About to Abandon Its No-First Use Nuclear Doctrine?” The Diplomat, April 9, 2014, <http://thediplomat.com/2014/04/is-india-about-to-abandon-its-no-first-use-nuclear-doctrine/>.

③ Ibid.

④ 《西方炒作巴基斯坦核武暗藏挑动印巴核竞赛用心》，中国网，<http://www.china.com.cn/military/txt/2011-03/03/content_22044651.htm>.

⑤ Siemon T. Wezeman and Pieter D. Wezeman, “Trends in International Arms Transfers, 2013”, SIPRI Fact Sheet, March, 2014, p. 6, http://books.sipri.org/files/FS/SIPRIFS1403.pdf.

是巴基斯坦也谋求增加自己的核能力来消除这种不安全感，从而展开双方的核竞赛。

此外，有专家表示，南亚核安全问题极其复杂，它涉及多个安全难题，其中包括巴基斯坦/印度、印度/中国、俄罗斯/美国。① 有专家特别提到这一连锁安全困境，中国很可能以增进它自己的导弹力量的规模研发程度去回应美国建设国家导弹防御的决定，这转而将使印度政府增加其自身的导弹部署和发展导弹防御技术。然而在印度的这些事态发展会威胁到巴基斯坦较小的核威慑力量，这将不可避免地为预防性战争考虑重新开机会之窗。② 另外，印美核协议达成后，巴基斯坦对其自身的核威慑能力做了重新评估，决定扩大其核裂变材料的生产能力，而这又刺激印度扩大核武库。美国不少军控专家提出，美国要利用印美核协议的相关条款，强化对印度核材料的监控，避免引发南亚核军备竞赛，更重要的是，美国应加大推动印巴和谈的力度。塔尔波特指出："印度并未对停止生产制造核弹所需的裂变材料做出任何保证。5 个核大国目前均已停止生产核裂变物质。因此他的结论是，印美核协议是短视的，将导致出现一个更危险的世界。"③

第七节　印美民用核能合作：巴基斯坦的解读与回应

印美核关系与南亚地区安全一直以来都是相互影响、相互作用的，印美展开民用核能合作一事也不例外。美国出于多方考虑，并没有给巴基斯坦相同待遇，这种区别对待的政策对南亚地区的安全产生了负面影响。

印美就核能合作达成协议的同时，巴基斯坦也向美国提出合作要求，

---

① Tariq Rauf, "Learning to Live With the Bomb in South Asia: Accommodation not Confrontation", *CNS Reports*, Center for Nonproliferation Studies, December 30, 1998, <http://cns.miis.edu>.

② Sharad Joshi, "Nuclear Proliferation and South Asia: Recent Trends", *NTI Analysis*, Aug. 1, 2007.

③ Strobe Talbot, "Good day for India, Bad for Nonproliferation", *Yale Global*, July 21, 2005, <http://yaleglobal.yale.edu/article.id=6042>.

但美国拒绝了巴基斯坦的相关要求。布什总统表示印巴两国有“不同的需要和不同的历史”。虽然美国在2011年美巴战略对话上同意把和平利用核能列入对话议程，但美国官员很快发表声明称美巴核合作协议的讨论是“不成熟的”。

巴基斯坦对印美民用核能合作协议的反应十分强烈。巴基斯坦政府发布的公报强调，巴基斯坦“不会忽视自身安全需要，也不会忽视其经济发展对能源不断增长的需求”。[①] 2006年，巴总统穆沙拉夫通过信件向60多个国际原子能机构和“核供应国集团”的成员国发出警告，称国际原子能机构可能与印度达成的核保障协议将损害核不扩散的努力，“在南亚次大陆增加爆发核军备竞赛的机会”。[②] 巴基斯坦国内不少学者也指出印美核协议将对南亚地区安全产生潜在负面影响。[③] 总体来说，巴基斯坦的强烈反应主要出于这几方面的考量：

其一，巴基斯坦基于安全方面的考虑。巴担心针对印美民用核协议的监督体制和力度不到位，印度极有可能制造出数量更多的易裂变材料和核武器，这无疑会打破南亚的核均势，进而危及该地区的稳定。[④] 巴基斯坦国家指挥局（National Command Authority，NCA）官员表示，鉴于该协议将会使印度利用未受保障监督的核反应堆生产更多裂变材料以及核武器，国家指挥局将确保巴基斯坦可信的最低限度的威慑。[⑤] 2006年3月17日，巴基斯坦外交部也发表声明，印美核能协议如付诸实施，将严重影响南亚安全环境，巴基斯坦无意进行地区军备竞赛，但将保持核威慑能力。[⑥] 巴基斯坦裔美国核专家米恩（Z. Mian）指出：“核协议将带来加速印度建立更加强大核武库的风险，该协议承诺，允许印度获得国际铀市场。如果这

---

① “Pakistan Renews Concerns Over U. S. - India Nuclear Deal”, *People's Daily Online*, June 29, 2006, http://en. people. cn/200606/29/eng20060629_ 278302. html.

② “Pakistan Objects to IAEA-India Nuke Agreement, Urges Delay”, *The Economic Times*, July 24, 2008, <http://articles. economictimes. indiatimes>. com/2008-07-24/news/28384061_ 1_ safeguards-agreement-civilian-nuclear-facilities-nuclear-fuel.

③ Sultan, Adil, “Indo-US Nuclea Cooperation Agreement: Implications for South Asia Regional Security”, *The Henry L. Stimson Center*, July 2006.

④ 陈勇：《美印民用核协议引发各方强烈反应》，《解放军报》2007年8月11日，第4版。

⑤ Stephen Blank, “Geostrategic Implications of the Indo-American Partnership”, *India Review*, Vol. 6 (1), January-March 2007, pp. 2 – 3.

⑥ 赵青海：《美印核合作及其影响》，《国际问题研究》2006年第4期，第28页。

笔交易顺利通过，新德里将可以购买用于国内那些已经选择原子能机构保障监督之下核反应堆所需要的铀燃料。这将使印度可以把国内生产的铀用于核武器计划和其他军事用途，促使印度的核武库迅速扩张，破坏大多数人们追求全球和地区核裁军的愿望。”① 事实上，美国国内一些核专家的分析也加重了巴基斯坦方面的担心。不少美国专家认为，尽管印度同意将民用核设施接受国际原子能机构安全保障，但是如果印度不承诺停止核裂变物质生产，那美国的相关援助尤其是涉及核燃料循环领域的援助，有可能被用于印度的核武器计划。②

另外，值得一提的是，近年来印度军事力量发展迅速也增大了巴基斯坦的安全担忧。巴基斯坦尤为关注印美于 2005 年签署的十年防务框架协议以及美国同意向印度提供导弹防御系统设施。巴基斯坦甚至已经发出警告，如不能从美国获得同类装备，巴基斯坦将发展自己的导弹防御系统。的确，近年来印度的导弹防御系统能力逐步提高，加大巴基斯坦的担心。据称，印度正大力建设一个包括太空监视与侦察系统、地面预警雷达系统和空中预警系统“三位一体”的反导预警系统。此外，印度还向以色列购买了“绿松”预警雷达，并决定从荷兰引进“捕蝇”防空雷达。③ 除此之外，印度还从以色列购买了“费尔康”机载预警系统。无疑，印度的这一系列举措让巴基斯坦产生了担心，即如果印度成功部署导弹防御系统，一旦印巴发生严重危机，印度可能采取强硬的手段向巴基斯坦施加压力。④ 2005 年 8 月 11 日，巴基斯坦首次成功从地面发射一枚可携带核弹头的巡航导弹“哈塔夫 –7”（Hatf –7），并且未按印巴已有协议将发射计划提前向印方通报。事实上，这在很大程度上可视作巴基斯坦对印美民用核协议和印美防务合作框架协议的回应。此外，近年来印美两国更是试图超越南亚地区，强调在印度洋—亚太地区安全互动以及共同安全利益，两国之间

---

① Zia Mian & M. V. Ramana, “Wrong Ends, Means, and Needs: Behind the U. S. Nuclear Deal With India”, *Arms Control Today*, January/February, 2006, <http://www.armscontrol.org/act/2006_01-02/JANFEB-IndiaFeature>.

② Mario Esteban Carranza, *South Asian Security and International Nuclear Order: Creating a Robust Indo-Pakistani Nuclear Arms Control Regime*, Farnham: Ashgate, 2009, p. 130.

③ 时宏远：《印度“核牙齿”日渐锋利》，《世界知识》2008 年第 4 期。

④ 同上。

防务合作不断升级（目前印美两国同意从2015年起延长印美防务合作框架协议，并在印度共同发展和制造先进的美国武器系统），尽管两国的目标不在巴基斯坦，但是同样引起巴基斯坦的担心和警惕。

其二，巴基斯坦对美国在南亚核问题上采取双重标准政策表示不满。美国总统布什在美印达成核协议时表扬印度在核不扩散方面的“记录”，与此同时，维基解密显示美国质疑巴基斯坦对其日益壮大的核武库的控制能力，这使巴基斯坦感到不满。在巴基斯坦看来，美国决定帮助印度建立核电站相当于实际承认了印度是一个核武器国家。并且，巴基斯坦担心印度在外交、安全方面对美国另有其他不便公布的承诺，认为有理由相信印度已秘密承诺与美国发展更密切的战略关系，其程度远超过公开的声明。[①] 巴总理吉拉尼指出：“现在巴基斯坦也有权要求与美国达成民用核协议，我们不希望被歧视。巴基斯坦也会争取核协议，我们想他们应该答应我们的要求。”[②] 巴基斯坦学者表示：“布什政府仍然认为印度在核不扩散领域是一个负责任的行为者是不切实际的，事实上，印度是先进双用技术的潜在扩散者。”2006年3月21日，巴基斯坦战略研究所（ISS）学者马扎里（Shireen M. Mazari）在谈“印美核协议”时就指出印度私营部门的一些扩散活动（2006年7月，印度Balaji Amines Limited和Prachi Poly Products Limited两家私营公司曾与伊朗发生业务往来）。她还指出印度与伊拉克的核合作协议，其中包括印度帮助伊拉克培训核科学家并转让核设备和核材料。[③]

另外，美国决定支持印度加入“核供应国集团”、“导弹及其技术控制制度”、“澳大利亚集团”和“瓦瑟纳尔安排”等出口控制组织也让巴基斯坦极为不满。在巴基斯坦看来，美国支持印度加入“核供应国集团”的决定将帮助新德里进一步增加核武库。巴基斯坦派驻裁军谈判会议的常驻代表表示，华盛顿的决定会“破坏南亚的安全环境”，并指出“核供应国集团的成员资格将使我们的邻国得以进一步扩大其核合作协议，并加强其

---

① 张力：《冷战后时期印度外交与战略安全》，四川大学2006年博士学位论文，第283页。

② “Pakistan demands US nuclear deal”，<http：//news. bbc. co. uk/2/hi/7648435. stm>.

③ Malik Qasim Mustafa，“Indo-US Civilian Nuclear Cooperation Agreement：Implications for International Nuclear Nonproliferation Regime”，Strategic Studies（Pakistan），Winter 2006，<http：//www. issi. org. pk/journal/2006_ files/no_ 4/article/a6. htm>.

核武器和投射能力。因此，巴基斯坦将不得不采取措施，确保威慑力量的可靠性”。[①] 巴基斯坦防务分析人士哈桑·阿斯卡里·里兹维（Hasan Askari Rizvi）也声称：“巴基斯坦担心，印度会成为核技术管制体系一个不可缺少的组成部分。如果出现这种情况，那么即便是像用于发电的民用反应堆这样的设备巴方也完全不可能得到。”[②] 2014 年莫迪访问美国期间以及 2015 年奥巴马访问印度期间，美方再次重申帮助印度加入全球四大核技术与军事技术机构和制度的承诺。据美国《纽约时报》称，巴基斯坦国家安全顾问萨尔塔杰·阿齐兹在一份异常激烈的批评性声明中表示，巴基斯坦依然反对印度加入核供应国集团，并且担心印度与美国日益加强的核合作可能会降低巴基斯坦在南亚地区的核威慑力度。[③]

第八节　中巴核能合作：印美各自解读

中巴核能合作有着较长的历史，1991 年中巴就达成核能合作协议，建设恰希玛核反应堆。2000 年恰希玛核反应堆建成投入使用后，中巴又达成一项长期的框架协定，即中方向巴方提供第二座反应堆（恰希玛 2）以及更多的研究反应堆及燃料供应。2004 年，中国加入“核供应国集团”后，根据“核供应国集团”的指导原则，中巴之前交易可以适用祖父条款而得到认可，2005 年（恰希玛 2）动工修建（于 2011 年 5 月投入商业运营）。2010 年，中巴决定将合作再增加两座反应堆（恰希玛 3、4），这也引起印度和美国的高度关注。有学者指出，美国和印度核能协议以及中国和巴基斯坦的民用核合作，进一步强化了美印中巴四国的极化趋势。[④] 然而，事实证明，美印中巴四边关系并没有如此简单，印美两国对中巴核能合作略有差别的反应就是很好的实证。

---

① Stephanie Nebehay, “Pakistan Decries Help for India Nuclear Arms Plans”, *Reuters*, Jan. 25, 2011, <http://af.reuters.com/article/libyaNews/idAFLDE70O24V20110125>.

② Ibid.

③ 《担忧美印合作 巴基斯坦反对印加入核供应国集团》，《参考消息》2015 年 1 月 28 日。

④ 《风险中的伙伴关系》，卡内基国际和平研究院会议报告，2011 年 4 月 21 号，<http://chinese.carnegieendowment.org/events/? fa=3347>。

中国将与巴基斯坦在恰希玛新建两座核电站的消息传出后，印度国内不少专家就指出中巴合作行为违反了 NSG 的规则。印度媒体和一些专家甚至认为中国与巴基斯坦开展核能合作，是针对美印核能合作采取的“反制措施”，并对中巴开展民用核能合作表示出“安全”担忧。印度前外交秘书在《今日印度》（India Today）上撰文表示：“中国违反自己对‘核供应国集团’的承诺向巴基斯坦提供额外两个核反应堆，这威胁了我们的安全利益。中巴合作是对印美核协议的抨击，这是一种政治信号，中国将继续用巴基斯坦来平衡印度。”① 美国国内也有不少批评的声音，外交关系委员会专家列维在接受美国媒体采访时说：“中国与巴基斯坦的合作是不负责任的。中国还没有想出如何将核不扩散纳入其战略政策中。”②

不过值得一提的是，尽管印美媒体大肆炒作，但美政府这次并没有做出强烈谴责。2011 年 3 月，美国助理国务卿罗伯特·布莱克只是表示：“我们希望中国遵守 2004 年加入‘核供应国集团’时所做的承诺，我们认为新的核反应堆（恰希玛 3）和（恰希玛 4）建设将与这些承诺不一致。”③ 与此同时，他表示：“我们非常明确支持巴基斯坦的能源发展，在非核能领域依然有许多工作可做。”④

显然，华盛顿沉默的处理有复杂的利益考量，一是美国深知巴基斯坦对印美核协议不满，有安抚巴基斯坦的考虑。对美国而言，印度与巴基斯坦代表着不同的战略机遇，美国希望谋求同时与这两个国家发展友好关系。正如美战略家提到：

> “将巴基斯坦彻底排除在美国外交政策之外并不是一个选项。巴基斯坦人口将很快攀升至世界第五，而该国已经拥有规模排名第七的军队，此外它即将超越英国成为第五大核国家。该国的地理位置、人

---

① Kanwal Sibal, “NSG stamp for Sino-Pak pact a blow to India”, *India Today*, July 12, 2011, <http://indiatoday.intoday.in/site/story/nsg-stamp-for-sino-pak-pact-a-blow-to-india/1/144445.html>.

② 《美担心中国和印巴搞核能“中国威胁论”变体》，《世界新闻报》，<http://www.sznews.com/news/content/2006-11/27/content_569515.htm>。

③ Daniel Horner, “Chinese-Pakistani Reactor Deal Moves Ahead”, *Arms Control Today*, April 2011, <http://www.armscontrol.org/act/2011_04/ChinaPakistan>.

④ Ibid.

口规模、军事力量、核武能力和与伊斯兰武装恐怖分子的关系都将使它在北约撤出阿富汗之后仍然成为美国利益的中心。”①

随着美国在阿富汗困局的加剧，巴基斯坦的重要性提升，美国在打击塔利班和“基地”组织的活动中需要巴基斯坦的支持，华盛顿的默许也许正是出于这方面的考量。② 蒙特雷国际研究院不扩散研究中心研究员袁劲东说，疏远巴基斯坦不符合美国的利益，但是在幕后美国可能采取一些动作，要求中国和巴基斯坦做出某种保证。二是美国考虑到巴基斯坦能源方面的实际需求。据悉，巴基斯坦对石油和天然气产品的依存度高达79%左右，且年需求量还将分别以5.7%和7.5%的速度增长。③ 由于电力需求非常紧张，巴基斯坦在新建水电和油气发电的同时，寻求建立更多的核电站。

印美双方对中巴核能合作有所区别的回应，在一定程度上表明印美双方在相关问题上有不同考虑。值得一提的是，印度在对中巴合作表示不满的同时，也十分关注美国在此问题上的表态。印度国内对于美国对中巴核能合作相对沉默的态度表示不满。印度青年核问题专家约戈什·乔西（Yogesh Joshi）的《了解美国对中巴核协议的政策》一文对华盛顿沉默处理中巴核协议表示不满，他提到“虽然美国的防扩散鹰派对2010年中巴协议做出了很多批评，但现在看来，美国默许批准了这一交易。华盛顿的沉默的处理是令人惊讶的。如果中国无视‘核供应国集团’规定，这是因为美国一直对中国的令人震惊的扩散记录不同寻常的宽容。美国无视中国向巴基斯坦的核扩散，将对印度造成严重影响”。④另外，印度和平与冲突

---

① Robert M. Hathaway, “Despite Growing Strategic Differences with Pakistan, the US Should Not Reduce Civilian Aid”, *Yale Global*, January 5, 2012, <http://yaleglobal.yale.edu/content/us-pakistani-relations-crisis-part-ii>.

② Sharad Joshi, “The China-Pakistan Nuclear Deal: A Realpolitique Fait Accompli”, *NTI Analysis*, Dec. 11, 2011, <http://www.nti.org/analysis/articles/china-pakistan-nuclear-deal-realpolitique-fait-accompli-1/>.

③ 《巴基斯坦油气资源状况和中巴合作前景》，中国驻巴基斯坦使馆经商参处，2008年2月29日，<http://www.mofcom.gov.cn/aarticle/i/dxfw/cj/200802/2008025402880.html>。

④ Yogesh Joshi, “Understanding U.S. Policy on China-Pakistan Nuclear Deal”, Apr. 15, 2011, <http://www.worldpoliticsreview.com/articles/8524/understanding-u-s-policy-on-china-pakistan-nuclear-deal>.

研究所学者郑嘉宾也撰文《中巴核能合作协议：美国背信弃义?》表示："如果美国改变现有核秩序规则推动与印度的民用核能合作是行使其霸权的表现，那么近来中国获得美国对中巴核能合作的默许可以算是一次成功的反抗行动。"①

的确，印美两国对中巴核能合作略有差别的反应表明印美核关系的复杂性。不仅如此，它还表明印美两国在核领域的互动依然呈现出互信缺失的特征。

① Jabin T Jacob, "Sino-Pak Nuclear Deal: American Perfidy?", IPCSArticles, March 30, 2011, <http://www.ipcs.org/article/pakistan/sino-pak-nuclear-deal-american-perfidy-3351.html>.

结　论

核武器的出现在很大程度上改变了人们对战争与和平等一系列问题的传统观念，也深刻影响了有关国家的国家安全战略以及它们的对外关系。同样，核武器以及与核武器相关的观念、政策成为影响印美关系的一个重要因素，印美两国围绕核问题的一系列互动也成为人们探寻印美关系的依据。本研究对冷战后时期印美两国围绕核问题的分歧与协调进行了全方位考察，并得出以下几个方面的结论。

一、冷战后时期印美核互动的基本特点和规律

其一，冷战后时期印美核关系演变经历了从“不稳定”时期到“相对稳定”时期的发展路径。

冷战结束后初期，印美对双边关系充满期待，但全球与地区政治格局的转变对印美核关系产生了较大冲击。印美围绕南亚核问题、国际核不扩散问题产生了较大的矛盾分歧。1998 年 5 月，印度进行核试验并宣布成为有核国家，更是让印美核关系蒙上阴影。总体来说，20 世纪 90 年代印美核关系呈现出不稳定特征，这种不稳定的关系不仅影响着整个印美关系的发展与改善，与此同时，它对印度核选择产生了影响，尽管这种影响更多时候是通过系统效应发挥作用的。

诚然，1998 年印度进行公开核试验对印美核关系造成极大冲击，但也给印美核关系调整带来了机会。印度核试验后，印美围绕核不扩散问题、南亚地区安全问题进行积极互动，这种互动不仅仅在第一轨道的官方层面进行，同时也在非官方的第二轨道展开。在此背景下，印美核关系日渐改善，并日渐趋于稳定。值得一提的是，随着印美核关系的改善，印美两国

民用核能合作也再次成为可能。2005 年，印美开启了民用核能合作的谈判，尽管谈判过程中双方不断讨价还价，但印美最终达成协议，并获得两国国内的批准。这也标志着印美核关系进入相对稳定时期。

其二，印美在核问题上存在实质的分歧，这种分歧不仅仅表现为具体利益上的分歧，更多地表现为两国相关观念和认知上的分歧。

冷战结束初期，印美两国关于核不扩散问题的分歧凸显。美国作为国际核秩序的主导者，试图努力控制有核国家的数量以保持自己在国际体系中的主导地位。美国对南亚地区的核武器和导弹系统扩散表示担心，认为这样将破坏该地区间力量平衡，破坏美国全球防扩散努力，从而影响美国的切身利益。因此，美国开始加大防扩散政策与措施的力度，敦促印度签署《不扩散核武器条约》和《全面禁止核试验条约》。不仅如此，美国还试图劝说印度接受一系列地区军控安排，如“五国磋商”以及“九国会谈”。

显然，印度很难认同美国的立场以及相关安排。在印度看来，美国主导的国际核秩序并不符合印度的安全利益。印度认为《全面禁止核试验条约》以及《不扩散核武器条约》等国际军控条约并未限制核大国发展新式核武器，无助于推进核裁军进程。与此同时，印度对于美国有关南亚地区军控方面的提议也十分反感，认为这些建议的根本目的在于削弱印度的核能力。另外，印度也不愿意屈服于强权。印度将自己视为崛起中的大国，其内心深处非常希望获得美国的尊重和认可，而美国的实际回应以及对印度的政策措施让印度倍感失落。1998 年，印度公开核试验在一定程度上可谓是对来自美国防扩散压力的回应，与此同时，也是希望通过核试验获得美国对印度大国地位的认同。

值得一提的是，印度公开核试验引发了巴基斯坦的连锁核反应，恶化了南亚地区安全环境，对国际核机制构成严峻挑战，不仅如此，它也是对美国的南亚核政策及其核不扩散政策的重大打击。对此，美国政府迅速做出强烈反应，对印度实施严厉制裁。印美在核问题上的矛盾分歧凸显，反映了双方在外交政策、安全、国际核秩序上难以协调的观点。

诚然，印度核试验后，经过双方的共同努力，印美核关系出现一些积极变化，但印美两国之间的矛盾分歧并没有完全化解，两国在核问题上依然存在不同的认知以及政策选择。印美两国在民用核能合作谈判过程中不得不就一系列问题讨价还价，如印度核试验问题、敏感技术转移问题等。美国在试图改善与印度关系的同时，也依然存在固守国际核不扩散机制和美国全球安全利益的诸多考量，以期确保其全球核主导国家身份。同样，印度在努力试图获取国际先进核技术，并试图寻求合法核身份地位的同时，也在极力确保自身的核军备计划不受损害。在国际核不扩散问题上，印美之间依然没有一致的认同。印度在是否应该承担有关义务，特别是《不扩散核武器条约》的义务，承认现行的国际核不扩散机制等问题上依然表现出犹豫踌躇。尽管核试验后印度对一些国际军控条约，如《全面禁止核试验条约》、《核裂变物质禁产条约》表现出积极态度，但鉴于印度国内立场不一，印度在短时期不可能有积极行动。在地区安全方面，印美两国利益也存在不对称性，印美对地区核军控依然有不同理解。除此之外，印美核关系中的巴基斯坦因素依旧较为明显，美国在有意改善印美核关系的同时也不忘强调美巴关系的重要性。另外，尽管2005年印美达成了核协议，并开启了新一轮核能合作，但两国在执行核协议过程中也存有分歧，为此双方不得不进行协调。

其三，印美核关系是一种不对称关系，尽管印度在印美不对称权利关系中属于弱者一方，但印度在印美关系中并非总是处于被动和依附的地位。

必须承认，冷战后时期的印度依然怀揣着争做全球大国的雄心，而且印度的崛起也给了其追求大国梦的自信心。但印度与超级大国美国的实力差距依然较大，印美关系仍可被视作地区大国与全球大国之间的互动关系，其最大的特征就是呈现不对称性。这种不对称关系在两国的核交往过程中表现得也十分明显。美国作为国际核秩序主导者，掌握了军控与裁军的主动权，享受特有的权利。印度尽管被认为是具有核能力的国家，但其核武器国家地位在很长时间里并不被承认。尽管1998年的公开核试验让印度具有了事实上核武国家的身份地位，但印度并未因此而成为国际核俱乐部的合法成员。印度在印美不对称权利关系中属于弱者一方。

但值得一提的是，印度在印美关系中并非总是处于被动和依附的地位。虽然1998年印度公开核试验让印度的国际形象一度受损，但这并没有削弱印度的国家实力，甚至给印度带来了更多自信心。核试验后，印度领导人一方面积极展开核外交，为改善印美核关系而努力；另一方面，印度已将自己看成一个拥有核武器的新兴大国，使其能够为本国利益与其他大国谈判和讨价还价。值得一提的是，事实上核武国家身份在某种程度上也让印度更坚守所谓的印度例外论，其在与美国交往过程中表现出不屈服的姿态。诚然，面对这样一个日益自信的事实上的核武国家，作为现有国际核秩序主导国家的美国也不得不重新考量两国核关系，并做出相关政策调整来回应印度在核领域的例外论，重新考量印度在现有核秩序中的新身份以及回应印度新的利益诉求。

其四，印美围绕核问题沟通协调的过程往往是一种双层博弈过程。双方领导人同时进行国际层面和国内层面的两层谈判。此外，印美核关系不仅是关涉两国的双边互动博弈，还与国际环境以及地区安全有着复杂牵连，相互影响。

冷战后时期，印美两国围绕核问题进行了一系列外交互动，如核对话和核协议谈判。值得一提的是，印美两国政府在展开相关谈判时，双方谈判代表在谈判过程中并不能随心所欲，他们还受到国内因素的制约。以2005 年印美核协议谈判为例，在谈判过程中，双方领导人除了进行第一层次的谈判外，同时还必须进行各自国内的谈判，以争取协议获得国内批准。对美国谈判代表来说，他们不得不考虑国会以及其他相关利益集团对核协议的立场。对印度谈判代表来说，他们也必须考虑印度人民党、左翼政党等多方的意见。

此外，值得一提的是，印美核关系并不仅仅是两国的双边互动，还与国际环境以及地区安全有着复杂牵连。以地区安全因素为例，众所周知，1998 年印巴双方形成事实上的核威慑以后，双边关系持续复杂和动荡，1999 年印巴卡吉尔冲突、2001—2002 年印巴军事对峙等一系列危机就让印美核关系历经考验。不过，值得注意的是，在此过程中印美两国也试图寻求理解，期待实现共同利益，这又在一定程度上促进了两国核关系的改善。美国在承认南亚核武化既成事实的前提下实际接受了印度的“最低限度核威慑”。另外，鉴于南亚安全局势的不稳定特征，美国也试图通过有限松动对印度在核政策上的态度，来加强与印度在核武器相关领域的合作。印度也开始意识到美国在印巴危机中发挥的作用并非总是消极的。

二、导致印美核分歧的深层原因

事实上，在前文论述中我们已经对印美围绕具体核议题的分歧的原因进行了探讨，但最后仍有必要对印美核分歧的深层原因进行全面总结，这样才能更好地理解印美核关系。

其一，印美在国际体系中身处不同地位，双方国家利益存在差别，这是导致印美核分歧的根本原因。

例如，在 20 世纪 90 年代，尽管印美双方很少认为对方会对自己构成直接的核威胁，但两国在地区安全利益和全球安全利益方面存在差异，也正是这种利益上的不一致在很大程度上导致两国围绕南亚核问题、国际核不扩散问题的分歧凸显。美国方面，冷战结束后，美国对国际核形势进行重新评估，采取一系列防扩散措施。但与此同时，美国自己却维持大量而复杂精密的核工厂，继续强调核武器的威慑作用和影响力，忽视核裁军。印度方面，冷战后新国际秩序存在的不确定性强化了印度对来自地区和全球安全威胁的感知，而美国重视核不扩散但淡化核裁军的实践更是加大印度对国际现实的不满，并促使印度通过公开核试验来寻求平衡。同样，在随后的核能合作谈判中，印美双方也存在利益的不对称，并直接导致了两国谈判中的诸多矛盾与分歧。

其二，除了利益性因素外，知觉性（错误知觉）因素以及两国之间的信任缺失也是导致印美核分歧的重要原因。

正如前面章节中提到的，印美不对称核权力的后果往往会使得印美两国之间的错误知觉时有发生，而这种错误知觉也进一步加大了印美在核问题上的分歧。例如，在美国看来，印度是南亚支配性强国，凭借占优势的常规武力就可以对付没有核武器的巴基斯坦，因此印度不需要核武器来保护自己。但很显然，印度的感知与此不同。在印度看来，其不仅需要核武器来确保国家安全，还需要核武器来实现政治目的，如获得美国对印度大国地位的承认。无疑，这些包括愿望思维、认知失调等在内的错误知觉在某种程度上也加大了两国的矛盾分歧。诚然，不排除在某些时候，两国也会因为一些错误知觉（如双方可能基于两国都是世界上最大的民主国家，从而认定印美是天然伙伴，甚至是最佳伙伴）而萌生一些超越国家利益的合作想法，即所谓的错误性的合作。但值得注意的是，这种合作可能存在一定风险，只要期待中的合作由于现实原因而无法达成时，双方就会倍感失望，因此所产生的消极情绪将会影响两国互动，甚至让两国产生新的矛盾分歧。另外，值得一提的是，前文论述中所提到的印美之间的互信缺失也是导致印美分歧的重要原因。两国互信不足很容易让双方忽略或过滤掉来自对手的善意的信号。

其三，两国基于不同的外交传统、面临的不同国内外制约因素以及对现实问题的不同判断所形成的处理地区或国际核事务的决策理念与思路，甚至在外交谈判风格等诸多方面存在差异，这些都在一定程度上造成了印美分歧。

外交传统方面，正如前面论述中提到的，虽然冷战后时期印度国内对其不结盟外交政策进行了反思，但它在某种程度上依然深深影响着印度领导人和政治精英的决策思维。正如我们在分析印美核协议谈判时所提到的，印度国内的左翼政党反对的不仅仅是核协议，它们更多的是对印美关系的不断深化表示反感，尤其是对两国日益密切的战略关系感到担忧。的确，我们会发现虽然印美有意调整核分歧来改善双边关系，但两国很难发展成盟友关系。正如文中提到的，印度例外论与美国例外论的相争在某种程度上决定了印美很难成为真正的朋友，那么两国在核领域的交往过程中充满猜疑和分歧也就不难理解了。此外，两国面临着不同的国内外制约因素，这也在某种程度上决定了两国在相关问题上的立场不可能完全一致。例如，我们会发现，在印美核谈判中美国国会的《海德法案》对布什政府的谈判立场起到了很大的制约作用，进而导致了双方围绕《海德法案》相关条款的矛盾分歧。

三、印美核关系调整演变的驱动力

印美关于核问题的分歧矛盾在很大程度上是结构性的，但也并非完全不能调和。2005 年印美核能合作协议的签署正是双方协调成果的展现。美国游说“核供应国集团”改变原有规则给予印度特殊豁免。印度则同意将其国内的核设施实施军民两用分离，并与国际原子能机构缔结保障协定，同意其民用核设施接受监督。虽然印美在核不扩散问题上的矛盾依然存在，但核协议的达成表明双方试图改善印美核关系的决心。本书从环境因素、互动力度和学习过程三个方面进行了考察，并在此基础上归纳了印美核关系调整演变的深层驱动力。

环境因素是影响印美核关系的重要因素，它包括印美整体双边关系、地区安全、国际环境等等。总体来说，冷战后时期的外部环境因素并非总是有利于印美核关系发展，但它还是给印美核关系调整与改善提供了机会。例如“9·11”事件发生后，美国对军控政策重点的调整为印美相关合作带来一些机会。另外，亚太地区形势新变化也是印美核关系调整的重要外部因素，尤其是该地区力量对比以及政治安全环境变化，它不仅强化了两国调整双边关系的决策思维，也在很大程度上坚定了两国解决双边关系中核问题的决心。的确，1998 年印度公开核试验后日趋改善的印美关系也给印美协调核问题的分歧与矛盾提供了良好的环境。印度开始以一种更务实、更灵活的对外政策来处理印美核关系。美国方面，随着印度的崛起，以及印度在美国全球地缘战略尤其是亚太战略中地位和影响的不断提升，美国也开始寻求调整对印度核政策。值得一提的是，中国因素在印美核关系调整过程中也发挥了一定的催化作用。尽管印美两国都深知很难形成遏制中国的正式同盟，但双方还是认识到了中国牌在印美双边关系中的重要作用，且都已经学会了如何巧妙地使用这张牌，以寻求各自利益的最大化。

增强互动沟通也是印美核关系调整演变的驱动力之一。印度公开核试验后，印美关于核问题的互动力度明显增强，这不仅为双边关系创造了一种相对友好的协商与和解的氛围，而且互动沟通也便于两国更直接和深入地了解对方的利益诉求，为双方寻找合作点提供了平台。1998 年核试验后，印度意识到缓和印美核关系紧张气氛的必要性，对美国施展核外交行动。印度领导人展开了包括书信外交在内的一系列对美游说外交行动。除此之外，印美两国进行了一系列核对话，从克林顿政府时期贾斯万特·辛格与塔尔波特核对话到布什政府时期米什拉与赖斯对话，印美核对话一直持续进行。诚然，这种对话除了一轨道的官方对话外，也包括二轨道的非官方对话。尽管对话过程中双方围绕诸多问题有不同意见，但这种经常性的、及时的信息沟通，以及制度化的协调机制对印美核关系走出困境发挥了一定的积极作用。

学习因素同样是印美核关系调整演变的驱动力之一。本书认为印美核交往并非只是受环境因素的被动影响，事实上，印美在互动过程中的社会学习也十分重要。事实证明，印美双方从历史经验教训、亲历事件以及国际规范中的一系列学习对于双边关系的改善有所帮助。双方加强交流沟通、善于学习和反思在一定程度上减少或避免了各自原有认知中的错误知觉，这也是印美核关系摆脱印度核试验阴影的重要原因。印美各自国内对核不扩散问题态度的调整对两国核关系的改善有一定的积极作用。印度方面，在宣示其核武器实力之后，印度对待国际核不扩散问题的态度有些调整。印度在发展“最低限度可靠核威慑”能力的同时也开始寻求与国际制度获得暂时妥协，并开始弱化该国对包括《全面禁止核试验条约》、《核裂变物质禁产条约》在内的一系列国际核军控协议的强硬反对立场。美国国内也有不少反思，美国意识到假如没有全球裁军的同步进行，印巴不会愿意简单地通过销毁其核武器来降低核威胁，孤立印度反而不利于美国的经济和战略利益。

四、存在的挑战

从前景来看印美核关系有一些不确定因素，印美核不扩散利益的非对称性、两国在防扩散问题操作层面出现的分歧以及两国对待南亚地区安全事务的不同立场等因素都将影响两国之间的积极互动。此外，两国整体关系发展以及全球、地区层面的客观安全环境也不可避免地会影响两国在核领域的互动。

着眼未来，印美核关系不可避免地还将面临来自双方国内、地区以及全球层面的考验，具体来说体现在以下几个方面：

全球层面：鉴于印美核问题互动调整变动会给现有国际核秩序、国际核机制形成冲击，作为现任国际核秩序主导的美国在考虑发展印美关系时一定会考虑到自身的全球利益。美国能否处理好目前解决全球核不扩散准则并同时通过诱使印度寻求一种有限的威慑力量来同美国和好的双边压力之间的矛盾依然是个未知数。印度一直希望自身核身份得到合法承认，显然目前来看国际社会并没有做好准备接受印度成为合法的核武器国家，因为这必须对国际核机制进行实质性的修正，在当前伊朗核问题和朝鲜核问题较严重时期，这样的修正并非易事。事实上，印美核协议签署后，国际社会包括美国国内已经出现担忧，即印度“例外论”将给整个国际核机制产生负面影响。

地区层面：由于错综复杂因素的交织，南亚地区的安全两难一直是该地区国家寻求密切合作的最大障碍。尽管作为并非区域内国家的美国在南亚安全关系中扮演重要角色，但其深入介入的结果并未让该地区的安全困境得到缓和，反而使其更加复杂，这在一定程度上将会对印美核关系构成挑战。事实证明，美国依据自身在南亚地区的利益做出的选择在印度看来并非总是友好的。特别是“9·11”事件以来，美国政府的反恐战略推动美国关注南亚地区的安全与稳定，巴基斯坦作为反恐联盟国家对于美国的重要性毋庸置疑。印美核关系中的巴基斯坦因素显而易见，美国在防止核扩散、反恐、反毒品和阿富汗战后重建等方面都需要巴的合作与协助，美国在发展同印度关系的同时仍需兼顾巴基斯坦的利益。目前，巴基斯坦对美国在南亚核问题上采取双重标准政策表示不满。在巴基斯坦看来，印美核关系调整对南亚地区安全的负面影响不可忽视，巴基斯坦甚至已经采取相应措施来扭转印美关系调整带来的对自身不利的局面。毫无疑问，巴基斯坦的回应必将对印美核关系产生反作用。

双边以及国内层面：目前两国都意识到核问题的解决有助于深化发展双边战略伙伴关系。双方也都期待着核领域的合作会有更多的额外回报，比如地缘政治方面相互倚重、经济方面的合作等等。但值得一提的是，印美核能合作过程中两国的互信依然不足，双方国内依然存在质疑的声音。尽管印美核协议已经获得双方国内的批准而生效，两国政府也为其实质合作进行了多方努力，但两国具体执行核协议过程中依然存在不确定因素。目前印度开展的针对其他国家，尤其是俄罗斯、法国的核外交如火如荼。除此之外，两国在很多问题上依然有不同的立场和看法，例如虽然美国已经表示同意印度加入“核供应国集团”等出口机制，但是美国如何说服其他成员国在印度何时以及何种形式加入这一议题上达成一致，以及印度国内如何看待本国的国际核不扩散以及核裁军立场是否应该与国际社会保持一致，这些问题依然会给印美核关系带来考验。

五、对中国的启示

诚然，印美核关系牵涉中国的战略利益，印度核态势发展以及印美核关系的变动给中国带来的一些挑战不可忽视。目前，印美双方采取了灵活、务实的外交措施来解决印美关系中的核问题。印美民用核能合作强化了印美战略合作伙伴关系，其所引发的大国关系的变动可能给中国带来不确定性因素。

中国应冷静审慎地对待印美关系的调整变动，并采取灵活、务实的外交行动。中国一方面应该加强中印之间的互信，寻求利益共同点，另一方面也应防止印美结盟。必须承认，目前中印关系互动过程有一些矛盾分歧，但中国应理性看待中印美三边关系并非零和博弈。事实上，中国可以肯定印度和平利用核能的行为，甚至可以鼓励中印展开民用核能合作，这既可以加强中印双方的互信，在某种程度上也有利于中国把握印度的核发展态势。当然，中国也应该积极关注南亚核态势的新变化，南亚安全形势错综复杂，传统和非传统安全因素交织，中国可以鼓励推动印巴两国加强安全对话，特别是核对话，不断增进互信，甚至可以以适当的形式参与其对话交流（包括二轨道交流），逐步降低核武器在南亚地区安全战略中的作用，为地区和平稳定发展创造良好的外部环境。除此之外，中国应该密切关注国际核形势变动以及国际核机制的运作。印美核协议的签署事实上给国际核不扩散机制的权威性和有效性提出了挑战，国际核机制未来运作或者改革向何方发展都事关中国的国家利益，值得我们继续关注和深入研究。

参考文献

一、英语文献

Ahmed, Ali, "Indo-Pak Nuclear CBMs: Mere Dialogue will not Suffice", *IPCS Research Articles*, June 20, 2011, <http: //www. ipcs. org/article/india/indo-pak-nuclear-cbms-mere-dialogue-will-not-suffice-3410. html>.

Aita, Judy, "U. S. PraisesSteps by India, Pakistan toward Signing CTBT", *USIS Washington File*, September 24, 1998.

Appendix B, "Complete Results and Tabular Data of the Kroc Insitute Opinion Survey", in David Cortright & Amitabh Mattoo, eds, *India and the Bomb: Public Opinion and Nuclear Options*, University of Notre Dame Press, 1996.

Ariana, Jalalzai Musa Khan, *The Foreign Policy of Pakistan Kashmir, Afghanistan and Internal Security Threats*, 1947-2004 , Ariana Publications, Lahore, 2004.

Arnett, Eric, "Nuclear Stability and Arms Sales to India: Implications for U. S. Policy", *Arms Control Today*, Vol. 27, no. 5, August 1997.

BajPai, Kanti& Amitabh Mattoo (eds.), *Engaged Democracies: India-US Relations in the* 21 *Century*, New Delhi: Har-Anand, 2000.

Bajpai, Kanti, "India s Nuclear Posture after Pokhran Ⅱ", *International Studies*, Oct-Dec, 2000.

BajPai, Kanti (eds.), *South Asian Security after the Cold War: A Global Perspective*, Boulder: WestViewPress, 1994.

Baker, Peter, "Senate Approves Indian Nuclear Deal", *New York Times*, October 2, 2008.

Balachandran, G. , "India, ENR and NSG", IDSA Issue Brief, July 5, 2011, <http: //www. idsa. in/issuebrief/IndiaENRandNSG>.

Balachandran, G. , "India's Membership of the NSG: Possible Options", *Institute for Defence Studies Analyses*, June 16, 2011, <http: //www. idsa. in/issuebrief/IndiasMembershipoftheNSG>.

K. Balasundaram, "By Passing the Nuclear Divide", <http: //shodhganga. inflibnet. ac. in/bitstream/10603/1312/11/11_ chapter%205. pdf>.

Barnaby, Frank, "Strengths and Weaknesses of the Non- Proliferation Treaty: and Is It Worth Extending in 1995?", in *Strengthening the Non- Proliferation Regime*: 1995 *and Beyond*, Oxford Research Group, Current Decision Report No. 13, December 1993.

Basrur, Rajesh M. , "Nuclear Weapons and Indian Strategic Culture", *Journal of Peace Research*, Sage Publications Lmd, Vol. 38, No. 2, Mar. , 2001.

Basrur, Rajesh M. & Hasan-Askari Rizvi, "Nuclear Terrorism and South Asia", *Cooperative Monitoring Center Occasional Paper*, February 2003.

Bendavid, Naftali & Uli Schmetzer, "India's Leader Rebukes Clinton", *Tribune Chicago*, March 22, 2000.

Bhatia, Shyam, *India's Nuclear Bomb*, Ghaziabad: Vikas, 1979.

Bidwai, Praful & Achin Vanaik, *New Nukes*: *India*, *Pakistan*, *and Global Nuclear Disarmament*, Interlink Pub Group Inc, 2000.

Bidwai, Praful, "Deceptions Surface in US-India Nuclear Deal", *Inter Press Service*, July 11, 2008.

Biedel, Bruce, "American diplomacy and the 1999 Kargil Summit at Blair House", in Peter R. Lavoy, *Asymmetric Warfare in South Asia*: *the Causes and Consequences of the Kargil Conflict*, Cambridge University Press, 2009

Blank, Stephen, "Geostrategic Implications of the Indo-American Partnership", *India Review*, Vol. 6 (1), January-March 2007.

Boese, Wade, "U. S. – Indian Deal Clears Congressional Hurdles", *Arms Control Today*, July/August 2006.

Bosco, David, "Weighing India's Chances for Security Council Seat: NPR", November 8, 2010, http: //www. npr. org/templates/story/story. php? storyId = 131168880 >.

Carranza, Mario Esteban, *South Asian Security and International Nuclear Order: Creating a Robust Indo-Pakistani Nuclear Arms Control Regime*, Farnham: Ashgate, 2009.

Carrese, Paul, "The Ideal of Liberal —Democratic Partnership: Philosophies of International Affairs and the Indo—US Nuclear Accord", cited in Nalini Kant Jha, *Nuclear Synergy: Indo-U. S. Strategic Cooperation and Beyond*, New Delhi: Pentagon Press, 2009.

Chari, P. R. , *Indo – US Nuclear Deal: Seeking Synergy in Bilateralism*, Taylor and Francis, 2009 .

Chari, P. R. , *Indo – Pak Nuclear Standoff: The Role of the United States*, Rajkamal Electric Press, 1995.

Chari, P. R. & Pervaiz Iqbal Cheema & Stephen P. Cohen, *Four Crises and a Peace Process: American Engagement in South Asia*, Brookings Institution Press, 2007.

Chari, P. R. , "Strategic Stability in South Asia: The Role of Confidence-Building and Threa Reduction Measures", *Contemporary South Asia*, 14 (2), June 2005.

Chari, P. R. , " India's Nuclear Choices: Some Perspectives ", in M. S. Rajan & Shivaji Ganguly (eds), *Great Power Relations, World Order and the Third World*, Essays in Memory of Sisir Gupta, New Delhi: Vikas Publishing House, 1981.

Chellaney, Brahma, *Nuclear Proliferation: The U. S. -India Conflict*, Stosius Inc/Advent Books Division, 1993.

Chengappa, Raj, *Weapons of Peace: the Secret Story of India s Quest to be a Nuclear Power*, New Delhi: Harpercollins, 2000.

Chengappa, Raj, "Nuclear Dilemma", *India Today*, April 30, 1994.

Chengappa, Raj, " Now Nobody Can Throttle US", *India Today*, April15, 1994.

Cherian, John, "Treaty Trouble", *Frontline*, July 26, 1996.

Chidambaram, R. & R. Ramanna, "Some Studies on India's Peaceful Nuclear Experiment", *Peaceful Nuclear Explosions IV*, Vienna: International Atomic Energy Agency, 1975.

Choubey, Deepti, "Leadership Down Under", *The Washington Post*, April 5, 2008, < http://www.washingtonpost.com/wp-dyn/content/article/2008/04/04/AR2008040402967.html >.

Cirincione, Joseph, et. al, *Deadly Arsenals: Nuclear, Biological, and Chemical Threats*, Carnegie Endowment for International Peace Paper, July 1, 2005.

Cohen, Stephen P., " Why did India Go India ", cited in Raju G. C. Thomas & Amit Gupta, *India's Nuclear Security*, Lynne Rienner Publishers, Inc. 2000.

Cohen, Stephen Philip, "The United States and South Asia: Core Interests and Policies and their Impact on Regional Countries", Paper Presented to the Conference on Major Powers and South Asia, 11 - 13 August, at the Institute for Regional Studies, Islamabad, Pakistan.

Cooper, Kenneth J., "India Revises Prohibition on First Strike", *Washington Post*, May 28, 1998.

Dixit, J. N., *India's Foreign Policy: 1947 - 2003*, New Delhi: Picus, 2003.

Donaldson, R. H., "India: Uncertainty over nuclear policy", Confidential Intelligence Note Bureau of Intelligence and Research, June 13, 1974.

D'souza, ShanthieMariet, "Indo-U. S. Counter-Terrorism Cooperation: Rhetoric versus Substance", *IDSA Strategic Analysis*, <http://www.idsa.in/idsastrategiccomments/IndoUSCounterTerrorismCooperation_ smdsouza_ 1108 >.

Dunn, Lewis A, *Controlling the Bomb*, *New Haven*, *Connecticut*, Yale University Press, 1982.

Dutta, Sujit, " The Asia Transition and Indias Emerging Strategy ", in

N. S. Sisodia & V. Krishanappa, eds. , *Global Power Shifts and Strategic Trasition in Asia*, Academic Foundation, 2009.

Dutta, Suvrokamal, "The Indo - USNuclear Civilian Deal: Dictate or Deal?", *Indolink*, January 22, 2007.

Franchi, Howard La, "Why US is Shifting Nuclear Stand with India", July 20, 2005, <http: //www. csmonitor. com/2005/0720>.

Frank Wisner& Nicholas Platt, *New Priorities in South Asia*, *Council on Foreign Relations*, Asia Society Council on Foreign Relations, < http: //www. cfr. org/content/publications/attachments/India-Southasia. pdf>.

Frankel, Francine R. & Harry Harding, "The Evolution of the 'Strategic Triangle' among China, India and the United States", cited in *The India-China Relationship: What the United States Needs toKnow*, Columbia University Press, New York. 2004.

Frankel, Francine. R, *Bridging the Nonproliferation Divide: The United States & India*, Konark, 1995.

Freeman, Chas. & Jack Matlock & Dick Nelson & Ken Weisbrode, "Managing Nuclear Arms Competition in South Asia: Work the Problem, Don't Fight It!", The Atlantic Council of the United States, Bulletins, Vol. IX, No. 5. July 31, 1998.

Gaan, Narottam, *India and the United States: From Estrangement to Engagement*, New Delhi: Kalpaz Publications, 2007.

Gandhi, Sajit, "TheTilt: The U. S. and the South Asian Crisis of 1971", National Securit Archive, Book No. 79, Dec. 16, 2002.

Ganguly, Sumit & Devin T. Hagerty, *Fearful Symmetry: India-Pakistan Crises in the Shadow of Nuclear Weapons*, University of Washington, 2006.

Ganguly, Sumit & S. Paul Kapur, *India, Pakistan and the Bomb: Debating Nuclear Stability in South Asia*, *Columbia* University Press, 2010.

Ganguly, Sumit, "Explaining the Kashmir Insurgency: Political Mobilization and Institutional Decay", *InternationalSecurity*, Vol. 21, No. 2, Fall 1996.

Ganguly, Sumit & Paul Kapur, *India, Pakistan, and the Bomb: Debating Nuclear Stability in South Asia*, Delhi: Columbia University Press, 2010.

Ganguly, Sumit, "Indias Pathway to Pokharan Ⅱ: The Prospects and Sources of New Delhis Nuclear Weapons Program", *International Security*, Spring 1999.

Ganguly, Sumit & S. Paul Kapur, *Nuclear proliferation in South Asia: Crisis Behaviour and the Bomb*, Routledge, August 2008.

Ganguly, Sumit & Brian Shoup, Andrew Scobell, *US - India Strategic Cooperation Into The 21st Century: More than words*, New York: Routledge, 2006.

Ganguly, Sumit, "Freeze: Halting the testing and Development of nuclear weapons", cited in David Cortright & Amitabh Mattoo, eds, *India and the Bomb: Public Opinion and Nuclear Options*, Notre Dame, IN: University of Notre Dame Press, 1996.

Ganguly, Sumit, "Nuclear Stability in South Asia", *International Security*, Vol. 33, No. 2, Fall 2008.

Ghose, Arundhati, "Negotiating the CTBT: India's Security Concerns and Nuclear Disarmament", *Journal of International Affairs*, Vol. 51, no. 1, summer 1997.

Ghose, Arundhati, "Who's afraid of the NPT?", *The Indian Express*, Sep. 30, 2009, < http: //www. indianexpress. com/news/whos-afraid-of-the-npt/522972/0 >.

Goldschmidt, Pierre & Toby Dalton, "Conditions on Indian NSG Membership", < http: //carnegieendowment. org/2011/06/14/conditions-on-indian-nsg-membership/ds4 >.

Goshko, John M., "India ready to sign nuclear treaty ban", *Washington Post*, September 25, 1998.

Gupta, Bhabani Sen, *Nuclear Weapons? Policy Options for India*, Sage Publications, 1983.

Hagerty, Devin T., *the Consequences of Nuclear Proliferation: Lessons from South Asia*, London: BCSIA Studies in International Security, 1998.

Hathaway, Robert M. , "Despite Growing Strategic Differences with Pakistan, the US Should not Reduce Civilian Aid", *Yale Global*, January 5, 2012, <http: //yaleglobal. yale. edu/content/us-pakistani-relations-crisis-part-ii>.

Hathaway, Robert M. , "India and the US Pivot to Asia", *Yale Global*, February 24, 2012.

Heimsath, Charles, "The American Quandary over Nuclear Proliferation in the Indian Subcontinent", *USA Today*, Washington D. C. , January.

Hersh, Seymour M. , "On the Nuclear Edge", *New Yorker*, March 29, 1993.

Horner, Daniel, "Chinese-Pakistani Reactor Deal Moves Ahead", *Arms Control Today*, April 2011.

Hymans, Jacques E. C, *the Psychology of Nuclear Proliferations: Indentity, Emotions and Foreign Policy*, Cambridge: Cambridge University Press, 2006.

Jacob, JabinT. , "Indo – US Nuclear Deal: The China Factor", *IPCS Special Report*, March 14, 2006.

Jacob, JabinT. , "Sino-Pak Nuclear Deal: American Perfidy?" *IPCS Articles*, March 30, 2011, < http: //www. ipcs. org/article/pakistan/sino-pak-nuclear-deal-american-perfidy-3351. html>.

Jain, J. P. , *India and Disarmament*, *Vol.* Ⅰ, *Nehru Era*, *An Analysis Study*, New Delhi: Radiant Publishers, 1974.

Jenelle Bonnor, "Australia-India Security Relations: Common Interests or Common Disinterest?", *Australian Defence Studies Centre Report*, April 2001.

Jha, Nalini Kant, *Nuclear Synergy: Indo-U. S. Strategic Cooperation and Beyond*, New Delhi: Pentagon Press, 2009.

Jita, Mishra, *The NPT and the Developing Countries Concept*, Publishing Co, 2008.

Johnson, Jo, "India in new push for Iran pipeline", *The Financial Times*, October 24, 2007.

Joshi, Yogesh, "The Bandwagoning-Balancing Game: Contradictions of the India-US Partnership", IDSA Comment, August 5, 2011, < http://www.idsa.in/idsacomments/TheBandwagoningBalancingGame-ContradictionsoftheIndiaUSPartnership_ yjoshi_ 050811 >.

Joshi, Yogesh, "Understanding U. S. Policy on China-Pakistan Nuclear Deal", Apr. 15, 2011, < http://www.worldpoliticsreview.com/articles/8524/understanding-u-s-policy-on-china-pakistan-nuclear-deal >.

Joshi, Manoj, "Nuclear Shock Waves", *India Today*, May 25, 1998.

Joshi, Sharad, "Nuclear Proliferation and South Asia: Recent Trends", < http://www.nti.org/analysis/articles/nuclear-proliferation-south-asia/ >.

Kamath, P. M., "Indian Nuclear Strategy: A Perspective for2020", < http://www.idsa-india.org/an-mar9-9.html >.

Kapur, S. Paul, "Ten Years of Instability in South Asia", *International Security*, Vol. 33, No. 2, fall 2008.

Kapur, S. Paul, *Dangerous Deterrent Dangerous Deterrent Nuclear Weapons Proliferation and Conflict in South Asia*, Stanford University Press, 2007.

Kapur, K. D., *Nuclear Non-Proliferation Diplomacy: Nuclear Programmes in the Third World*, New Delhi: Lancers Books, 1993.

Kapur, Ashok, *India's Nuclear Option: Atomic Diplomacy and Decision Making*, New York: Prager Publisher, 1976.

Karat, Prakash, "Why the CPI (M) and the Left oppose the nuclear deal", *The Hindu*, August 20, 2007.

Karnad, Bharat, *Nuclear Weapons and Indian Security: the Realist Foundations of Strategy from Parameters*, MacMillan India Limited, 2002.

Karnad, Bharat, "India's opposition to 'flawed' Non-Proliferation Regime will Prevent Signing of Comprehensive Test Ban Treaty", *Yale Global*, November 11, 2009, < http://yaleglobal.yale.edu/content/how-halt-spread-nukes-part-ii >.

Kerr, Paul K., "U. S. Nuclear Cooperation with India: Issues for Congress", *CRS Report* RL33016 February 12, 2008.

Krepon, Michael, "The US-India Nuclear Deal: Another Wrong Turn in the War on Terror", the Henry L. Stimson Center, March 29, 2006.

Krepon, Michael, "Is the U. S. - India Nuclear Cooperation Agreement Good or Bad for Proliferation?", *Stimson Center Report*, August 31, 2005.

Krepon, Michael, "Learning from South Asia's Many Crises", *Stimson Center Report*, April 15, 2011, http: //www. stimson. org/summaries/learning-from-south-asias-many-crises/ >.

Krepon, Michael, "Proliferation: Then and Now", the Henry L. Stimson Center, January 8, 2007.

Krepon, Michael, "Changing the Rules of Nuclear Commerce: Will More Commerce Equal More Proliferation? ", *The Henry L. Stimson Center*, July 15, 2005.

Krepon, Michael, & Chris Gagné, eds. , *The Stability-Instability Paradox: Nuclear Weapons and Brinksmanship in South Asia*, *Washington*, DC: Henry L. Stimson Center, June 2001.

Kronstadt, K. Alan, "India: Chronology of Recent Events", *Congressional Research Service*, Report for Congress, the Library of Congress, March 31, 2006.

Kux, Dennis, Estranged Democracies: India and the United States, 1994-1991, NewDethi: Sage, 1993.

Lahiri, Dilip, "Obama's Global Zero Roadmap: Wake Up Call for India", *ORF Occasional Paper*, January13, 2010, < http: //www. orfonline. org/cms/sites/orfonline/modules/occasionalpaper/attachments/occa_ 1265017087344. pdf >.

Lavoy, Peter R. , *Asymmetric Warfare in South Asia: The Causes and Consequences of the Kargil Conflict*, Cambridge University Press, 2009.

LePoer, Barbara Leitch ed. , "India-Pakistan Nuclear Tests and U. S. Response", *CRS Report*, November 24, 1998.

Lippman, Thomas W. , "Administration Ponders Next Step toward India", *Washington Post*, June 21, 1998, www. lexis-nexis. com >.

MacFarquhal, Nell, "Countering China, Obama Backs india for UN council", *The New York Times*, November 9, 2010.

Mærli, Morten Bremer & Sverre Lodgaard, *Nuclear Proliferation and International Security* , Taylor & Francis, 2007.

Malik, Priyanjali, *India's nuclear debate: Exceptionalism and the Bomb*, Routledge India, 2010.

Manish, "India's Policy towards the CTBT and the FMCT", Amitabh Mattoo ed, *Inida's Nuclear Deterrent: Pokhran* Ⅱ *and Beyond*, New Delhi: Har_ Anand, 1999.

Mansingh, Surjit, India's *Search for Power*, New Delhi: Sage Publication, 1984.

Mattoo, Amitabh, Inida's *Nuclear Deterrent: Pokhran* Ⅱ *and Beyond*, New Delhi: Har_ Anand, 1999.

McGhee to Rusk, "Anticipatory Action Pending Chinese Community Demonstration of aNuclear Capability", September 13, 1961, FOIA files, India, National Security Archieves, Washington, D. C.

Mian, Zia & M. V. Ramana, "Wrong Ends, Means, and Needs: Behind the U. S. Nuclear Deal with India", *Arms Control Today*, January/February 2006, < http://www.armscontrol.org/act/2006_01-02/JANFEB-IndiaFeature >.

Mian, Zia, "Arms sales: How the US is not Winning Friends", *Asia Times*, October 12, 2007.

Mian, Zia & A. H. Nayyar & R. Rajaraman & M. V. Ramana, "Fissile Materials in South Asia and the Implications of the U. S. -India Nuclear Deal", *Science and Global Security*, 2006.

Miglani, Sanjeev, "Analysis — India's Nuclear Ambition Runs Up Against China's", *Reuters*, July 5, 2010.

Mishra, Bhabani, "Post – 1998 Track II Diplomacy between India and the USA: An Indian Perspective", *Strategic Analysis*, Volume 28, Issue 1, 2004.

Mistry, Dinshaw, "Diplomacy, Domestic Politics, and the US-India Nuclear Agreement", *Asian Survey*, 46 (5), 2006.

Mohan, C. Raja, " A Paradigm Shift toward South Asia?" *Washington Quarterly*, *Winter* 2002 -2003.

Mohan, C. Raja, *Crossing the Rubicon*: *the Shaping of India's New Foreign Policy*, New Delhi: Penguin/Viking, 2003.

Mohan, C. Raja, *Impossible Allies*: *Nuclear India*, *United States and the Global Order*, India Research Press, 2006.

Molander, Roger C. & Peter A. Wilson, *the Nuclear Asymptote*: *On Containing Nuclear Proliferation*, *Santa* Monica: RAND Corporation, 1993.

Mustafa, Malik Qasim, "Indo-US Civilian Nuclear Cooperation Agreement: Implications for International Nuclear Nonproliferation Regime", *Strategic Studies* (*Pakistan*), winter 2006, http: //www. issi. org. pk/journal/2006_ files/no_ 4/article/a6. htm. >.

Nandy, Ashis, "The Bomb, the NPT and the Indian Elites", *Economic and Political Weekly*, Vol. 7, No. 31 - 33, August 1972.

Nayan, Rajiv, "Is NPT Membership as a Nuclear Weapon State an Option for India?" , *Strategic Analysis*, Vol. 31, Issue: 6, 2011.

Nayar, Baldev Raj & T. V. Paul, *India in the World Order*, *Searching for Major-Power Status*, Cambridge University Press 2003.

Noorani, A. G. , "Indo—US Nuclear Relations", *Asian Survey*, Vol. 21, No. 4, April 1981.

Office of the secretary of Defense, *Proliferaton*: *Threat and Response*, Washington, D. C: US Government Printing Office, 1996.

Ollapally, Deepa M. , "India's Strategic Doctrine and Practice: the Impact of Nuclear Testing", cited in Raju G . C. Thomas & Amit Gupta, *India's Nuclear Security*, Lynne Rienner Publishers, Inc. 2000.

Pant, Harsh V. , "India is wary as the US comes to terms with a rising China", *Yale Global*, January 26, 2011, < http: //yaleglobal. yale. edu/content/us-chinese-relations-new-direction-part-ii >.

Paranjpe, Shrikant, *US Nonproliferation Policy in Action*: *South Asia*, Sterling Publisher Private LTD, 1987.

Paul, T. V., "The Systemic Basis of India's Challenge to the Global Nuclear Order", *The Nonproliferation Review*, fall 1998.

Perkovich, George, "Faulty Promises: The U. S. -India Nuclear Deal", *Policy Outlook* No. 21, Carnegie Endowment for International Peace, September 2005.

Perkovich, George & Jessica T. Mathews & Joseph Cirincione, ed, Universal Compliance; a strategy for nuclear security, Carnegie endowment for international peace report, 2007, < http: //carnegieendowment. org/files/univ_ comp_ rpt07_ final1. pdf >.

Perkovich, George, India's *Nuclear Bomb: the Impact on Global Proliferation*, Berkeley: University of California Press, 1999.

Rai, Ajai K., *India nuclear diplomacy after Pokhran* Ⅱ, Pearson Education India, 2009.

Raj, Christoper S., "Tarapur: A Test case for the U. S. Nuclear Non-Proliferation Act of 1978", *Foreign Affairs*, New Delhi, December 1981.

Rajagopalan, Rajesh, "Nuclear Non-Proliferation: An Indian Perspective", *FES Briefing Paper*, October 2008, http: //library. fes. de/pdf-files/iez/global/05793. pdf >.

Rajamony, Venu, "India-China-US Triangle: A Soft Balance of Power System in the Making", Paper of the center for Strategic and International Studies, March 15, 2002, <http: //www. csis. org/saprog/venu. pdf. >.

Ram, N., "Tarapur: What the Treaty Imposes on U. S.", The Hindu (Madras), February 9, 1981.

Ramachandran, Sudha, "India fears US nuclear trap", *Asia Times Online*, December 20, 2006.

Ramanna, Raja, Years of Pilgrimage: An Autobiography, New Delhi: Viking, 1991.

Ramberg, Bennett, "The latest UN Resolution against Proliferation Offers More Bark than Bite", *YaleGlobal*, November 9, 2009, < http: //yaleglobal. yale. edu/content/how-halt-spread-nukes-part-i >.

Rauf, Tariq, "Confidence-building andSecurity-Building Measures in the Nuclear Arena with Particular Relevance for South Asia", *Contemporary South Asia*, 14 (2), June 2005.

Rauf, Tariq, "Learning to Live with the Bomb in South Asia: Accommodation not Confrontation", *CNS Reports*, Center for Nonproliferation Studies, December 30, 1998, http: //cns. miis. edu. >.

Rice, Condoleezza, "Our Opportunity with India", *The Washington Post*, March 12, 2006, http: //foreign. senate. gov/testimony/2006/RiceTestimony060405. pdf. >.

Rice, Condoleezza, "Remarks of Secretary of State Condoleezza Rice at the Senate Foreign Relation Committee on the U. S. - India Civil Nuclear Cooperation Initiative", April 5, 2006.

Riedel, Bruce, "Pakistan and the Bomb", *Yale Global*, February 21, 2011, <http: //yaleglobal. yale. edu/content/pakistan-and-bomb>.

Sagan, Scott, "The Perils of Proliferation: Organization Theory, Deterrence Theory, and the Spread of Nuclear Weapons", *International Security*, Vol. 18, No. 4, spring 1994.

Rose, Leo E. & Eric Gonsalves, *Toward a New World Order: Adjusting India-U. S. Relations*, 1992.

Sahay, Anand Mohan & Raja Sen, Shobha Warrier, "The UPA will survive the crisis", August 20, 2007, http: //www. rediff. com/news/2007>.

Sarkar, Jayita, "An Indian Anti-Nuclear Movement?", IDSA Comment, July 28, 2011, < http: //www. idsa. in/idsacomments/AnIndianAntiNuclear-Movement_ jsarkar_ 280711>.

Schaffer, Teresita C., Rising *India and U. S. Policy Options in Asia: A Report of the Csis South Asia Program*, *CSIS* Panel Report, 2002.

Schell, Jonathan, *The Seventh Decade: the New Shape of Nuclear Danger*, metropolitan books, henry Holt and company, New York, 2007.

Secretary of States Dean Rusk to US Embassies, airgram, Circular CG-769, March 3, 1961, in Foran, US Nuclear Non proliferation Policy, 1945 – 1991.

Sengupta, Somini, "Interests Drive US to back a nuclear India", *New York Times*, December 10, 2006.

Sethi, Manpreet, "Nuclear Arms Control and India: A Relationship Explored", <http://www.armscontrol.org/act/2010_ 09/Sethi>.

Shaffer, Teresita C. & Howard B. Shaffer, "Inida and US finding Common Interests", *The Hindu*, August 10, 1999.

Shah, Aqil, "getting the military Out of Pakistani Politics How Aiding the Army Undermines Democracy", *Foreign Affairs*, May/June 2011.

Shahin, Sultan, "US won't take India's 'No' for an answer", *Asia Times Online*, <http://www.atimes.com/atimes/South_ Asia/EG19Df01.html>.

Shirk, Susan L., "Chinese Perceptions of India: Brief Comments", cited in Carolyn W. Pumphrey, ed., *The Rise of China in Asia: Security Implications*, Carlisle Barracks: Strategic Studies Institute, 2002.

Sibal, Kanwal, "NSG Stamp for Sino-Pak Pact a Blow to India", *India Today*, July 12, 2011, <http://indiatoday.intoday.in/site/story/nsg-stamp-for-sino-pak-pact-a-blow-to-india/1/144445.html>.

Simons, Lewis M., "India Explodes A- Device: Cites 'Peaceful Use'", *Washington Post*, May 19, 1974.

Singh, Jasjit (ed.), *Nuclear India*, New Delhi: Knowledge World in association with the Institute for Defence Studies and Analyses, 1998.

Simpson, John, *Nuclear Non-Proliferation: An Agenda for the* 1990*s*, Cambridge University Press, 2009.

Singh, B. B., "India's NSG question", *The India Express*, June 29, 2011, <http://expressbuzz.com/biography/indias-nsg-question/289279.html>.

Sinha, Ashish, "N-scientists defend deal, stand by PM", *The Times of India*, Aug. 29, 2007.

Sisodia, N. S. & V. Krishanappa, eds. Global Power Shifts and Strategic Trasition in Asia, New Dehlhi: Academic Foundation, 2009.

Sisson, Richard & Leo E. Rose, *War and Secession: Pakistan, India and the Creation of Bangladesh*, New Delhi: Vistaar Publications, 1990.

Smith, "Memorandum for file, September 14, 1995, Foreign Relations of the united States, 1955 – 1957", in Peter A Clausen, *Nonproferation and the National Interest* , New York: Hapercollins College, 1993.

Spector, Leonard S. , "Pakistan, Taliban and Global Security-Part I", *Yale Global*, May 8, 2009, < http: //yaleglobal. yale. edu/content/pakistan-global-security >.

Squassoni, Sharon, "The U. S. 's Catastrophic Nuclear Deal with India: Power Failure", *The New Republic Online*, August 3, 2007, < http: //www. tnr. com/article/environment-energy/power-failure >.

Stockholm International Peace Research Institute, *SIPRI Yearbook* 2011: *Armaments, Disarmament and International Security*, Oxford University Press, 2011.

Subrahmanyam, K. , "Let's Believe In Ourselves", *Times of India*, Aug. 20, 2007.

Subrahmanyam, K. , "Nuclear India in Global Politics, World Affairs", July – September .

Subramanyam, K. , "In Search of Security after the Cold War, World Affairs", *Journal of International Issues*, Octorber-December 1997.

Subramanian, Ram R. , *Nuclear Competition in South Asia and U. S. Policy*, Institute of international Studies, University of California, 1987.

Sultan, Adil, "Indo-US Nuclea Cooperation Agreement: Implications for South Asia Regional Security", the Henry L. Stimson Center, July 2006.

Talbot, Strobe, "Good day for India, Bad for Nonproliferation", *Yale Global*, July 21, 2005, <http: //yaleglobal. yale. edu/article. id =6042 >.

Talbott, Strobe, *Engaging India, Diplomacy Democracy and Bomb*, Brookings Inst Pr, 2004.

Tellis, Ashley J. , "Should the U. S. Sell Nuclear Technology to India? Part II", *Yale Global Online*, November 10, 2005.

Tellis, Ashley J. , "Atoms for War? US-Indian Civilian Nuclear Cooperation and India's Nuclear Arsenal", *Carnegie Endowment Report*, June 2006.

Tellis, Ashley J., *India's emerging nuclear posture: between recessed deterrent and ready arsenal*, Rand Corporation, 2001.

Tellis, Ashley, *Changing Grand Strategies in South Asia*, Rand Studies in Pubilic Policy, Cambridge: Cambridge University Press, 2000.

Tellis, Ashley J., "The Merits of Dehyphenation: Explaining U. S. Success in Engaging India and Pakistan", *Washington Quarterly*, 2008.

Thomas, Raju G. C. & Amit Gupta, *India's Nuclear Security*, London: Lynne Rienner Publishers, 2000.

Topychkanov, Peter & George Perkovich, "Nuclear Security and Nonproliferation in South Asia: Engaging India and Pakistan", <http://carnegieendowment. org/2010/11/17/nuclear-security-and-nonproliferation-in-south-asia-engaging-india-and-pakistan/2d4>.

Topychkanov, Peter, "Nuclear Weapons and Strategic Security in South Asia", *CEIP papers*, 2011, http://carnegieendowment. org/files/WP_3_2011-eng_ Topychkanov. pdf>.

U. S Defense Department, memorandum ofconversation, "Meeting between the secretary of Defense and Mr. L. K. Jha, Tuesday, 18 April at 10 a. m.", in FOLA files, India, National Security Archive, Washington, D. C.

Vijayalakshmi, K. P, "Evolution of Indo-US Civil Nuclear Cooperation", in Nalini Kant Jha, *Nuclear synergy: India-U. S. strategic cooperation and beyond*, New Delhi: Pentagon Press, 2009.

Waltz, Kenneth, "The Spread of Nuclear Weapons: More may Be Better", *Adelphi Papers*, No. 171, London: International Institute of Strategic Studies, 1981.

Weisman, Steven R., "Rice seeks backing for nuclear deal for India", *The New York Times*, April 6, 2006.

Wirsing, Robert G., *Kashmir in the Shadow of War: Regional Rivalries in a Nuclear Age*, M. E. Sharpe, 2003.

World Focus, *India's Nuclear Debate: Indo-US Civil Nuclear Co-Operation Agreement*, World Focus in association with Academic Excellence Publishers and

Distributors, 2008.

Zook, D. , "A Culture of Deterrence: Nuclear Myths and Cultural Chauvinism in South Asia", *World Policy Journal*, 17: 1, April, 2000.

"23 Groups Forge Coalition against India Nuclear Deal", Washington (AFP), January 15, 2008.

"ActionPlan for Ushering in a Nuclear-Weapon-Free and Non-Violent World Order", UN, 1988.

"AddressbyVice Admiral M. R. Schunker", In Nuclear Shadow over the Sub-Continent, ed. Colonel Pyara Lal, NewDelhi: United Service Institution of India, 1981.

"Agreement between India & Pakistan on Prohibition of Attack Against Nuclear Installations and Facilities", <http: //www. indianembassy. org/South_Asia/Pakistan/Prohibition_ Attack_ Nuclear_ Dec_ 31_ 1988. html>.

"Agreement for Cooperation between the Government of India and the Government of the United States of America Concerning Peaceful Uses of Nuclear Energy", August 1, 2007, < http: //www. state. gov/r/pa/prs/ps/2007/aug/90050. htm>.

"China, US aid to Pak will adversely impact India: Mishra", *The Economic Times*, Nov. 10, 2010, <http: //articles. economictimes. indiatimes. com/2010-11-10/news/27605487_ 1_ gwadar-port-greater-role-nuclear-weapons>.

"Excerpts from Prime Minister's Reply to Discussion in Rajya Sabha on Civil Nuclear Energy Cooperation with the United States", *The Hindu*, August 18, 2006.

"Full text of the nuclear scientists' letter", *Sify News Desk*, June 24, 2008.

"Henry J. Hyde United States-India Peaceful Atomic Energy Cooperation Act of 2006", <http: //www. coherentbabble. com/signingstatements/PublicLaws/HR5682PL109-401. pdf>.

"House Approve Nuclear Trade Deal with India", *The New York Times*, September 28, 2008.

"Implementation of the India-United States Joint Statement of July 18, 2005: India's Separation Plan", < http: //www. dae. gov. in/press/sepplan. pdf >, accessed January 13, 2006.

"India hints at signing CTBT", Rediff News, March 23, 2009, < http: //news. rediff. com/report/2009/mar/23/india-hints-at-signing-ctbt. htm >.

"India Plays with Nuclear Fire", *Los Angeles Times*, May 12, 1998, < http: //articles. latimes. com/1998/may/12/local/me-48722 >.

"India Sets 3 Nuclear Blasts, Defying a Worldwide Ban; Tests Bring a Sharp Outcry", *New York Times*, May 12, 1998.

"India to Install Advanced American Ground Sensors on LoC", *Hindustan Times*, June 19, 2002.

"India: the Tarapur Dispute", < http: //www. foia. cia. gov/docs/DOC_ 0000375001/DOC_ 0000375001. pdf >.

"India's nuclear tests: a call for international nuclear disarmament", House of Representatives-Speech, May 12, 1998.

"Indian Rules Out Atomic Arms' Use", *New York Times*, May 23, 1974.

"India's Integration into an Expanded Nonproliferation System", < http: //csis. org/press/press-release/indias-integration-expanded-nonproliferation-system >.

"Issues in US-India Nuclear Cooperation", < www. carnegieendowment. org/files/123agreementchart. pdf >.

"Japan assures India on N-pact", *The Indian Express*, Oct. 30, 2011, < http: //www. indianexpress. com/news/Japan-assures-India-on-N-pact/867652/ >.

"Joint Statement Between President George W. Bush and Prime Minister Manmohan Singh", White House Press Release, July 18, 2005, Washington, DC. < http: //www. whitehouse. gov/news/releases >.

"Joint U. S. -China Statement", October 29, 1997, < www. state. gov/www/regions/eap/971029_ usc_ jtstmt. html >.

"Most Indians think improving relations with US is a good thing, Pew Global Attitudes Project Spring 2006 Survey of six nations", A summary of the findings as officially released by Pew, US-India Friendship. Net.

"Nationwide international News", Press Trust of India, Feb. 14, 2001, in Lexis-Nexis Academic Universe, July 5, 2001.

"No More N-Tests Needed: AEC", *Inidan Express*, February 4, 1999.

"NSG Revises Rules on Sensitive Exports", < http: //www. armscontrol. org/20110627/NSG_ Revises_ Rules_ on_ Sensitive_ Exports >.

"Nuclear Non-Proliferation Act of 1978", http: //www. nti. org/db/china/engdocs/nnpa1978. htm >.

"Nuclear Non-Proliferation Treaty: Why India Says No?", August 21, 2008, <http: //www. domain-b. com/industry/power/20080821_ proliferation_ treaty. html >.

"On Thermonuclear Weapon Capability and its Implications for Credible Minimum Deterrence", December 26, 2009, < http: //www. nuclearfiles. org/menu/key-issues/nuclear-weapons/issues/policy/indian-nuclear-policy/thermonuclear-weapon-capability. html >.

"OpenLetter to Members of Parliament: a Nuclear Deal Cant Get Better", *Hindustan Times*, November16, 2007.

"Pakistan demands US nuclear Deal", <http: //news. bbc. co. uk/2/hi/7648435. stm >.

"PakistanPresident Says Supports No-First-Use Nuclear Policy", New Delhi (AFP), Nov. 23, 2008, <http: //www. google. com/hostednews/afp/article/ALeqM5jtS2qGMDsmZbb0djSYkqv67_ dYIw >.

"PakistanRenews Concerns over U. S. - India Nuclear Deal", *People's Daily Online*, June 29, 2006.

"Remarks by President Obama and Prime Minister Singh of India during Arrival Ceremony", < http: //www. whitehouse. gov/the-press-office/remarks-president-obama-and-prime-minister-singh-india-during-arrival-ceremony >.

"Remarks by the President in Address to the Nation on the Way Forward in Afghanistan and Pakistan", < http: //www. whitehouse. gov/the-press-office/remarks-president-address-nation-way-forward-afghanistan-and-pakistan >.

"S/RES/1172 (1998)", < http: //www. securitycouncilreport. org/atf/cf/{65BFCF9B-6D27-4E9C-8CD3-CF6E4FF96FF9} /Disarm%20SRES1172. pdf >.

"Safety of Pakistan's Nukes a Global Concern: India", *India-Asian News Service*, May 25, 2011.

"Setting up Nuclear power Plant", *Stateman*, Feb. 3, 1961.

"Signing nuclear deal will benefit India- Kalam", *Financial Express*, June 26, 2008.

"South Asia Confidence-Building Measures (CBM) Timeline1988-Present", < http: //www. stimson. org/research-pages/south-asia-confidence-building-measures-cbm-timeline-/ >.

"Statement on Peaceful Nuclear Explosions", Prime Minister Morarji Desai Rajya Sabha Speech Official Text, New Delhi: Press Information Bureau, Government of India, July 31, 1978.

"Suo Motu Statement by Prime Minister Shri Atal Bihari Vajpayee in Parliament", May 27, 1998, http: //www. indianembassy. org/pic/pm-parliament. htm >.

"Testing Times", *India Today*, December 31, 1995.

"Text of Ms Albright's address to the Asia Society", New York, WF, March 15, 2000.

"Text of the Draft Report of National Security Advisory Board on Indian Nuclear Doctrine", August 17, 1999, < http: //www. indianembassy. org/policy/CTBT/nuclear_ doctrine_ aug_ 17_ 1999. html >.

"The Future of Nuclear Non-Proliferation Treaty: Implications for India", IDSA Conference Memo, March, 2010, http: //www. idsa. in/event/nptconfrence2010 >.

"The World Reaction against the Nuclear Test of India", < http: //cns. miis. edu/archive/country_ india/reaction. htm >.

"The Future of US India Relations: Blackwill", < http: //www. stratpost. com/the-future-of-us-india-relations-blackwill >.

"U. S. for Bridging Indo-Pak N-gap", ibid. Jan. 17 1988.

"US Rejects India's 'Nuclear Nation' Claim", <http://www.rediff.com/news/1998/may/16bomb7.htm>.

"USPut 'Low Priority' on First India Nuclear Test", <http://tribune.com.pk/story/302957/us-put-low-priority-on-first-india-nuclear-test/>.

"USRemoves ISRO and DRDO from Entities List", <http://www.indianexpress.com/news/us-removes-isro-and-drdo-from-entities-list/741974>.

"US to Help India in Border Vigil", *Hindustan Times*, January 22, 2002.

"US worried about Pakistan's nuclear material", <http://www.jpost.com/International/Article.aspx? id=197488& R=R4>.

"Working Group on an Expanded Nonproliferation System", <http://www.nti.org/about/projects/working-group-expanded-nonproliferation-system/>

"NuclearCooperation Oral Testimony and Prepared Remarks of Daryl G. Kimball", <http://www.armscontrol.org/projects/india/20060511_ HIRC_ Kimball>.

Congressional Research Service (CRS) Reports

CRS Report RL33072, US-India Bilateral Agreements in 2005, K. Alan Kronstadt, September 8, 2005.

CRS Report RL33292, India's Nuclear Separation Plan: Issues and Views, Sharon Squassoni, March 3, 2006.

CRS Memorandum, Administration's Proposed NSG Decision on Nuclear Cooperation with India, Sharon Squassoni, and April 5, 2006.

CRS Memorandum, the U.S. – Indian Nuclear Cooperation Initiative and Article I Obligations under the Nuclear Nonproliferation Treaty (NPT), Sharon Squassoni, June 19, 2006.

CRS Report RL33016, US Nuclear Cooperation with India: Issues for Congress, Sharon Squassoni, June 27, 2006.

CRS Report RS22474, Banning Fissile Material Production for Nuclear Weapons: Prospects for a Treaty (FMCT), Sharon Squassoni, Andrew Demkee, and Jill Marie Parillo, July 14, 2006.

CRS Report RL33561, US-India Nuclear Cooperation: A Side-By-Side

Comparison of Current Legislation, Sharon Squassoni and Jill Marie Parillo, December 22, 2006.

CRS Report RL33292, India's Nuclear Separation Plan: Issues and Views, Sharon Squassoni and Jill Marie Parillo, December 22, 2006.

Cable: Relations improve between India and US

Cable: India a ‘raucous democracy’ but ‘true partner’ of America

Cable: Gandhi under fire over failure to overcome opposition to nuclear deal

Cable: Indian government heads roll after Mumbai terror attacks

Cable: Mumbai political fallout continues as Indian government wields the axe

Cable: Indian protests that America is too soft on Pakistan

Cable: Aung San Sui Kyi's ‘time has come and gone’ in Burma-Indian diplomat

Cable: Iran manipulating Indian opinion-makers, Washington told

Cable: Indian officials deliver bleak vision of longterm relations with Pakistan

Cable: ‘Big idea’ missing in US-Indian relations

二、中文著作

1. ［巴基斯坦］佩尔韦兹·穆沙拉夫著，张春祥等译：《在火线上：穆沙拉夫回忆录》，译林出版社2006年版。

2. ［美］罗伯特·J. 阿特、罗伯特·杰维斯编，时殷弘、吴征宇译：《国际政治——常在概念和当代问题》，中国人民大学出版社2007年版。

3. ［美］兹比格纽·布热津斯基著，王振西译：《大抉择：美国站在十字路口》，新华出版社2005年版。

4. ［美］兹比格纽·布热津斯基著，陈东晓等译：《第二次机遇——三位总统与超级大国美国的危机》，上海人民出版社2008年版。

5. ［美］弗兰克尔著，孙培钧等译：《印度独立后政治经济发展史》，中国社会科学出版社 1993 年版。

6. ［美］弗兰西斯·福山著，周琪译：《十字路口的美国：民主、实力和新保守主义遗产》，中国社会科学出版社 2008 年版。

7. ［美］基欧汉编著，刘东国、于军译：《观念与外交政策：信念、制度与政治变迁》，北京大学出版社 2004 年版。

8. ［美］卡伦·明斯特著，潘忠岐译，《国际关系精要》，上海世纪出版社 2007 年版。

9. ［美］彼得·卡赞斯坦著，宋伟、刘铁娃译：《国家安全的文化：世界政治中的规范与认同》，北京大学出版社 2009 年版。

10. ［美］理查德·米尔豪斯·尼克松：《尼克松回忆录》中册，商务印书馆 1978 年版。

11. ［美］斯蒂芬·M. 沃尔特著，郭盛译：《驯服美国权力：对美国首要地位的全球回应》，上海世纪出版社 2008 年版。

12. ［美］斯蒂芬·科亨著，刘满贵等译：《大象和孔雀——解读印度大战略》，新华出版社 2002 年版。

13. ［美］斯坦利·A. 科登内克著：《印度国大党：一党民主制的动力》，上海人民出版 1977 年版。

14. ［美］斯特芬·D. 克莱斯勒著，李小华译：《结构冲突：第三世界对抗全球自由主义》，浙江人民出版社 2001 年版。

15. ［美］扎勒米·哈利勒扎德等著，滕建群等译：《美国与亚洲——美国新战略和兵力态势》，新华出版社 2001 年版。

16. ［美］兹比格纽·布热津斯基著，中国国际问题研究所译：《大棋局——美国的首要地位及其地缘战略》，上海人民出版社 1998 年版。

17. ［印］贾瓦哈拉尔·尼赫鲁著，张宝芳译：《尼赫鲁自传》，世界知识出版社 1956 年版。

18. ［印］贾瓦哈拉尔·尼赫鲁著，齐文译：《印度的发现》，世界知识出版社 1956 年版。

19. ［英］爱德华·卢斯著，张淑芳译：《不顾诸神：现代印度的奇怪崛起》，中信出版社 2007 年版。

20. ［英］巴里·布赞、［丹］奥利·维夫，潘忠岐等译：《地区安全复合体与国际安全结构》，上海人民出版社 2010 年版。

21. ［印］B·G. 维尔吉斯著，范名兴等译：《重新确定印度的方向——亚洲的新地缘政治学》，四川国际文化交流中心，2005 年。

22. ［巴基斯坦］G. 阿拉纳：《伟大的领袖真纳——一个民族的经历》，商务印书馆 1983 年版。

23. 曹永胜、罗健、王京地：《南亚大象：印度军事战略发展与现状》，解放军出版社 2002 年版。

24. 程瑞声：《南亚的热点——克什米尔》，国际文化出版公司 2007 年版。

25. 王仲春、夏立平：《美国核力量与核战略》，国防大学出版社 1995 年版。

26. ［美］亨利·基辛格：《核武器与对外政策》，世界知识出版社 1959 年版。

27. ［美］亨利·基辛格著，胡利平、凌建平译：《美国的全球战略》，海南出版社 2009 年版。

28. ［印］贾斯万特·辛格、胡仕胜译：《印度的防务》（内部版），麦克米兰印度有限公司出版社 1999 年版。

29. 姜兆鸿、杨平学主编：《印度军事战略研究》，军事科学出版社 1993 年版。

30. 姜振飞：《美国约翰逊政府与国际核不扩散体制》，中国社会科学出版社 2008 年版。

31. ［印］拉贾 ·拉曼纳：《朝圣岁月》，新德里，1991 年版。

32. 李根信：《2006：国际军备控制与裁军报告》，世界知识出版社 2006 年版。

33. 林承节：《印度近现代史》，北京大学出版社 1995 年版。

34. 林良光：《印度政治制度研究》，北京大学出版社 1995 年版。

35. 刘建、朱明忠、葛维钧：《印度文明》，中国社会科学出版社 2004 年版。

36. 马加力：《关注印度——崛起中的大国》，天津人民出版社 2002

年版。

37. ［美］约翰·纽豪斯著，军事科学院外国军事研究部译：《核时代的战争与和平》，军事科学出版社 1989 年版。

38. 斯德哥尔摩国际和平研究所编，中国军控与裁军协会译：《SIPRI 年鉴 1999：军备·裁军和国际安全》，时事出版社 2000 年版。

39. 斯德哥尔摩国际和平研究所编，中国军控与裁军协会译：《SIPRI 年鉴 2009：军备·裁军和国际安全》，时事出版社 2010 年。

40. 斯德哥尔摩国际和平研究所编，中国军控与裁军协会译：《SIPRI 年鉴 2010：军备·裁军和国际安全》，时事出版社 2011 年。

41. 斯德哥尔摩国际和平研究所编，中国军控与裁军协会译：《SIPRI 年鉴 2005：军备·裁军和国际安全》，时事出版社 2006 年。

42. 孙培钧、华碧云主编：《印度国情与综合国力》，中国城市出版社 2001 年版。

43. 孙士海：《南亚的政治、国际关系及安全》，中国社会科学出版社 1998 年版。

44. 孙士海主编：《二战后南亚国家对外关系研究》，方志出版社 2007 年版。

45. 孙士海主编：《南亚的政治、国际关系及安全》，中国社会科学出版社 1998 年版。

46. 孙士海主编：《印度的发展及其对外战略》，中国社会科学出版社 2000 年版。

47. 田源：《印巴核爆冲击波》，昆仑出版社 1998 年版。

48. 王宏纬：《喜马拉雅山情结：中印关系研究》，中国藏学出版社 1998 年版。

49. 王联、史哲、叶海林：《南亚上空的蘑菇云：印巴核试验前前后后》，新华出版社 1998 年版。

50. 王仲春、闻中华：《不散的核阴云——核武器与核战略：从昨天到明天》，国防大学出版社 2000 年版。

51. 吴大辉：《防范与合作：苏联解体后的俄美核安全关系》，人民出版社 2005 年版。

52. 吴华等：《南亚之狮——印度》，时事出版社 1997 年版。

53. 肖敬民、吴鹏：《南亚核风云：印巴核试验扫描》，长虹出版公司 1998 年版。

54. 杨效敏：《核大国竞赛内幕》，黑龙江人民出版社 2000 年版。

55. 郁龙余：《印度文化论》，重庆出版集团 2008 年版。

56. 曾向东：《印度的科学技术》，科学出版社 1991 年版。

57. 张贵洪：《超越均势：冷战后的美国南亚安全战略》，浙江大学出版社 2007 年版。

58. 张忠祥：《尼赫鲁外交研究》，中国社会科学出版社 2002 年版。

59. 赵恒：《核不扩散机制历史与理论》，世界知识出版社 2009 年版。

60. 赵蔚文：《印美关系爱恨录：半个多世纪的回顾与展望 》，时事出版社 2003 年版。

61. 赵小卓：《南亚雄狮——印度军事力量透视》，华东师范大学出版社 2002 年版。

62. 周启朋等：《国外外交学》，中国人民公安大学出版社 1990 年版。

63. 周煦：《冷战后时期美国的南亚政策》，生智文化公司 2003 年版。

64. 朱明权、吴莼思、苏长和：《威慑与稳定——中美核关系》，时事出版社 2005 年版。

65. 朱明权：《国际安全与军备控制》，上海人民出版社 2011 年版。

66. 朱明权：《核扩散：危险与预防》，上海科技文献出版社 1995 年版。

67. 朱明权：《美国国家安全政策》，天津人民出版社 1996 年版。

68. 吴兆礼：《印美全球伙伴关系研究》，时事出版社 2014 年版。

三、中文期刊

1. ［印］桑加·B. 马哈伊，A. 维斯瓦卡马：《印度核威慑力量的核心——湿婆神的三叉戟 印度烈火弹道导弹家族》，《国际展望》2005 年 6 月。

2. ［俄］安德烈·沃洛金：《美国、印度、巴基斯坦和中国——南亚危机的“实力四边形”》，俄罗斯战略文化基金会网站，2009 年 7 月 30 日。

3. 陈继东：《印巴核对抗及其双边关系的发展态势》，《国际观察》2002 年第 3 期。

4. 程晓勇：《国际核危机的控制与管理——南亚核危机案例研究》，《南亚研究》2010 年第 3 期。

5. 程晓勇：《国际核危机及其管理研究》，暨南大学 2009 年博士学位论文。

6. 杜艳：《印美核关系：回顾与前瞻》，四川大学 2009 年硕士学位论文。

7. 傅小强：《辛格：经济学博士的精明外交》，《环球杂志》2009 年第 1 期。

8. 高新涛：《亚非发展中大国核选择的特点——战略层面的考察》，《国际论坛》2011 年第 1 期。

9. 郭倪：《印美关系中的核因素》，四川大学 2008 年硕士学位论文。

10. 何建军：《印度总理拒绝美国有关限制印度核力量发展的要求》，《国外核新闻》1998 年 12 期。

11. 亢升：《印美关系的政治文化解读》，《当代亚太》2007 年第 5 期。

12. 姜龙范、王宇：《朝鲜核战略与东北亚地区的核扩散》，《延边大学学报（社会科学版）》2010 年 2 月。

13. ［美］杰伊·所罗门：《新德里获得贸易协议》，美国《华尔街日报》（亚洲版）2006 年 12 月 11 日。

14. ［印］拉贾·莫汉：《亚洲正在出现的中印美战略三角》，《中国国际战略评论 2011》，世界知识出版社 2011 年版。

15. 蓝建学：《美印核合作：背后动因及潜在影响》，张蕴岭、孙士海：《亚太蓝皮书：亚太地区发展报告（2006）》，社会科学文献出版社 2007 年版。

16. 李宝林：《信任与遵守：〈不扩散核武器条约〉无核缔约国的核政策研究》，复旦大学 2011 年博士学位论文。

17. 李洪波、周艳：《印度导弹防御计划与南亚地区安全》，《南亚研究》2009 年第 4 期。

18. 李群英：《印巴和平对话进程中的美国因素》，《中国政法大学学报》2011 年第 4 期。

19. 李毅：《印度保留进行核试验的权利》，《国外核新闻》2006 年第 9 期。

20. 林民旺：《沃马克的结构性错误知觉理论研究》，《国际政治研究》2009 年第 2 期。

21. 刘学成：《美印民用核合作的战略含义》，《亚非纵横》2006 年第 6 期。

22. 刘永涛：《伊拉克“战争动员”：对美国总统话语的一种分析》，《世界经济与政治》2005 年 6 月。

23. 柳思思：《身份认知与不对称冲突》，《世界经济与政治》2011 年第 2 期。

24. 吕学志：《论印美核协议》，山东大学 2010 年硕士学位论文。

25. 马加力：《曼莫汉·辛格的美国之行与印美关系》，《和平与发展》2005 第 4 期。

26. 马加力：《印美关系的发展及其战略影响》，《和平与发展》2006 年第 4 期。

27. 马嬰：《冷战后美国与印度关系的发展》，《国际观察》2003 年第 2 期。

28. 梅景：《印巴真的会动武吗》，《当代世界》2002 年第 2 期。

29. 慕永鹏：《中美印三边关系：形成中的动态平衡体系》，外交学院 2006 年博士学位论文。

30. 裴敏欣：《印度经济增长至少可以持续 15 年》，《卡内基中国透视》2010 年第 4 期

31. 任刚：《印度核武化进程与印美核关系的演变》，暨南大学 2010 年硕士学位论文。

32. 荣鹰：《从印度加入“核供应国集团 ”问题看美印关系》，《和平与发展》2011 年第 4 期。

33. 荣鹰：《南亚核态势新发展初析》，《和平与发展》2010 年第 4 期。

34. 沈丁立：《美印核协议及其反思》，卢晓昆主编：《2006—2007 南

亚报告》，云南大学出版社 2007 年版。

35. 沈扬：《20 世纪 90 年代印度对核国家地位的探索》，四川大学 2007 年硕士学位论文。

36. 司乐如：《中印安全认知变化的比较研究——以美欧出口管制调整为中心》，清华大学 2010 年博士学位论文。

37. 苏菲：《美国的南亚核政策 1964—1979》，郑州大学 2010 年硕士学位论文。

38. 随新民：《中印关系的社会认知研究》，外交学院 2005 年博士学位论文。

39. 孙晋忠：《冷战后印度与美国关系的新变化》，北京大学 2000 年博士学位论文。

40. 孙晋忠：《冷战后印美关系中的核问题》，《南亚研究季刊》1999 年第 3 期。

41. 唐玉华：《权力、安全、经济利益与冷战后的美印关系研究》，暨南大学 2007 年博士学位论文。

42. 陶莹：《冷战时期印美关系研究》，吉林大学 2008 年博士学位论文。

43. 田景梅：《冷战后国际安全形势与核不扩散问题》，《北方论丛》1999 年第 4 期。

44. 田景梅：《美印核能合作的现状、影响及前景》，《现代国际关系》2006 年第 8 期。

45. 王志军：《从美国“绝对安全”理念看奥巴马“无核世界”思想》，《和平与发展》2009 年第 6 期。

46. 吴彤、张利华：《美国与印度进行核合作的动因》，《国际政治科学》2009 年第 4 期。

47. 夏立平：《巴基斯坦核政策与巴印核战略比较研究》，《当代亚太》2008 年第 3 期。

48. 夏立平：《论印度核政策与核战略》，《南亚研究》2007 年第 2 期。

49. 辛文：《印度核试验及世界对印度核试验的反应》，《国外核新闻》1998 年第 5 期。

50. 张贵洪：《国际核不扩散体系面临的挑战及发展趋势》，《国际观察》2009 年第 6 期。

51. 张力：《从“核协议”解读印美战略关系》，《南亚研究季刊》2005 年第 3 期。

52. 张力：《印度、美国围绕民用核合作的利益关联》，《南亚研究季刊》2006 年第 2 期。

53. 张力：《影响印度未来核身份的不确定因素———对印美民用核协议的追踪》，《南亚研究季刊》2006 年第 3 期。

54. 张力：《冷战后时期印度的外交与战略安全》，四川大学 2006 年博士学位论文。

55. 张力：《印度走向核军备化：战略动因的再认识》，《南亚研究季刊》2006 年第 4 期。

56. 张力：《印美民用核合作受挫及其对印美关系的影响》，《四川大学学报（哲学社会科学版）》2008 年第 4 期。

57. 章节根：《核学习与印巴核威慑的稳定性分析》，《南亚研究季刊》2004 年第 4 期。

58. 章节根：《印度的核战略》，复旦大学 2007 年博士学位论文。

59. 赵伯乐：《防止核扩散的两大难题——以印美核关系为例》，《东南亚南亚研究》2009 年第 1 期。

60. 赵干城：《美印民用核能协议与印度核武器国家地位问题》，《南亚研究》2007 年第 2 期。

61. 赵干城：《南亚地区的大国博弈》，《亚非纵横》2010 年第 2 期。

62. 赵恒：《印度核政策研究》，复旦大学 2004 年博士学位论文。

63. 赵可金：《试论印度围绕〈美印核协议〉的对美游说外交》，《南亚研究季刊》2007 年第 4 期。

64. 赵品宇：《浅析美国核不扩散政策的深层悖论——以美印核关系为案例》，《国际论坛》2008 年第 1 期。

65. 赵青海：《美印核合作及其影响》，《国际问题研究》2006 年第 4 期。

66. 郑华：《从话语分析的角度看布什访华 —— 从美方的三次记者招

待会谈起》,《国际论坛》2006 年第 2 期。

67. 郑瑞祥:《当前南亚和平与安全问题》,《国际问题研究》1987 年第 4 期。

68. 郑瑞祥:《南亚地区核扩散、核对抗及地区安全形势走向》,中国军控与裁军协会:《2005:国际军备控制与裁军报告》,世界知识出版社 2005 年版。

69. 郑汕、刘利勤:《美国“海德法案”与美印核合作》,《和平与发展》2011 年第 6 期。

70. 周宝根:《中国与国际核不扩散机制的一种建构主义分析》,《世界经济与政治》2003 年第 2 期。

71. 周学海:《核威慑的条件——兼论南亚核威慑的前景》,《世界经济与政治》1999 年第 4 期。

附　　录

附录 1

中英译名对照表

马德琳·奥尔布赖特	Albright, Madeleine
乔治·V. 艾伦	Allen, George V.
萨尔塔·阿齐兹	Aziz, Sartaz
康蒂巴·杰帕伊	BajPai, Kanti P.
G. 巴拉钱德拉	Balachandran, G.
迪庞科·班纳吉	Banerjee, Dipankar
阿尔登杜·布尚·巴尔丹	Bardhan, Ardhendu Bhushan
乔伊斯·巴特	Battle, Joyce
霍米·巴巴	Bhabha, Homi K.
贝娜齐尔·布托	Bhutto, Benazir
佐勒菲卡尔·阿里·布托	Bhutto, Zulfikar Ali
约瑟夫·拜登	Biden, Joseph R.
帕尔夫·彼得万	Bidwai, Praful
罗伯特·布莱克威尔	Blackwill, Robert
萨姆·布伦柏克	Brownback, Sam
兹比格涅夫·布热津斯基	Brzezinski, Zbigniew
尼古拉斯·伯恩斯	Burns, R. Nicholas
乔治·赫伯特·沃克·布什	Bush, George Herbert Walker

马里奥·埃斯特万·卡兰萨	Carranza, Mario Esteban
P. R. 查瑞	Chair, P. R.
布拉马·切拉尼	Chellaney, Brahma
拉贾戈帕拉·奇丹巴拉姆	Chidambaram, Rajagopala
丹尼尔·克里斯多曼	Christman, Daniel
约瑟夫·舍林申恩	Cirincione, Joseph
斯蒂芬·科亨	Cohen, Stephen P.
莫拉尔吉·德赛	Desai, Morarji Ranchhodji
J. N. 迪克希特	Dixit, Jyotindra Nath
齐昆德·杜贝	Dubey, Muchkund
穆罕默德·穆斯塔法·埃尔－巴拉迪	El－Baradei, Mohamed Mustafa
弗朗森·弗兰克	Frankel, Francine R.
那罗塔姆·加恩	Gaan, Narottam
拉吉夫·甘地	Gandhi, Rajiv
英迪拉·甘地	Gandhi, Indira Priyadarshini
萨米特·甘古力	Ganguly, Sumit
阿兰达蒂·戈斯	Ghose, Arundhati
茱莉亚·艾琳·吉拉德	Gillard, Julia Eileen
皮埃尔·戈德施密特	Goldschmidt, Pierre
埃里克·贡萨沃	Gonsalves, Eric
罗丝·戈特姆埃勒	Gottemueller, Rose
理查德·哈斯	Haass, Richard
戴文·哈哥特	Hagerty, Devin T.
哈里·哈丁	Harding, Harry
罗伯特·M. 哈撒韦	Hathaway, Robert M.
杰西·赫尔姆斯	Helms, Jesse
约翰·温斯顿·霍华德	Howard, John Winston
弗雷德·查尔斯·埃克尔	Ikle, Fred Charles
卡尔·英德弗思	Inderfurth, Karl
P. K. 艾杨格	Iyengar, P. K.

郑嘉宾	Jacob, Jabin T.
娜丽妮·康德·贾	Jha, Nalini Kant
米什拉·吉塔	Jita, Mishra
约戈什·乔西	Joshi, Yogesh
阿卜杜勒·卡拉姆	Kalam, Abdul
格米特·坎瓦尔	Kanwal, Gurmeet
迪帕克·卡普尔	Kapoor, Deepak
K. D. 卡普尔	Kapur, K. D.
阿肖克·卡普尔	Kapur, Ashok
巴拉特·卡南德	Karnad, Bharat
莱什米·卡奇	Kazi, Reshmi
达瑞尔·金博尔	Kimball, Daryl G.
亨利·基辛格	Kissinger, Henry
迈克尔·克瑞朋	Krepon, Michael
丹尼斯·库克斯	Kux, Dennis
彼特·拉维	Lavoy, Peter R.
赛图·P. 利马耶	Limaye, Satu P.
莫腾布·布雷默·麦爱丽	Mærli, Morten Bremer
约翰·梅杰	Major, John
阿俊·马基贾尼	Makhijani, Arjun
普里娅加利·玛丽卡	Malik, Priyanjali
拉里·特曼辛	Mansingh, Lalit
阿米塔布·马图	Mattoo, Amitabh
希琳· M. 马扎里	Mazari, Shireen M.
森·麦克马科	McCormack, Sean
乔治·麦吉	McGhee, George C.
德米特里·梅德韦杰夫	Medvedev, Dmitry
巴拉杰什·米什拉	Mishra, Brajesh
拉贾·莫汉	Mohan, C. Raja
戴维·坎贝尔·莫尔福德	Mulford, David Campbell

佩尔韦兹·穆沙拉夫	Musharraf, Pervez
拉吉夫·纳扬	Nayan, Rajiv
弗兰克·帕龙	Pallone, Frank
维贾雅·拉克希米·潘迪特	Pandit, Vijaya Lakshmi
史瑞坎特·帕兰杰佩	Paranjpe, Shrikant
乔治·佩尔科维奇	Perkovich, George
托马斯·皮克林	Pickering, Thomas
科林·鲍威尔	Powell, Colin
A. N. 普拉萨德	Prasad, A. N.
阿吉·K. 莱依	Rai, Ajai K.
拉杰什·拉贾戈帕兰	Rajagopalan, Rajesh
韦努·拉贾穆尼	Rajamony, Venu
拉贾·拉曼纳	Ramanna, Raja
尼鲁帕玛·拉奥	Rao, Nirupama
纳拉辛哈·拉奥	Rao, P. V . Narasimha
康多莉扎·赖斯	Rice, Condoleezza
理查德·伯恩斯坦	Richard, Bernstein
比尔·理查森	Richardon, Bill
布鲁斯·利德尔	Ridel, Bruce
哈桑–阿斯卡里·里兹维	Rizvi, Hasan – Askari
里奥·E. 罗斯	Rose, Leo E.
詹姆斯·P. 鲁宾	Rubin, James P.
陆克文	Rudd, Kevin Michael
戴维·迪安·腊斯克	Rusk, David Dean
希亚姆·萨兰	Saran, Shyam
尼可拉斯·萨科齐	Sarkozy, Nicolas
特雷西塔·雪弗	Schaffer, Teresita C.
哈沃德·B. 沙菲尔	Schffer, Howard B.
M. R. 辛克	Schunker, M. R.
米安·穆罕默德·纳瓦兹·谢里夫	Sharif, Mian Muhammad Nawaz

约翰·辛普森	Simpson, John
贾斯万特·辛格	Singh, Jaswant
曼莫汉·辛格	Singh, Manmohan
莎朗·斯科索尼	Squassoni, Sharon
K. 苏布拉曼尼亚姆	Subrahmanpum, K.
莱姆·R. 苏巴马廉	Subramanian, Ram R.
克里斯納斯瓦米·桑搭吉	Sundarji, Krishnaswamy
斯特罗布·塔尔波特	Talbott, Strobe
阿什利·特利斯	Tellis, Ashley J.
拉贾·托马斯	Thomas, Raju G. C.
阿塔尔·比哈里·瓦杰帕伊	Vajpayee, Atal Bihari
普拉迪普·维斯瓦纳坦	Viswanathan, Pradeepa
罗伯特·R. 威尔生	Wirsing, Robert G.
布兰特利·沃马克	Womack, Brantly
安东尼·辛尼	Zinni, Anthony

附录 2

相关研究机构名称

巴基斯坦政策研究所	Institute of Policy Studies，Islamabad
布鲁金斯学会	The Brookings Institution
核控制研究所	Nuclear Control Institute
美国传统基金会	Heritage Foundation
美国卡内基国际和平基金会	Carnegie Endowment for International Peace
美国兰德公司	RAND Corporation
美国企业研究所	The American Enterprise Institute
美国战略与国际研究中心	Center for Strategic and International Studies
史汀生中心	The Stimson Center
斯德哥尔摩国际和平研究中心	Stockholm International Peace Research Institute
威尔逊国际学者中心	Wilson Center
印度国防战略分析所	Institute for Defence Studies and Analyses
印度国家政策研究中心	Centre for Policy Research
印度和平与冲突研究所	Institute of Peace and Conflict Studies

条约、组织名称中英对照

《军备出口管制法案》	Arms Export Control Act of 1976
1954 年《原子能法案》	Atomic Energy Act of 1954
《全面禁止核试验条约》	Comprehensive Nuclear Test Ban Treaty，CTBT
《出口管理法案》	Export Administration Act of 1979
《核裂变物质停产条约》	Fissile Material Cutoff Treaty，FMCT

《海德法案》	Hyde Act
《共同防卫援助统制法（1951）》	Mutual Defense Assistance Control Act of 1951
《巴鲁克计划》	The Baruch Plan
《不扩散核武器条约》	Non – Proliferation of Nuclear Weapons，NPT
1978 年《核不扩散法案》	Nuclear Nonproliferation Act of 1978
《部分禁止核试验条约》	Partial Test Ban Treaty，PTBT
《普雷斯勒修正案》	Pressler Amendment
《塔拉普尔协议》	Tarapur Agreement
澳大利亚集团	Australia Group
导弹及其技术控制制度	Missile Technology Control Regime
核供应国集团	Nuclear Supply Group
桑戈委员会	The Zangger Committee
瓦瑟纳尔安排	Wassenaar Arrangement

附录3

一、印度现运行的核反应堆（数据更新至2015年7月）

Reactor	State	Type	MWEnet (each)	Commercial Operation	Safeguard Status
Tarapur 1&2	Maharashtra	PWR (VVER)	150	1969	Item-specific, Oct 2009
Kaiga 1&2	Karnataka	PHWR	202	1999, 2000	nil
Kaiga3&4	Karnataka	PHWR	202	2007, 2012	nil
Kakrapar 1&2	Gujarat	PHWR	202	1993, 1995	Dec. 2010 under new agreement
Madras 1&2 (MAPS)	Tamil Nadu	PHWR	202	1984, 1986	nil
Narora 1&2	Uttar Pradesh	PHWR	202	1991, 1992	From Jan 2015 under new agreement
Rajasthan 1&2	Rajasthan	Candu PHWR	90, 187	1973, 1981	Item-specific, Oct 2009
Rajasthan3&4	Rajasthan	PHWR	202	1999, 2000	March 2010 under new agreement
Rajasthan5&6	Rajasthan	PHWR	202	Feb & April 2010	Oct 2009 under new agreement
Tarapur 3&4	Maharashtra	PHWR	490	2006, 2005	nil
Kudankulam 1	Tamil Nadu	PWR (VVER)	917	Dec. 2014	Item-specific, Oct 2009
Total (21)	5302 MWe				

数据来源：世界核委员会，http://www.world-nuclear.org/info/Country-Profiles/Countries-G-N/India/。

二、印度正在建的核反应堆（数据更新至2015年7月）

Reactor	Type	Mwe gross, net（each）	Project control	Construction start	Commercial operation due	Safeguards status
Kudankulam 2	PWR（VVER）	1000，917	NPCIL	July 2002	critical June 2015, so maybe 2016	item – specific, Oct 2009
Kalpakkam PFBR	FBR	500，470	Bhavini	Oct 2004	9/2015 grid connect，2016	nil
Kakrapar 3	PHWR	700，630	NPCIL	Nov 2010	2015?	
Kakrapar4	PHWR	700，630	NPCIL	March 2011	Dec 2015?	
Rajasthan 7	PHWR	700，630	NPCIL	July 2011	June 2016?	
Rajasthan8	PHWR	700，630	NPCIL	Sept 2011	Dec 2016?	
Total（6）	4300 MWe gross					

数据来源：世界核委员会，http：//www. world – nuclear. org/info/Country – Profiles/Countries – G – N/India/。

三、印度计划中的核反应堆（数据更新至2015年7月）

Reactor	State	Type	Mwe gross, net（each）	Project control	start Construction	Start operation
Kudankulam 3	Tamil Nadu	AES – 92	1050	NPCIL	May 2016	2022
Kudankulam 4		AES – 92	1050	NPCIL	2017?	2023
Jaitapur 1	Ratnagiri, Maharashtra	EPR	1700	NPCIL	2017	?
Jaitapur 2		EPR	1700	NPCIL	2018	?
Gorakhpur 1	Haryana（Fatehabad district）	PHWR	700	NPCIL	2015?	2021
Gorakhpur 2		PHWR	700	NPCIL	2016?	2022
Chutka 1	Madhya Pradesh（Mandla）	PHWR	700	NPCIL	2015?	2024
Chutka 2		PHWR	700	NPCIL	2016?	2025

续表

Reactor	State	Type	Mwe gross, net (each)	Project control	start Construction	Start operation
Bhimpur 1&2	Madhya Pradesh	PHWR x 2	700	NPCIL	2015?	
Mahi Banswara 1&2	Rajasthan	PHWR x 2	700	NPCIL	by 2017	
Kaiga 5&6	Karnataka	PHWR x 2	700	NPCIL	by 2017	
Kovvada 1&2	Srikakulam, Andhra Pradesh	ESBWRx 2	1600	NPCIL	site works, 2016?	
Mithi Virdi 1&2	Bhavnagar, Gujarat	AP1000x 2	1250	NPCIL	2016?	
Kudankulam 5&6	Tamil Nadu	AES 92 x 2	1050	NPCIL	?	
Kalpakkam 2&3	Tamil Nadu	FBR x 2	500	Bhavini	2016?	2019－20
Subtotal planned		22 units 21, 300 MWe				
Kudankulam 7&8	Tamil Nadu	PWR-AES 92 or AES-2006	1050－1200	NPCIL		
Gorakhpur 3&4	Haryana (Fatehabad district)	PHWR x 2	700	Bhavini	2019	
Rajouli, Nawada	Bihar	PHWR x 2	700	Bhavini		
?		PWR x 2	1000	NPCIL/NTPC		
Jaitapur 3&4	Ratnagiri, Maharashtra	PWR-EPR	1700	NPCIL	2016	2021－22
?		FBR x 2	500	Bhavini		2017
?		AHWR	300	NPCIL	2016－17	2022
Jaitapur 5&6	Ratnagiri, Maharashtra	PWR-EPR	1600	NPCIL		
Markandi (Pati Sonapur)	Orissa	PWR 6000 MWe				
Mithi Virdi 3&4	Bhavnagar, Gujarat	2x AP1000	1250	NPCIL	2015	2020－21

续表

Reactor	State	Type	Mwe gross, net (each)	Project control	start Construction	Start operation
Kovvada 3&4	Srikakulam, Andhra Pradesh	2 x ESBWR	1600	NPCIL		
Nizampatnam 1－6	Guntur, Andhra Pradesh	6x?	1400	NPCIL		
Haripur 1&2	West Bengal (but likely relocated, maybe to Orissa)	PWR x 4 VVER－1200	1200		2014?	2019－21
Haripur 3&4	West Bengal	PWR x 4 VVER1200	1200		2017	2022－23
Pulivendula	Kadapa, Andhra Pradesh	PWR? PHWR?	1000? 700?	NPCIL 51%, AP Genco 49%		
Chutka 3&4	Madhya Pradesh	PHWR x 2	1400	BHEL-NPCIL-GE?		
Mithi Virdi 5&6	Bhavnagar, Gujarat	AP1000 x 2	1250		2023－24	
Kovvada 5&6	Srikakulam, Andhra Pradesh	ESBWR x 2	1600			
Subtotal proposed		approx 35	40, 000 MWe approx			

数据来源：世界核委员会，http://www.world-nuclear.org/info/Country-Profiles/Countries-G-N/India/。

致　谢

回想起自己对这一领域研究的兴趣，应该是缘起于2005年印美两国开启的那场核协议谈判。时光飞逝，转眼十年。人们说十年磨一剑，但惭愧的是，我并没有时刻坚守在这一领域，毕业后由于工作需要，我几乎放弃了这项研究。直到2014年得一机会参加了斯里兰卡RCSS举办的关于核问题的国际研讨班，我才意识到是时候重拾这项曾被遗忘的研究了。今天，值此印美民用核能合作协议签署十周年之际，我希望将这本在我的硕博论文的基础上修改而成的文稿整理出版，献给那些在我学术研究之路上曾给予我帮助和指导的人们。

感谢我的导师张力教授，老师是我学术研究的引路人，自2006年起我投入他的门下开始从事南亚研究，导师渊博的专业知识、严谨的治学态度、平易近人的人格魅力对我影响深远。我的博士论文从选题到最后定稿的每一阶段都凝聚着老师的心血。感谢导师十年来对我无微不至的关怀和指导，同时也感谢田师母对我生活上的关心和照顾。

感谢四川大学南亚研究所的全体老师。特别感谢文富德老师、李涛老师、陈继东老师、尹锡南老师、杨文武老师、戴永红老师、张伟老师、张立老师、黄正多老师、宋志辉老师、唐鹏麒老师、欧东明老师、陈小萍老师、王娟娟老师在学业上和工作上对我的指导和帮助，正是你们给予的学术指引，增强了我从事南亚研究的兴趣和信心。此外，我还要特别感谢南亚研究所资料室雷鸣老师给我提供了阅读外文文献的机会。

感谢四川大学历史文学院的何平老师、陈廷湘老师、徐波老师给予我的专业课程指导，同时感谢学院办公室成功伟老师、李雪梅老师、刘利容老师、刘惠老师在我读博期间给予的帮助。

感谢我的同学以及师兄姐、师弟妹，尤其感谢刘向阳同学、兰江师兄、龙兴春师兄、曾祥裕师兄、李好师兄、李建军师兄、刘红良师兄、朱宇帆师姐、张春燕师姐、肖军师弟、安高乐师弟在此书写作过程中给予我好的建议。

感谢我的博士室友——宗教研究所的廖宇和经济学院的王倩，感谢她们带给我多姿多彩的生活。

感谢美国卡内基—清华大学全球政策研究中心司乐如博士给我提供参与学术交流的机会，也感谢她对我书稿的指导。另外，感谢美国亚利桑那州立大学全球与政策研究中心谢尔登・西蒙教授，感谢他邀请我前往美国访学一年，让我有机会与美方专家就相关问题进行交流，能有机会更深入地了解美国对于印美核关系的态度。我也要感谢美国布鲁金斯学会的斯蒂芬・科恩教授，感谢他在由斯里兰卡 RCSS 举办的国际研讨班上给我的专业指导，也感谢他在华盛顿对我的热情招待。该书在很多地方参考或引用了科恩教授的学术观点，对此，我深表感激。

感谢我的美国朋友 Julia 和 Alison，感谢 Julia 邀请我参加她任职的史汀生中心的学术交流活动。谢谢 Alison 愿意与我分享她对印美关系的理解和研究心得。也感谢我的印度朋友 Teshu 和 Ruhee。谢谢她们愿意与我分享她们的研究成果，让我有机会了解来自印度年轻学者的观点。

感谢时事出版社谢琳女士为本书的出版所付出的辛勤劳动。

感谢我的先生，感谢他给予我的爱和勇气，让我能坦然面对生活中的困难和疑惑。也特别感谢我的爸妈，感谢他们的鼓励和支持！

刘思伟

2015 年 7 月

图书在版编目（CIP）数据

印美核关系：分歧与协调/刘思伟著．—北京：时事出版社，2015.10
ISBN 978-7-80232-846-4

Ⅰ.①印…　Ⅱ.①刘…　Ⅲ.①核武器问题—国际关系—研究—印度、美国　Ⅳ.①D815.2

中国版本图书馆 CIP 数据核字（2015）第 209931 号

出 版 发 行：时事出版社
地　　　址：北京市海淀区万寿寺甲 2 号
邮　　　编：100081
发 行 热 线：（010）88547590　88547591
读者服务部：（010）88547595
传　　　真：（010）88547592
电 子 邮 箱：shishichubanshe@ sina. com
网　　　址：www. shishishe. com
印　　　刷：北京昌平百善印刷厂

开本：787×1092　1/16　印张：18.5　字数：285 千字
2015 年 10 月第 1 版　2015 年 10 月第 1 次印刷
定价：75.00 元